科学のとびら 46

# 続 犯罪と科学捜査

## DNA 型鑑定の歩み

瀬田季茂 著

東京化学同人

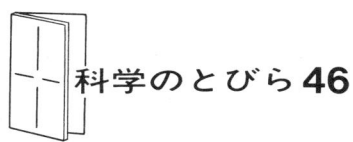

# 目次

# 第一章　DNA型鑑定の源流をたどる

親子や兄弟姉妹の間で、眼・鼻・口などの形や大きさなどで表現される顔つきがよく似ていることから、だれもが親から子に何かが伝わっていると感じてきた。現代では、それが遺伝という仕組みのせいであるとよく理解されている。ところで、その顔つきはよく似てはいるものの、全く同じというわけではなく、個人と個人の間に少しずつ違った点も見られる。類似性の中に、個人を特徴づけるなにかしらを含んでいるといえる。そんな類似性や個人的特徴を決めているのは、親から子に、子から孫にと世代を経て伝えられる遺伝子である。その遺伝子の実体がDNAであるとわかるまでには、数多くの一里塚で導かれた長い道のりがあった。

ヒトとしての私の遺伝子は、三十五億年ほども前の原始の海ではぐくまれたといわれる。そこに生まれた生命の源とされるDNAから私のDNAが発祥している。私はDNAという一本の糸で何世代も前の先祖と連綿としてつながっているのである。だからといって、私に自分らしさがないわけではない。自己同一性（アイデンティティ）を主張しているDNAを自分の身にしっかり備えている。そのDNAは、個人個人で少しずつ違っており、自己の存在を証明する自己認証（ID）カードの役目を果たしているといえる。そのようなDNAはヒトの二十三対（四十六本）の染色体のあちらこちらに散らばっている。それらを幾つも拾い集めて、自己の存在証明を確実にするのがDNA型鑑定といえる。

今や、犯罪の捜査にＤＮＡ型鑑定の果たす役割はたいへん大きくなった。指紋と同じように、犯罪の容疑者を絞り込んだり、特定したりする効果はきわめて大きいのである。そんなことから、国内はもとより、国際的な枠組みの中でも、ＤＮＡ型データベースをつくる気運が高まり、特に国内データベースは世界の多くの国々で実際の犯罪捜査に活用されるまでになった。

ＤＮＡ型鑑定技術は、伝統的な遺伝学およびワトソンとクリックのＤＮＡ構造の解明に端を発する分子生物学の理論と技術に忠実にのっとりながら、さまざまな外的条件にさらされた犯罪現場証拠物件の態様にかなう、いわゆる戦略的技術として仕上げられてきた。そのようなＤＮＡ型鑑定技術がたどってきた道のりを、メンデルの遺伝法則にまでさかのぼって振り返りみるのも、この技術のさらなる発展のためにいくぶんかは役に立つかもしれない。

## 1　メンデルの遺伝の法則

グレゴール・ヨハン・メンデル（一八二二―八四）は、チェコ、プラハの南東一八〇キロメートルほどに位置するモラビア地方の小さな村、ハイツェンドルフの貧農の子として生まれた。小学校の教師は彼の非凡な才能を見抜き、両親を説き伏せてギムナジウムに進学させた。十六歳になったとき、父親が大けがをしたことから貧乏に拍車が掛かった。しかし、持ち前の向学心から自活する道を探し出し、二十一歳でモラビアの首都ブルノの修道院に入った。「修道院ならなんとか日常生活だけは保学にあこがれていた彼の研究意欲を少なからず駆り立てた。修道院の庭にはさまざまな種類の植物が栽培されており、当時、自然科学にあこがれていた彼の研究意欲を少なからず駆り立てた。

この修道院入りは、のちに「メンデルの法則」を世に出す大きなきっかけとなった。そこには、彼のずば抜けた頭脳を見抜いた何人かの人々の協力があった。特に、彼の植物学に対する研究意欲の深いことを知った修道院長は、彼をウィーン大学の聴講生として三年の間留学させるという特別の計らいをした。そこで、物理学、医科学、植物学などにかなり精通したという。彼は特に、物質の基本的粒子を取扱う原子説や、生命の基本的単位を探る細胞説などに強くひかれた。ウィーンから帰った三十一歳のとき、「植物の形や色などは、どんな規則に従って伝えられるのか」にひどく執着した。「何か、これといった意志をもたない粒子状の物質が深くかかわっていないだろうか」。ウィーン大学で学んだ原子説と細胞説が、彼にそんな仮説を考えさせたようだった。

しばらくして、彼は修道院の庭にエンドウを栽培した。さまざまなエンドウから生まれてくるエンドウの形や色を観察して、その結果から自分の立てた仮説を立証しようとしたのである。ちなみに、エンドウは一つの花の中に雄しべと雌しべの両方をもつ両生花で、自家受粉で子を増やす。そのうえ、花びらはスイートピーと同じようにチョウ型花びらで、雄しべと雌しべの両方を袋状に包み込んでいる。そのために、別のエンドウの花粉が外から入り込むことがないので、むやみやたらに雑種ができないようになっている。このようなエンドウ豆の特徴は、ある株のエンドウ豆の雄しべの花粉を別の株の雌しべに人工的に交配する実験にまことに好都合なものであった。彼は八年間ほどにわたり、「特色」の違うエンドウ豆を人工的に交配し、特色の行方を何世代にもわたって追跡した。「特色」としては種子、さやの形や色を含めて七種類ほどの特徴を選んだ。観察したエンドウは一万株にも及んだとされている。

実験を終えたメンデルは観察結果を統計的に整理した。このとき、彼は自分の立てた仮説を実際に実験で証明したと誇らしげに確信した。二年後の一八六五年、彼はブリュンの自然科学協会で実験結果を発表した。その翌年協会が刊行する自然科学研究紀要誌の四巻に、「植物の雑種に関する研究(Versuch über Pflanzen-Hybriden)」と題する論文を載せた。それは「メンデルの法則」を世の人々に発信するものであった。この論文では、メンデルの法則として、優性(または優劣)の法則(Law of dominance)・分離の法則(Law of segregation)・独立の法則(Law of independence)の三つが紹介されている。

## 優性の法則

メンデルは本実験に入る前に、種子屋から三十四種のエンドウを購入して予備的に栽培し、どんな特色のエンドウが得られるかをあらかじめ調べた。そのうち、特色のはっきりしたもの二十二種を選んで本栽培実験をした。

彼はまず、一つの特色だけに着目して交配実験に入った。その結果、生まれてくるものを単性雑種とよんでいる。種子の形だけに注目し、丸いものとしわのあるものを人工受粉で交配させたところ、その子(雑種第一代、$F_1$)では二五三粒の丸い種子が得られた。しわのあるものは全く生まれなかった。

しわの特色を交配させたにもかかわらず、どこかに隠れてしまったのである。彼はこのような単性雑種における特色の伝わり方を、図式（図1・1参照）で説明している。形の特色を決めるには、丸ではＡＡ、しわではａａのような二つの因子が関係し、それらの片方ずつが組合わさるとＡａの子供が生まれる。この図式の中で、彼は特色を形質、Ａやａを因子と名づけた。Ａはａよりも自分を見せたがり、逆にａは自分を隠したがる因子のようにみえることから、Ａはａに対し優性、逆にａを劣性の因子とよんだ。これが優性の法則である。彼は、一つの形質についてＡＡとａａのように同じ因子を二つそろえもつものを純系とよんだ。もちろん、ＡＡどうしのエンドウを交配したところ、ＡＡの丸い種子だけが生まれることも確認した。これは、メンデルの純粋の法則として、前の三つの法則につけ加えられることもある。彼は、準備段階の実験で形のはっきりしたものだけを本実験に使用したことから、偶然にも純系のエンドウを選んでいたようであった。

## 分離の法則

つぎに彼は雑種第一代（Ａａ）どうしを交配した。生まれた雑種第二代（$F_2$）の種子は総数七三二四という多数を数えた。そのうち、

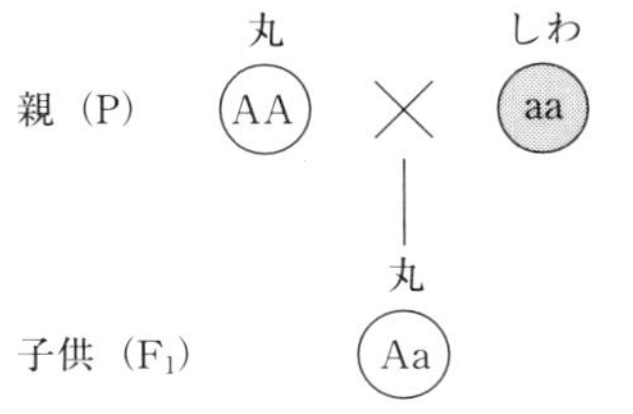


| 母親＼父親 | A | A |
|---|---|---|
| a | Aa | Aa |
| a | Aa | Aa |

図 1・1　メンデル優性の法則．丸い種子としわのある種子の交配（AA と aa：ともに純型）

五四七四粒は丸い種子、残りの一八五〇粒はしわのある種子だった。その割合を計算したところ二・九六対一、約三対一となった。孫の代になってしわの種子が生まれた。それはaとaが純型の組合わせとなって、その形質が現れたためと考えた。その理由を、Aa個体のAとaが、生殖細胞（配偶子）に分離して一個ずつ入るためと説明した（図1・2参照）。これが分離の法則であり、メンデルの第一法則としてメンデルの法則を代表するものである。

## 独立の法則

分離の法則を考え出してから、彼は一つの形質だけでなく識別しやすい二つの形質を交配する実験にかかった。黄色で表面のなめらかな丸いものと緑色でしわのある角ばったものを交配した。Aは丸、aは角ばった、Bは黄色、bは緑の因子をもつと考えた。何世代にもわたって交配実験を行い、彼は親から子、子から孫（雑種第二代、$F_2$）までに得られた、図1・3、図1・4に示すような観察結果から新たな法則を打ち出した。それが、メンデルの第三法則の独立の法則である。

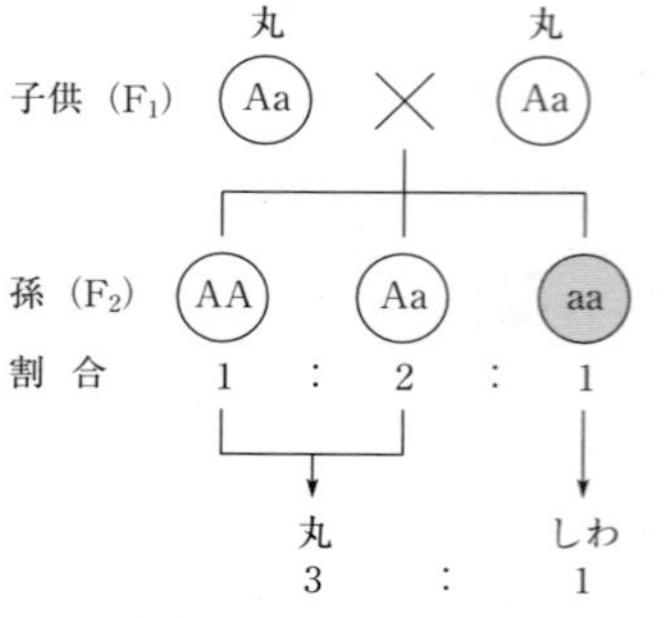


| 母親＼父親 | A | a |
|---|---|---|
| A | AA | Aa |
| a | Aa | aa |

図 1・2　子供（雑種第一代 $F_1$）どうしの交配

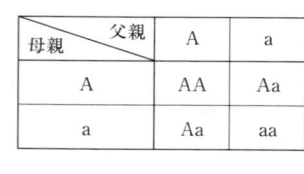

子供どうしの交配から得られたいろいろな形質をもつ種子の数から、丸・黄、角・黄、丸・緑、角・緑の割合を調べると、ほぼ九対三対三対一となっていた（図1・4参照）。彼は、種子の表面の因子（Aとa）の分離と、色の因子（Bとb）の分離とは互いに関係がなく、二対の因子でも、それぞれ一つずつ独立して生殖細胞に入り込み、つぎの世代に伝わっていくと考えた。生殖細胞に入り込んだ

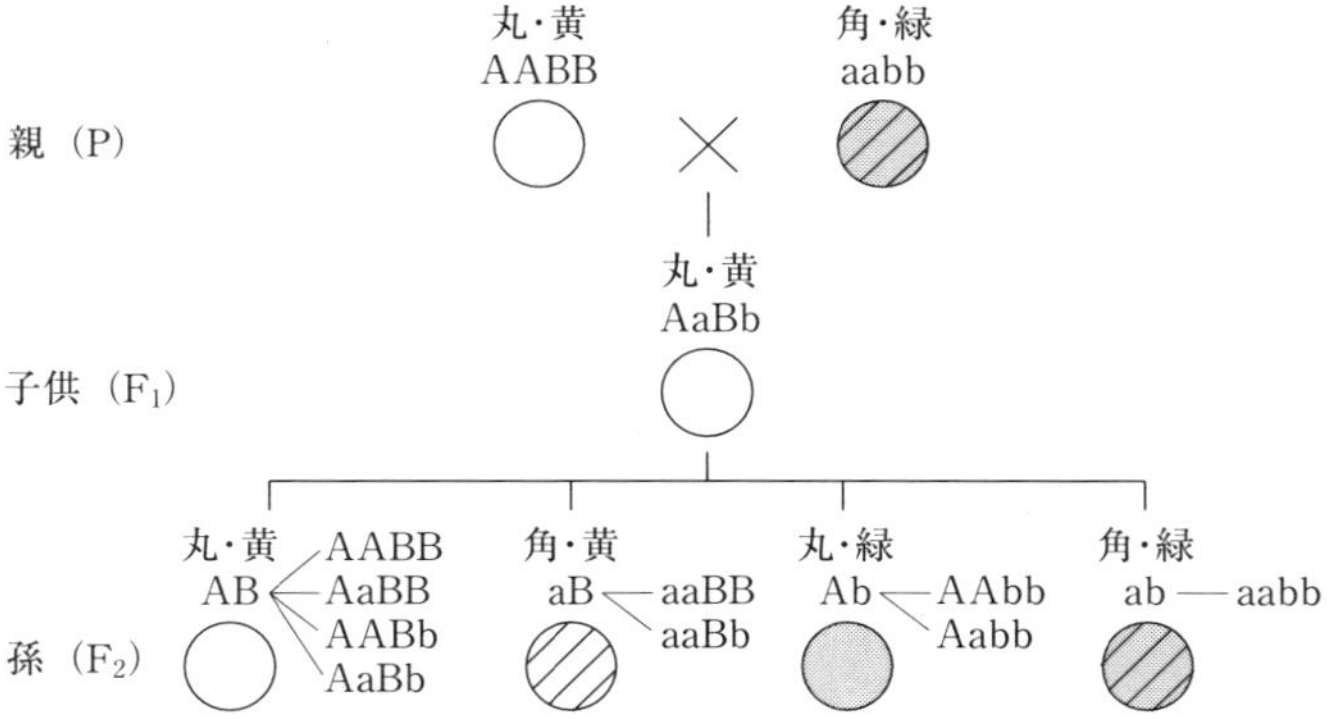


図 1・3　二つの形質についての交配実験

父親（花粉）

| 母親（卵） | AB | Ab | aB | ab |
|---|---|---|---|---|
| AB | AABB | AABb | AaBB | AaBb |
| Ab | AABb | AAbb | AaBb | Aabb |
| aB | AaBB | AaBb | aaBB | aaBb |
| ab | AaBb | Aabb | aaBb | aabb |

生まれた種子の形質の数（総数556個の種子）
丸・黄（AB）315,　角・黄（aB）101,　丸・緑（Ab）108,　角・緑（ab）32
その割合　丸・黄：角・黄：丸・緑：角・緑＝9.84：3.16：3.38：1

図 1・4　子供（$F_1$, AaBb）どうしの交配

ＡＢ・Ａｂ・ａＢ・ａｂの四種の因子は、交配のとき自由に相手を選び、さまざまな形質の孫を生む。

メンデルの発表した論文は欧米の図書館に寄贈されたが、人々からさしたる反響を聞くともなく月日が過ぎ、一八八四年、メンデルは六十二歳でこの世を去った。

## ２　メンデルを追った人々

メンデルの論文は日の目を見ないまま、三十五年ほどの長いあいだ埋もれていたといわれる。ちょうど二十世紀に入るころ、ド・フリース、コレンス、チェルマクという三人の遺伝学者がメンデルの法則を再発見する論文を、同じ年、同じ雑誌にあいついで発表した。ここに、メンデルの法則はメンデリズムとして全世界に行き渡り、メンデルは遺伝学の創始者の座に座ることになった。

メンデルの法則を追ったと思える人々の業績の一部をかいまみる。表１・１に示すように、遺伝学と細胞学の両方が、うまくドッキングしてメンデルの法則を再発見している。

メンデルの分離・独立・優性の三法則は二十世紀にしっかりと受け継がれたことになる。しかし、次世代に伝わる遺伝の因子を「粒子状のもの」としか定義できなかった。それを具体的な物として明らかにしたのは、動・植物の細胞の分裂を研究した人々である。そのうちの何人かを表１・１に示す。

フレミングは細胞核が分裂するときに、糸状のものが縦に裂けるのを観察している。このとき、それをはっきり染色体と名づけはしなかったが、何かの因子を運ぶ役目を果たす構造物と考えている。やがて、親から子にと伝えられる遺伝現象のうちで最も重要な減数分裂を発見した。

表 1・1　メンデルを追った人々

| 遺伝学者 | 年 | おもな業績 |
|---|---|---|
| H.ド・フリース（オランダ） | 1900 | ケシやオオマツヨイグサの交配実験．メンデルの法則の再発見 |
| C.E.コレンス（ドイツ） | 1900 | トウモロコシの交配実験．メンデルの法則の再発見 |
| E.S.チェルマク（オーストリア） | 1900 | エンドウの交配実験．メンデルの法則の再発見 |
| W.ベイトソン（イギリス） | 1902 | ニワトリ鶏冠の遺伝を研究．一つの形質について相反する形質の因子（Aまたはa）のそれぞれを対立遺伝子（アレル，allele；対立因子ともいう）と名づけた．現代遺伝学の基礎的概念を確立 |
| W.L.ヨハンセン（デンマーク） | 1909 | 『遺伝学教義と因子』を出版．メンデルの形質因子を遺伝子（ジーン），Aa のような因子の組合わせを遺伝子型（ゲノタイプ，genotype），それが現す形質を表現型（フェノタイプ，phenotype）と定義 |
| T.H.モルガン（アメリカ） | 1926 | キイロショウジョウバエの交雑実験．染色体の上に遺伝子が線上に並ぶことを明らかにし，遺伝の染色体説を確立．1933年，ノーベル医学生理学賞受賞 |
| 細胞学者 | 年 | おもな業績 |
| W.フレミング（ドイツ） | 1879 | 細胞核の分裂を研究し，染色体の分離する現象を発見 |
|  | 1887 | 染色体の片方だけが生殖細胞に分配される減数分裂を発見 |
| W.ワルデイヤー（ドイツ） | 1888 | ネーゲリの見た細胞核内の糸状のものが，塩基性色素で染まることから，それを染色体（ギリシャ語のchroma（色）とsoma（体）を合わせてchromosome）と命名 |
| W.S.サットン（アメリカ） | 1902 | 減数分裂で，相同染色体が対合してから分裂するのを発見．常染色体と性染色体を区別．メンデルの法則，特に分離の法則に細胞学的裏付けを行い，遺伝の染色体説につなげる |

一八八八年、ワルデイヤーにより、染色体（chromosome）が細胞学的にしっかりと定義された。その四年後、サットンは減数分裂を細胞学的に詳しく研究して、一対になった相同染色体が一つずつ分離して雄と雌の生殖細胞（卵と精子）に入ることを、メンデルの遺伝法則と対応させて説明した。さらに、メンデルのいう因子は細胞の分裂するときだけ姿を現す染色体の上にビーズ状にのっていることもつけ加えた。サットンのこのような発見は、メンデルの法則に完全な細胞学的土台を築いた。

それはやがて、モルガンがショウジョウバエの交雑ではっきりと証明した遺伝の染色体説につながった。そして、モルガンは一九三三年にノーベル医学生理学賞を受賞した。この受賞にはメンデルの偉業をはじめとして、さまざまな遺伝学者・細胞学者の幾多の業績も含まれているはずである。

## 3　減数分裂とDNA型

モルガンが遺伝の染色体説を確立してから遺伝子の本体が明かされるまでには二十七年の歳月がかかることになる。しかし、これまでの遺伝学や細胞学で得られた知識は、現在のDNA型鑑定の底を流れる基本的な部分をすでによく説明している。その中心は細胞分裂、特に減数分裂の仕組みの中にある。

モルガンの研究を経て、ヒトの細胞には二十三対（四十六本）の染色体があることが明かされた。二本の同じ形、同じ大きさの、サットンが名づけた相同染色体が向き合って（対合して）一対の染色体となる（図1・5参照）。もっとも、このような図柄は細胞の分裂期だけに光学顕微鏡でのぞけるが、分裂していない静止期の細胞をいくら探しても目に触れることはない。

二十三対の染色体のうち二十二対(四十四本)までを常染色体、残りの一対を性染色体とよぶ。常染色体は大きさの順番に、第一染色体、…、第二十二染色体と名づけられた。性染色体にはX染色体とY染色体の二種類がある。女性はXとXが、男性はXとYが組合わさって一対をなしている。

体細胞の分裂では、親細胞のもつ一対の相同染色体は、細胞の分裂に先駆けてそれぞれ二倍に増える。すなわち、染色体は四本になる。父親と母親の両方から譲り受けたそれぞれ一本ずつの相同染色体がそっくりそのままのDNAを自己複製することにより二本になる。父親と母親のどちらのものも同じように増えるので、二対（四本）の相同染色体が細胞分裂の直前に整えられる。細胞分裂は父の方の相同染色体の一

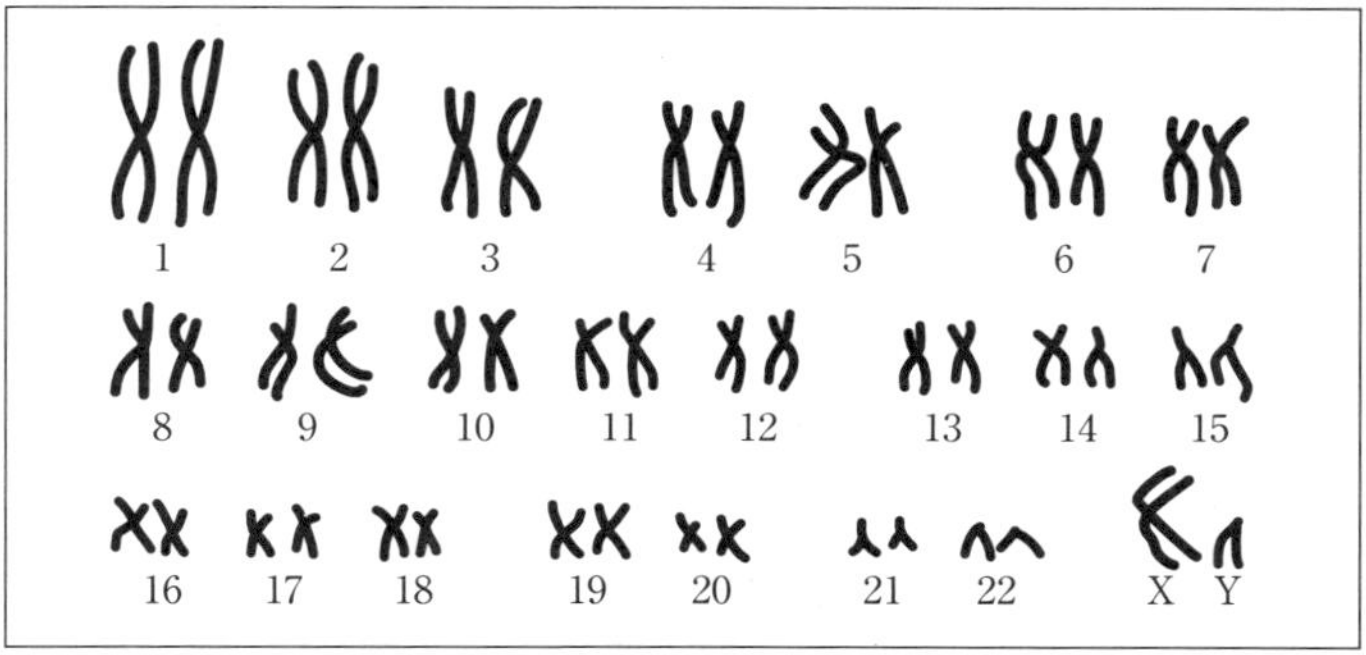


・細胞の分裂期直前に見える染色体像
・1 対のうち片方は父親から，もう片方は母親から受け継いだもの
・それぞれの対をなしている染色体どうしを相同染色体とよぶ
・X 字状に見える 1 本の染色体は 2 本の染色体分体からなっている

図 1・5　ヒトの染色体（23 対）

つと、母の方の相同染色体の一つとが組合わさって一つの娘細胞になる方式で進む（図1・6参照）。父親と母親からどの相同染色体を受け継ぐかは偶然によって支配される。

精子や卵子をつくる生殖細胞（睾丸内の精母細胞、卵巣内の卵母細胞）の分裂は、体細胞のそれと違った方式で進む。その分裂の仕組みを減数分裂とよんでいる。減数分裂は一回目と二回目の二回の細胞分裂で進行する。一回目の分裂の前は体細胞と同じく四本の相同染色体となるが、一回目の細胞分裂では、父と母のどちらの二本の相同染色体

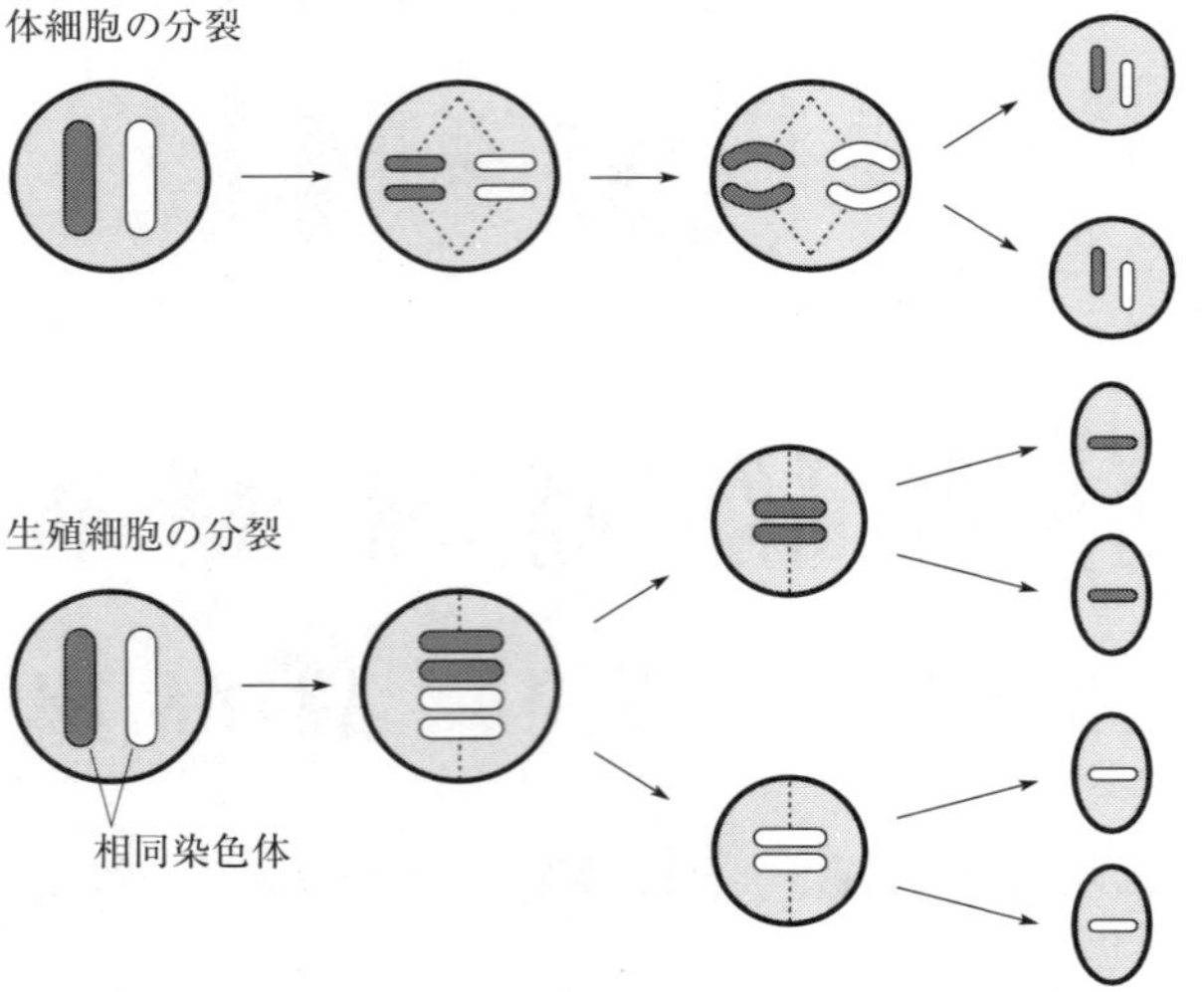


・体細胞の分裂：1 個の親細胞（2 倍体）から，2 個の娘細胞（2 倍体）ができる
・生殖細胞の分裂：1 個の生殖細胞（ 2 倍体）から 2 回の細胞分裂を経由して 4 個のともに半数体の精子細胞または卵細胞ができる

図 1・6　体細胞と生殖細胞の分裂模式図

もくっついて離れずに（相同染色体を結びつけている動原体というものが分離しないため）、一方は父の相同染色体だけ、もう一方は母の相同染色体だけを入れた二個の娘細胞（精母細胞では精娘細胞、卵母細胞では卵娘細胞）ができる。このつぎに起こる二回目の細胞分裂で、染色体の数が半分に減り、相同染色体の片方ずつをもつ細胞（精子細胞あるいは卵細胞）ができる。

減数分裂によってつくられた精子と卵子の半数体どうしの細胞が受精によって合体し、もとの倍数体の細胞に戻ることになる。

ＤＮＡ型鑑定は、父と母からそれぞれ受け継いだ相同染色体（二十三対、四十六本）にのっているＤＮＡの特徴を、ＩＤカードの一つとして使うためのＤＮＡ分析といえる。

相同染色体は父と母から受け継いだものを合わせて四十六本あるが、そのどれにも自分が自分であることを認めさせるＩＤカードがあるはずである。ＤＮＡ型鑑定では染色体ＤＮＡのもつ個人的特徴をＤＮＡ型として表現する。法科学の分野では、二人といない、唯一無二の個人的特徴をユニークネス（uniqueness）と表現するが、一つのＤＮＡ型だけでは個人と確定できるユニークネスを主張できない。さまざまな相同染色体にのっているＤＮＡ型を分析し、ＩＤカードを何枚も提出することで、ユニークネスに近づけるのである。

一つのＤＮＡ型は父と母から受け継いだ相同染色体の二つの特徴で表す。ある一つの特徴に関係する遺伝子は、相向かう相同染色体のほぼ同じ場所（遺伝子座位）に位置している。このような片方の相同染色体座位に位置する遺伝子は、一九〇二年にベイトソンが名づけた対立遺伝子（アレル、allele）でありそのＤＮＡの特徴は対立遺伝子型またはアレル型とよばれる。子のＤＮＡ型は父と母

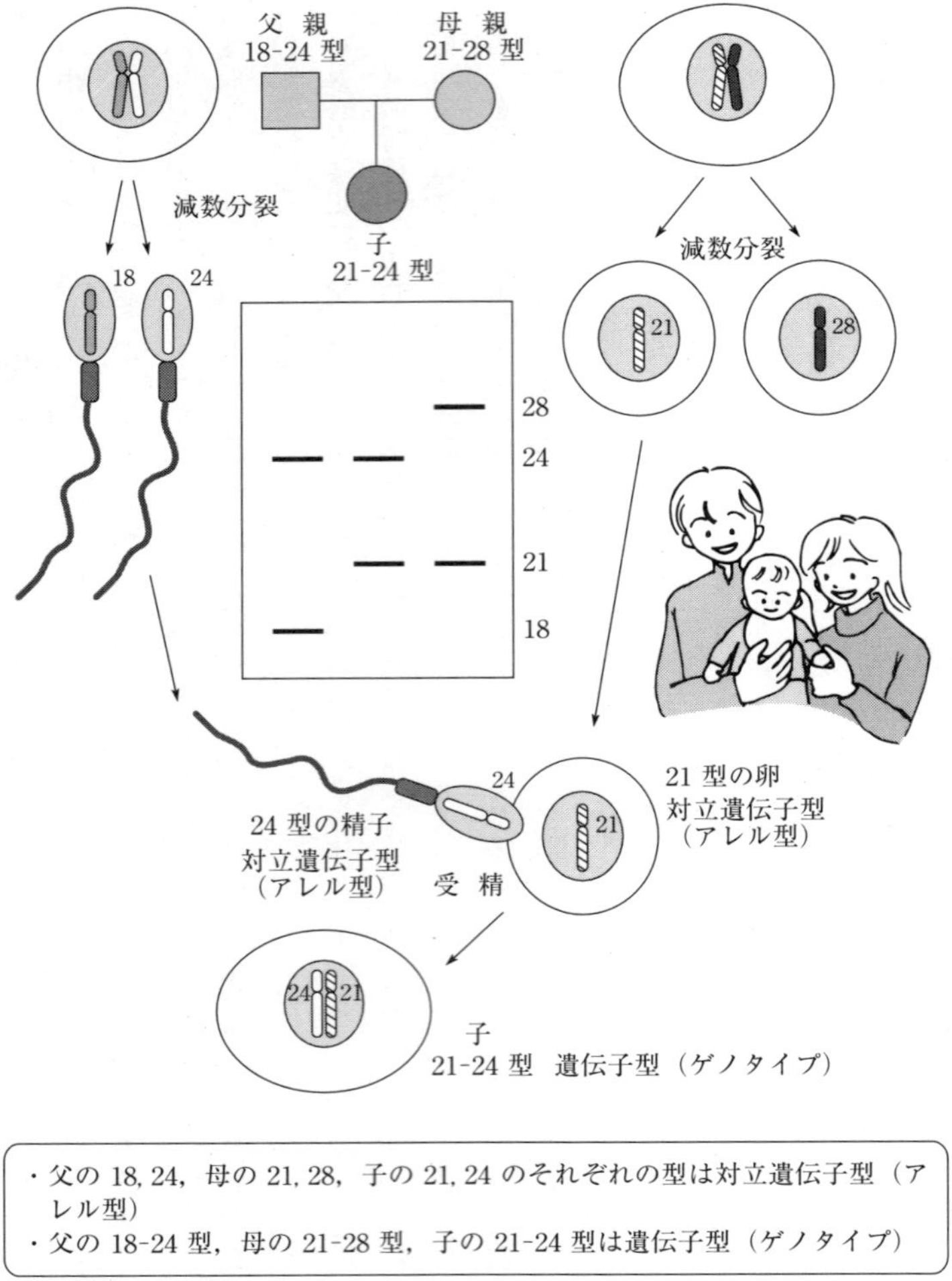

・父の 18, 24，母の 21, 28，子の 21, 24 のそれぞれの型は対立遺伝子型（アレル型）
・父の 18-24 型，母の 21-28 型，子の 21-24 型は遺伝子型（ゲノタイプ）

図 1・7　減数分裂と DNA 型の遺伝

から受け継いだアレル型の組合わせで表現される。組合わさった型は遺伝子型（ゲノタイプ、genotype）と表現され、それがまさにＤＮＡ型にあたる（図1・7参照）。ＤＮＡ型を考えるとき、対立遺伝子型（アレル型）と遺伝子型（ゲノタイプ）を厳に区別しておかねばならない。その理由は、あるＤＮＡ型の人が、一万人に一人とか十万人に一人とかいうようなユニークネスの度合（一致の重要度）を算出するやり方が違ってくるからである。

メンデルの遺伝に関する実験的研究のあと、それを追った遺伝学者や細胞学者の打ち立てた理論は現代の証拠物件ＤＮＡ型にしっかりと生かされているといえる。

## 4　ミーシャーの包帯——核酸に迫った人々

チュービンゲンの外科病院から手に入れた包帯は相当の数にのぼっていた。くる日もくる日もミーシャーはその包帯から細胞を壊さずに抜き取る方策を探し続けた。細胞を集めるのであれば、血液とか筋肉のようなものを使えばよいにきまっている。この時代、ヒトの体からそのような標本を手にするのは難しいことだった。これといった消毒薬も抗生物質も使われていないことから、外科手術のあとに起こる化膿《かのう》でうみが出てくる。そこには炎症と戦う白血球が充満している。彼はうみの中のそれらの細胞に目をつけたのである。

ミーシャーは包帯の繊維にからみついたうみを、なんとか細胞を壊さないように気を使いながら洗い流した。そのたびごとに顕微鏡をのぞいて細胞が無事であるかどうかを確かめた。彼はなんとしても、細胞核を細胞質から無傷のまま取出したいのだ。さまざまな溶液を使ってみた。試行錯誤の結果、ついに確かな方法をみつけた。溶液の中にタンパク質を分解するペプシンという酵素を加えてやると、細胞核は無傷のまま細胞質だけが壊れた。これでたくさんの細胞核を手に入れた。

彼は自分の本来の仕事である、細胞核に含まれる成分の化学分析にとりかかった。まず、弱いアルカリ性溶液に細胞核を浸して、細胞核を壊し、中の成分を取出した。彼は、それまでにだれも手にしていない細胞核の化学成分を、いま獲得したのである。一八六九年の夏、彼はその一部始終を論文にするための草稿をまとめた。

フリードリッヒ・ミーシャー（一八四四―一八九五）はバーゼル大学の病理解剖学の教授ヨハンを父として、スイス、バーゼルに生まれた。少年時代、なぜか神学を勉強して聖職者になりたいと思っていた。メンデルは貧乏ゆえに、念願の自然科学から離れ、やむなく聖職者になったが、ミーシャーは父が医学者であるにもかかわらず、自ら進んで聖職者の道に入ろうとした。父はミーシャーのそんな願いを頑強に拒んだ。母の兄は世界的に名を残すことになるバーゼル大学の解剖学教授ウィルヘルム・ヒスで、その息子のウィルヘルム・ヒスも心臓の特殊心筋系を初めて発見したことで世界的に名を残すことになる。ミーシャーは伯父からも強く説得されるに及んで医学の道に入ることになった。

ミーシャーはバーゼルとゲッティンゲンの二つの大学で医学を修め一八六八年、二十四歳で学位を取得した。このとき、伯父のヒスは彼に、研究者の注目を集め始めた細胞化学の道に進むよう強く要望した。ヒトの体が胎児から成人に至る発生の道筋を解き明かすのには細胞化学がいちばんの近道だと何回となく説明したのである。ミーシャーはすぐに、ゲッティンゲンからチュービンゲンの、あのホッペザイラーが創設した、いまにいう生化学教室のはしりともいえる生理化学教室に入った。ミーシャーがうみの白血球を研究材料としたのはホッペザイラーの助言もあったようである。彼はうみの仕事をまとめ終らないままに、なぜかライプチヒに移った。そこで草稿を完了し、ホッペザイラーに郵送した。

草稿の中味をのぞいてみる。ミーシャーはうみの白血球の核から集めた新しい物質に、細胞核（ヌクレウス）にちなんで「ヌクレイン」という名前を付けた。それは、炭素・水素・酸素・窒素などの生体元素のほかにリンを含んでいた。このリンを含むことの意義はわからずじまいではあったものの、彼は何か特別のタンパク質を手にしたように感じた。当時ではほとんどの人々が、遺伝を伝える物質をタンパク質と考えていたようである。

ライプチヒに移ったミーシャーは、研究環境が合わなかったせいなのか、一八七〇年には故郷のバーゼルに戻った。運よく伯父のヒスの計らいでバーゼル医科大学に職を得ることができた。バーゼルは彼の研究にとって、サケの精子を手に入れやすいところから、格好の場所だった。早速、精子の頭部に詰まっている核から、塩基性タンパク質を分離するのに成功し、それを「プロタミン」と名づけた。一九七一年も終わりに近づくころだった。

一九六九年にホッペザイラーに郵送した草稿はなぜかしばらく論文として発表されないままになっていた。ミーシャーの草稿を読み終えた彼は、自分の弟子二人に同じことをやらせて、ミーシャーの論文と一緒に同じ号に載せられるように計っていたとか、ミーシャーの研究が正しいかどうかを探っていたとかいわれている。とにかく、一八七一年の秋になって、ミーシャーの「ヌクレイン」の発見はようやく『ホッペザイラー生理化学誌』で論文として日の目をみることになった。

ミーシャーのヌクレインの研究を、幾人かの細胞化学に専心する人々が継承した（表1・2参照）。

ドイツの生理化学者コッセルはその代表であった。彼もホッペザイラーに師事した。一八八〇年、核をもつ鳥類の赤血球からヌクレインを分離したときに、塩基性のタンパク質を同時に発見した。このタンパク質を「ヒストン」と名づけ、どうやらヌクレインはタンパク質を含んでいることに気づいた。彼の研究は四つの有機塩基の発見へと続いた。グアニン（略称G、Guanine）、アデニン（A、Adenine）、仔ウシの胸腺（チムス）の細胞核からチミン（T、Thymine）、シトシン（C、Cytocine）などである。

継承者のもう一人、ミーシャーの弟子であったドイツの細胞学者アルトマンも、細胞核から純粋なヌクレインを取出し、それが有機塩基・リン酸・ヒストンタンパク質の複合体であることを明らかにした。一八八九年、彼はそのようなヌクレインを「核酸」（nucleic acid）と名づけた。

コッセルとアルトマンの分析成果はＤＮＡにたどりつく直前の一里塚となった。コッセルはなおも分析に励み、一九〇〇年には五番目の塩基ウラシル（U、Uracil）を発見した。

しかし、ヌクレインはさらに追求を必要としていた。それを成し遂げたのはロシアの生化学者レビーンである。彼はペテルスブルグの陸軍軍医学校を終えた一八九二年、米国に渡りコロンビア大学を経てロックフェラー研究所員となった。彼はアルトマンの核酸に魅せられて、その本体をさらに詳しく究めることに強く執着した。彼は動物の細胞核から取出した核酸の中に、ブドウ糖と似てはいるが少し違った構造をもつ物質が含まれていることに気づいた。ブドウ糖なら炭素が六個あるはずなの

表 1・2　核酸を明かした人々

<table>
<tr><th>人 名</th><th>分 野</th><th>年</th><th>おもな業績</th></tr>
<tr><td>E.H.ヘッケル<br>(ドイツ)</td><td>動物学</td><td>1866</td><td>『自然界創造説』の中で，細胞の核にこそ遺伝を伝えるのに欠かせない因子があると論じた</td></tr>
<tr><td>F.ミーシャー<br>(スイス)</td><td>生理化学</td><td>1871</td><td>うみの細胞(リンパ球)の化学分析から「ヌクレイン」を，サケの精子から塩基性タンパク質の「プロタミン」を発見し，核酸の発見の先駆けとなる</td></tr>
<tr><td rowspan="3">A.コッセル<br>(ドイツ)</td><td rowspan="3">生理化学</td><td>1880</td><td>ヌクレインを分解するとリンと一緒に有機塩基のキサンチンが生ずるとの論文を発表<br>鳥類の血液中の細胞核から塩基性タンパク質を発見し，「ヒストン」と命名<br>以前に報告したキサンチンは「グアニン」という塩基が分解したものであるとした<br>酵母や動物細胞から塩基「アデニン」を発見<br>仔ウシの胸腺(チムス)細胞の核から塩基「チミン」と，後にもう一つの塩基「シトシン」を発見</td></tr>
<tr><td>1900</td><td>塩基「ウラシル」を発見</td></tr>
<tr><td>1910</td><td>「タンパク体・核酸の研究」によりノーベル医学生理学賞を受賞</td></tr>
<tr><td>R.アルトマン<br>(ドイツ)</td><td>細胞学</td><td>1889</td><td>細胞核から純粋なヌクレインを取出し，有機塩基・リン酸・タンパク質の複合体であること明らかにした．さらに，タンパク質を含まないヌクレインを「核酸」と命名</td></tr>
<tr><td>F.レビーン<br>(ロシア)</td><td>生化学</td><td>1909</td><td>核酸の中に，リボースとデオキシリボースの二つの五炭糖を確認</td></tr>
</table>

に、その物質には五個しかない。それは五炭糖（ペントース）として分類できるものである。よく調べたところ、非常に細かい点でほんの少し違った構造を示す二つの五炭糖を確認した。一個の酸素が抜けているかいないかの違いから、抜けている方をD-デオキシリボース（抜けていない方をD-リボースと名づけた（図1・8参照）。ちなみに、酸素の抜けている場所は、化学的に二番目に配置する炭素の位置に結合するヒドロキシ基（OH基）の酸素であることや、五炭糖の立体的な構造がD体であることなどから

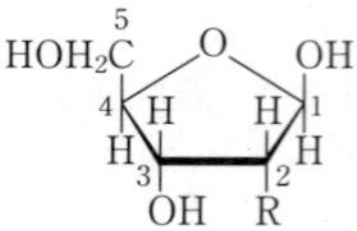


R＝H：　デオキシリボース
R＝OH：リボース

・酸素の隣のヒドロキシ基（－OH）が結合した炭素から順に 1～4 と番号を付す．さらに，4 の位置に結合する炭素を 5 番とする．
・2 番目の炭素に結合するヒドロキシ基から O が抜けたものが 2-デオキシリボースであり，DNAの構成成分である．

図 1・8　レビーンの明かした五炭糖（ペントース）

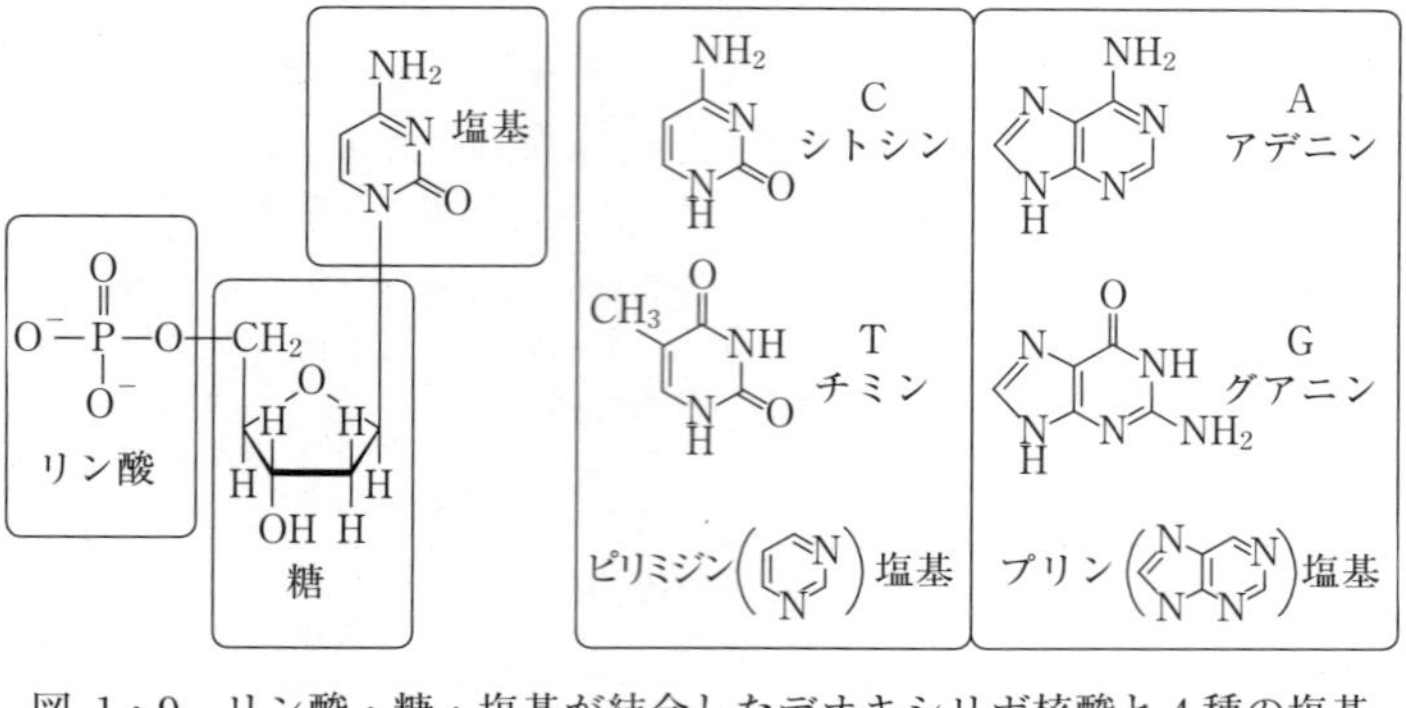


図 1・9　リン酸・糖・塩基が結合したデオキシリボ核酸と 4 種の塩基

正確には、2−デオキシ−D−リボースとよばれる。とりもなおさず、この酸素の一つ足りない五炭糖をもつ核酸（デオキシリボ核酸、deoxyribonucleic acid）がDNAで、酸素の欠けないリボースをもつものをRNA（リボ核酸、ribonucleic acid）とよぶ（図1・9参照）。

ここにきて、リン酸・糖・塩基の三者の成分が核酸の中に確認された。DNAがようやく世に現れ出たときともいえる。ところで、一九一〇年にコッセルは、「タンパク体・核酸の研究」でノーベル医学生理学賞に輝いた。一人の偉業のまわりに、何人かの同じような偉業をなした人々がいるのは今も昔も変わらないように思える。

## 5　DNA構造を解明する

二十世紀に入ると核酸は生物学の中心舞台に躍り出た。もっぱら、DNA構造を明かす研究に焦点が絞られたようである。オーストリアの生化学者、シャルガフがその先鞭をつけた。彼は一九二八年にウィーン大学で学位を取得し、一九五二年にはコロンビア大学医学部の教授となった。ウィーン大学在学中から核酸の構造に深い関心を抱き、特にDNAの中で、四種の塩基A・T・C・Gがどんな割合で含まれているかについて解き明かそうとした。連日、動物の細胞や細菌の細胞からDNAを取出して、それぞれの塩基の量を調べた。その結果、AとTはいつも同じ量で含まれ、GとCも全く同じ量で含まれていることがわかった。この事実は、「シャルガフの法則」と名づけられた。この法則は、AはTとだけ、GはCとだけそれぞれ結合するという、塩基の相補結合を意味していた。シャルガフの法則は、やがてDNA二重らせん構造発見の大きな土台を提供することになる。

一九五三年、四月二十五日号の英国の科学雑誌『ネイチャー』はDNA構造の解明にかかわった三編の論文を七三七—七四一ページまでの五ページに連続して掲載した。「核酸の分子構造」と題する二ページほどのワトソンとクリックの共著論文が先頭に配された。そのつぎには、「核酸のデオキシペントースの分子構造」と題するウィルキンズ、ストロークス、ウィルソンの三名の共著論文が、そして三番目に「(ウシ)胸腺核酸のデオキシリボースナトリウムの分子立体配列」と題するフランクリンとゴスリングの共著論文と続いた。これら三編の論文はいずれもが「DNAの二重らせん構造」の発見に共通してかかわったはずであったが、なぜかワトソンとクリックの名前だけが後世にさん然と残ることになる。

ワトソンとクリックの論文の最初の四行は、生物学の上で二十世紀最大の発見ともてはやされることをすでに暗示する言葉であった。「われわれはDNAの塩基の構造について提案したい。人々に重大な関心をよび起こす、これまでに知られていない新しい特色をもっている」という内容のもので、ちなみに原文は“A structure for Deoxyribose Nucleic Acid —— We wish to suggest a structure for salt of deoxyribose nucleic acid (DNA). This structure has novel features which are of considerable biological interest”となっている。

一九六二年の秋、世界の新聞は、ワトソンとクリックらの「核酸の分子構造と遺伝情報伝達の研究」によるノーベル医学生理学賞受賞の記事でにぎわった。メンデルが仮定した遺伝の因子がいまや、遺伝子、すなわちDNAとしてその実体が明かされた。さらに、DNAが私という自己の中でコピーをつくるように増えるというDNA自己複製の仕組みが、世の人々に伝えられた。生命の核心に触れた大発見と全世界の人々が称賛した。

ワトソンは一九二八年にシカゴに生まれ、大学で動物学を修めてからデンマークに渡って分子生物学の研究に入った。一九五一年には英国のケンブリッジ大学に留学し、そこでクリックと出会った。クリックは一九一六年、英国、ノーサンプトンに生まれ、ケンブリッジ大学で物理学を修めた。そののち、彼は、X線回折技術で世界に名の知れたブラッグが主宰するキャベンディッシュ研究所に入った。そこに、ワトソンが留学先としてこの研究所を選んだのである。二人とも核酸の構造解明に強い関心をもっていた。そのためには化学の力だけでなく物理学の力も借りなければならないという点で二人の意見は一致した。二人とも、オーストリアの物理学者、シュレーディンガーが著した『生命とは何か』に述べられている、生命分子を量子学的理論で解き明かそうとする考えに共感していたようである。

ところで、シャルガフは一九五二年七月にキャベンディッシュ研究所を訪れている。そこでクリックと出会う。自分の法則をクリックに説明したが、理解できなかったようだ。シャルガフは、DNA分子の構造を明かそうとする研究者が塩基の存在比に興味を示さなかったことに、ひどく腹を立てた。クリックはシャルガフの論文を読んでいなかったようである。「ふん、この小生意気な若造め」と、その場を引き揚げたということである。しかし、そんなエピソードにもかかわらず、シャルガフの法則はワトソンとクリックのDNA二重らせん構造解明に大きな手がかりを与えることになるのである。

ワトソンとクリックのノーベル賞受賞にはもう一人の名前が加わっている。二番目の論文を書いたウィルキンズである。クリックと同じ一九一六年生まれの英国の物理学者で、ロンドンのキングス・カレッジでX線回折によるDNAの構造の解明に携っていた。彼の論文では、DNAがらせん状の構造をとることをX線回折法で解明したと述べられている。そして、ワトソン、クリック、ウィルキンズの三人が共同受賞となった。

しかし、ここに至るまでには、サスペンスに満ちたドラマが展開していたようである。この辺のところは、「二重らせん」とか、「悲劇のロザリンド・フランクリン」の名で映画やテレビ番組に紹介されてきたので詳細を省くが、その一端に少しだけ触れてみる。

三番目の論文の中で、リン酸がDNAらせんの外側に配列することが示された。この事実を解明したのが、ロザリンド・フランクリンという女性の物理化学者で、当時はキングス・カレッジでウィルキンズの助手の立場で研究していた。頭脳がずば抜けて優れた彼女の実験データは、ウィルキンズをしばしば凌駕《りょうが》していたようだ。ウィルキンズの論文は、DNAが二重らせん構造（double helix structure）をとることをはっきりと示している。それは、フランクリンが非常に高い湿度という実験条件のもとに手にした湿式状況の結晶構造によるところが大きい。ウィルキンズはそのことを自分の論文の中に記す賢明さを示している。ところで、『ネイチャー』誌に三編の論文が発表されるずっと前に、ある出来事があったようだ。ワトソンがウィルキンズを訪れたとき、フランクリンの撮った湿式のDNAX線回折パターンを手渡された。どうやらフランクリンに無断で複製したようである。ワトソンは写真を見てたいへん驚いた。写真の中に見える中央の黒い十字の反射はらせん構造の存在を見事に反映させている。フランクリンがそれを撮影したのは論文発表の一年前なので、彼女はとっくに二重らせん構造を解き明かしていたのである。

二重らせん構造の発見にきっかけを与えたもう一人の研究者がいる。米国のポーリングのもとで化学結合のあり方を研究していたドナヒューである。彼はキャベンディッシュ研究所を訪れてワトソン、クリックとともに親しく化学結合論について話し合う機会をもった。そのとき、ドナヒューは、塩基と塩基の結合を量子力学の見方で詳しく説明したようである。「AとT、GとCのそれぞれは、水素結合とよぶ弱い結合で結ばれています」とまず切り出した。「窒素と水素が電子を一個ずつ出し合って、それらを共有して結合しますが、実際は窒素の方が電子を自分の方に引きつけやすい力をもつために水素側の電子が窒素側に引っ張られて、一見すると水素が電子不足のようになります。その不足したかに見える水素に電子をたくさんもった原子が電子を与えようとするのです。もともとは一つの原子だけにしか結合できない水素が、もう一つの原子にも結合するふるまいをします。水素結合というのはこのようなあたかも結合したように見えるたいへん弱い結合なのです。AとT、GとCのそれぞれの間にはそのような結合現象の起こりやすい原子配列をお互いにもっているのです」

このとき、ワトソンとクリックは、シャルガフの法則を実像としてはっきりととらえた。そして、もっと重要なことに気づいた。塩基と塩基の結合をリン酸の外側だと思い込んでいたのは間違いで、リン酸の内側に塩基の結合があるのだと実感した。シャルガフ、ロザリンド、ドナヒューらの研究成果も大きな力となり、ワトソンとクリックはＤＮＡの二重らせん構造をしっかりと描ききった（図1・10参照）。しかし、その三人がノーベル賞に顔を出すことはなかった。

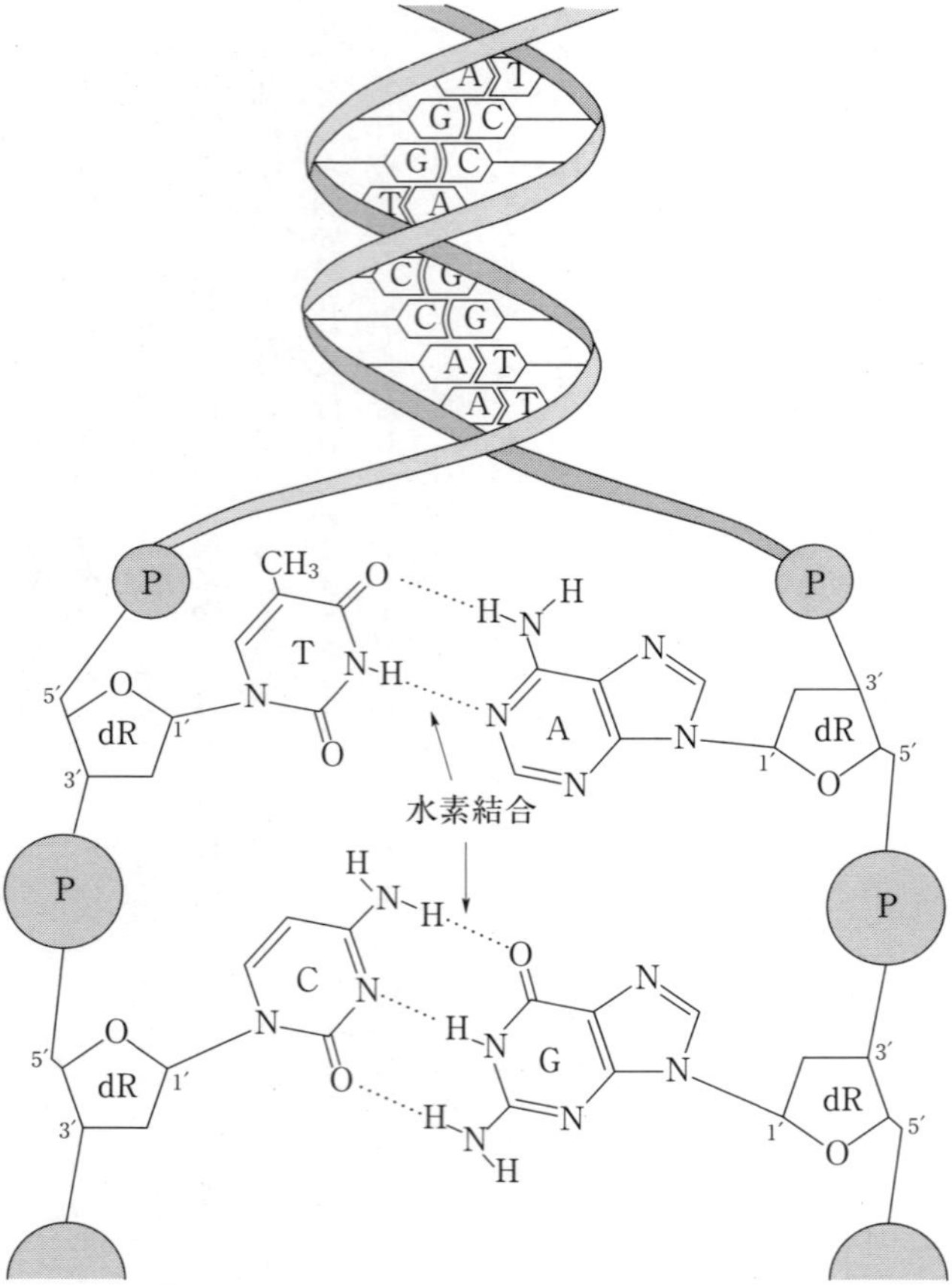


図 1・10　DNA 二重らせん．P：リン酸，dR：デオキシリボース，A：アデニン，T：チミン，G：グアニン，C：シトシン，1′, 3′, 5′：デオキシリボースの O（酸素原子）から図 1・8 に示すように数えた C（炭素）の番号．′は塩基の炭素，窒素番号と区別するためにつける．リン酸は 3′と 5′番目の炭素に結びつく

ワトソンとクリックが『ネイチャー』誌上に発表したDNA二重らせん構造は、単にDNAの構造を明かしたにとどまらずに、生命の営みを解くシナリオを人々に伝えていた。リン酸と糖の結合をはしごのたて棒にたとえると、はしごの段である横板はAとT、GとCという決められた結合（相補結合）からできている。そのような単純とも思える構造のうちに、生命の営みという神秘的な出来事が秘められていた。それは、DNAの自己複製とよぶシナリオだった。ノーベル賞受賞のもとになった論文には、このDNA自己複製機構はほんのわずかの行でしか述べられていないが、彼ら自身はこの部分は決して否定できない貴重な生物学的事実であると強調した。その内容に少しだけ触れてみる。

彼らは、「われわれが提唱した特徴的な結合（これを、“specific pairing”としている）をよくよく考えに入れると、遺伝物質を複製する機構が体の中にあるに違いない」と述べ、なんの証拠もない単なる仮定に過ぎないとはいえ、新しい遺伝学の芽生えを多くの人々に印象づけた。ワトソンとクリックが記したこの機構は、のちにDNAの自己複製とよばれ、人の生命の本質にかかわる重大な生物学的機構として認識されることになる（図1・11参照）。

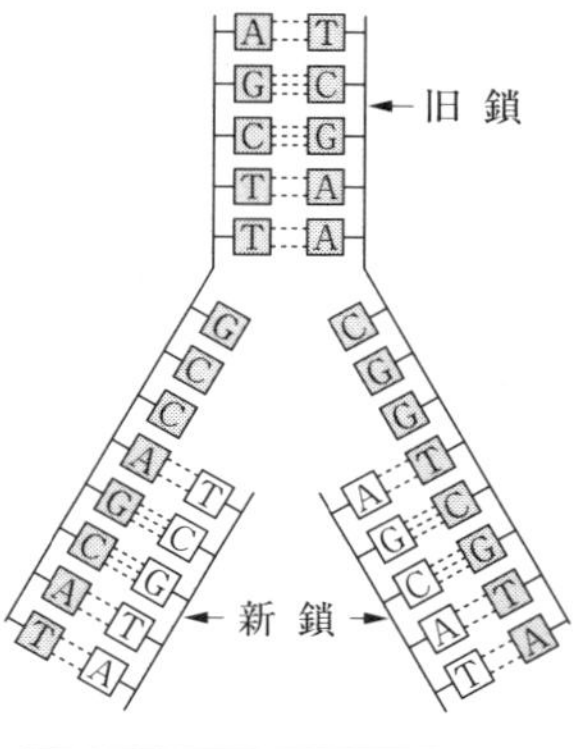


・DNA二本鎖がヘリカーゼ(DNA 巻き戻しタンパク質)の作用で一本鎖にほぐれる
・DNA 合成酵素の作用で一本鎖になったDNA に塩基を相補的につなげる
・旧鎖(古い鎖)と新鎖(新しい鎖)からなる DNA 二本鎖が2本できる

図 1・11　DNAの自己複製

## 6　分割遺伝子の発見

ワトソンとクリックがDNA二重らせん構造を解明したことで、さまざまな遺伝子の探究に拍車がかかるとだれもが考えたが、実際に、遺伝子探究の成果が上げられるまでに二十年ほどの年月が必要であった。その中で、ワトソンとクリックがシナリオとして描いたDNAの自己複製の実体をつかもうとする研究がさまざまな人々によってなされた。

一九七七年の七月、ニューヨーク州のコールド・スプリング・ハーバー研究所のロバーツとマサチューセッツ工科大学のシャープの二人は、第四十二回コールド・スプリング・ハーバー生物学シンポジウムでアデノウイルスにおけるDNA自己増殖とタンパク質合成について、当時としては聴衆がびっくりするような講演を行った。「これまで、ある特定の遺伝子は一つの長いつながりになってDNAの鎖の中にあるものと考えられていましたが、実はとびとびになって存在しています。ある遺伝子はいくつかの小片に分割され、その小片と小片との間には、遺伝子とはいえないDNAが入り込んでいます」。彼らはこのような遺伝子の配列状態を分割遺伝子とよび、マサチューセッツから世界の人々に分割遺伝子という言葉を発信した。その評価を一九七七年七月号の『ネイチャー』誌に、コールド・スプリング・ハーバー研究所のサンブルークが報告している。

同じような研究に携っていたハーバード大学のギルバートはその翌年、「なぜ遺伝子は分割しているのか」の評論を同じ『ネイチャー』の一九七八年二月号に載せた。その中で、「ロバーツとシャープが提唱した分割遺伝子は高等生物の遺伝子にもよく見られるもので、それは遺伝子の最もよくある姿を現したものであろう。遺伝子の中に入り込んだＤＮＡの配列の意味は、おそらく一つには遺伝子として用をなさなくなった生物歴史の残存物であるか、あるいは未来に新たな遺伝子への転化に奉仕する場であるのかをただ推測するだけである」と述べている。そして彼はこの分割遺伝子を説明するために新しい用語を提案した。その用語のどれもが現代のＤＮＡ分子生物学を語るのに使われている。

ギルバートは、いくつかに分割された遺伝子のそれぞれの小片をエクソン（exon）、小片と小片の間に入り込んでいるものをイントロン（intron）と名づけた（図1・12参照）。このようなイントロンとエクソンの並び方は、よく列車軌道のレールと駅の関係になぞらえられる。エクソンは遺伝子がタンパク質を発現（expression）すること、イントロンはタンパク質を発現しない、遺伝子もどきの塩基配列領域（intragenic region）という意味合いから名づけられている。

ところで現在、遺伝子の役目を果たすエクソンは全染色体

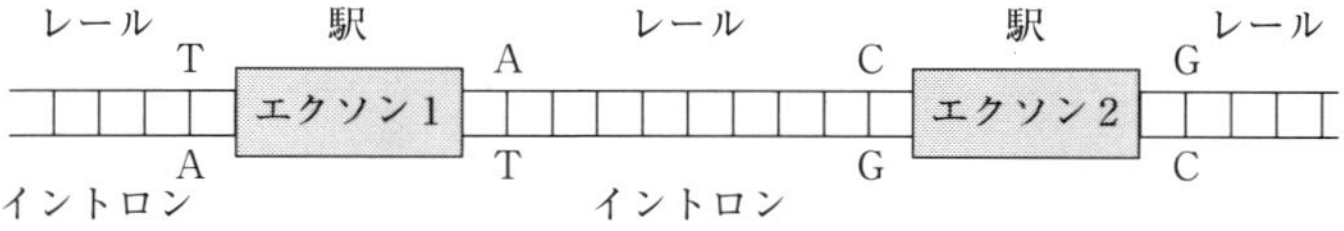


・一つの細胞の細胞核内にある全DNAは，生殖細胞のような半数染色体では30億塩基対で，それからつくられる体細胞では60億塩基対を数える
・30億塩基対ある全DNAのうち，実際にタンパク質の合成に役目を果たすDNA（エクソン）は1～2%とされ，24%ぐらいがイントロンである．イントロンはエクソンと一緒に，最初の段階ではRNAに転写されるが，つぎの段階ではイントロンの転写部分はエクソン転写部分から切りとられるのでタンパク質発現にはかかわらない

図1・12　分割遺伝子模式図

DNAのわずか一―二パーセントと推定されている。エクソンのもつ遺伝情報がタンパク質に合成（発現）されるのは、その遺伝情報が細胞核内でメッセンジャーRNA（mRNA）に複製され（遺伝子の転写）、その転写情報に従ってタンパク質に翻訳（合成）される過程によっている。まず、分割遺伝子内のエクソンもイントロンも一緒になってmRNAに複製される（前駆体mRNA）。これが細胞質内に移動する前にイントロンからの転写部分を切りとり、エクソンの転写部分だけをつなぎ合わせるスプライシングとよぶプロセスによってエクソンだけの遺伝情報をもつ成熟RNAとなる。この成熟RNAの情報に従って細胞質内でタンパク質に発現される。したがって、エクソンは発現配列とよばれる。分割遺伝子の全体はイントロンを含めて転写配列とよばれ、分割遺伝子相互をつなぐDNA配列はmRNAに複製されない非転写配列とよばれる。イントロンは染色体DNAの約二十四パーセント、非転写配列は約七十五パーセントと推定されている。

一九七七年に分割遺伝子配列を世に広めたロバーツとシャープの二人は十六年ほどたった一九九三年にノーベル医学生理学賞を授与された。

## 7　ホワイトの遺伝子探索――リフリップ（RFLP）

二十三対もある染色体に散らばるDNAの長い鎖を調べて、どの染色体のどの部分のDNAに遺伝子が位置しているかを読み取る方法をなんとか手に入れたいとの願いは、特に特定の遺伝病の原因を探る人々に強かった。

一九七八年の四月、米国のユタ州、ソルトレークシティーに遺伝学者や分子生物学者が、研究情報の交換のために集まった。この地は遺伝病の原因を探るのに格好の場所であった。この地に住むモルモン教徒は昔から大家族主義を奉じている。いまでも八人ほど子をもつのが平均的家庭である。彼らは先祖代々の家系図を教会に保存していた。一九七〇年ころに、モルモン教会はその家系図の閲覧をユタ大学の研究のために許可した。親から子に、子から孫にと伝えられるさまざまな遺伝形質を探るのに、それは垂涎《すいぜん》の的だった。多くの家庭を対象に、何世代にもわたる遺伝病の伝わり方を、メンデルの法則に照らしながらその遺伝子を探索することによって追求していくのである。

今回の集会では二人の研究者に大きな期待が寄せられた。一人はマサチューセッツ工科大学の分子生物学者ボッツシュタイン、もう一人はスタンフォード大学の生化学者デイビスである。ユタ大学の遺伝学者スコルニックが彼らを招いたのである。

スコルニックはモルモン教徒の家系図をくまなく調べていくうちに、ある家系で、遺伝病に関係すると思われる遺伝子を見つけ出すのに役に立つかもしれない目印（マーカー）のようなものがあるのに気づいた。マーカーは特定の遺伝子とくっついて親から子に伝えられるものである。特定遺伝子の目印・標識として役立つはずである。彼はマーカーの一つを体の形質に定めていた。それは目の色である。ある病気にかかった親族の全員が青色の目をしているとすると、病気の遺伝子は青色の目の遺伝子と一緒に受け継がれる、すなわち両者はリンク（連鎖）していると考えていた。

ところで、ボッツシュタインとデイビスの二人は、特定の遺伝子のあり場所を突きとめる技術的シナリオをすでに考えていた。二人は長いＤＮＡの鎖を制限酵素で切断すると、特定の遺伝子の隣に位置するＤＮＡ塩基配列を手に入れることができることを知っていた。
「それは特定遺伝子のまさに目印となるのです。目の色のような形質特徴の場合には、たまたま父と母が同じ色だと、父と母のどちらから受け継いだかがわかりません。もし、病気の遺伝子の隣にあって、それが一緒になって子に受け継がれ、さらにその隣のＤＮＡの塩基が父と母で区別されれば、病気の遺伝子を父と母のどちらから受け継いだかをはっきりさせられます」と、スコルニックから病気遺伝子とマーカーの話を聞いたボッツシュタインは、自分の遺伝子探索のシナリオを弁舌さわやかに、若い研究者の多い聴衆に語りだした。

表 1・3　制限酵素と DNA 塩基配列の切断例

| 制限酵素 †1 | 分離細胞 †2 | 切断部位塩基配列 |
|---|---|---|
| *Eco* R I | *Escherichia coli*（大腸菌） | G↓A A T T C<br>C T T A A↑G |
| *Hae* III | *Haemophilus aegyptius*（エジプトヘモフィルス） | G G↓C C<br>C C↑G G |
| *Hin*d III | *Haemophilus influenzae*（インフルエンザ菌） | A↓A G C T T<br>T T C G A↑A |

†1　制限酵素：ウイルスは細菌のような細胞（宿主）に入り込んで DNA を増殖する．宿主の細菌はウイルスという外来の DNA を排除(制限)するために，その DNA の中の特別な塩基配列を目掛けて切断する酵素をもっている

†2　細菌自身のもつ DNA 配列は，切断箇所にあたる部分がメチル化という化学的仕組みで防御されているため，切断されないようになっている

「長いＤＮＡの塩基配列に制限酵素を作用させると、制限酵素のもつはたらき方に応じてＤＮＡは、はさみで長く細いテープを切るように切断されます（表１・３参照）。制限酵素は『化学ばさみ』ともいわれます。切断されたＤＮＡ断片は、切断部位の違いによって、いろいろな長さになります。これらの断片を電気泳動という化学分析法で、一つ一つの切断片に分けます。電気泳動が終わるとＤＮＡが長さ（分子の大きさ）の順番に泳動板の上に、ＤＮＡ帯（バンド）として並びます（図１・13参照）。しかし、それらを肉眼で見られないので、並んでいるはずといった方が正しいでしょう。そこで、特別な技術を使います」

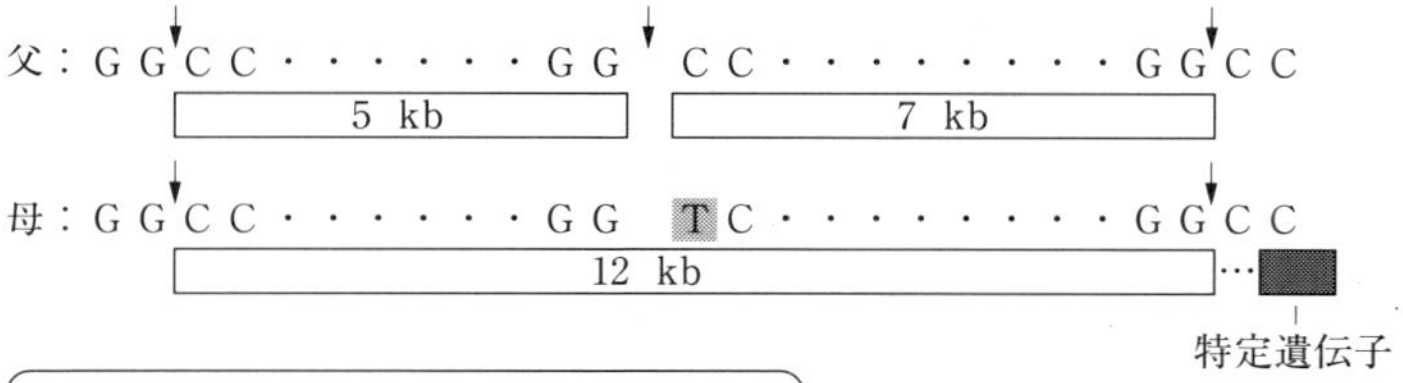


・制限酵素 *Hae* Ⅲの使用例，Ｔは切断認識部位 GGCC の C → T 置換を示す．→ は切断箇所を示す
・切断されたいろいろの大きさの DNA 断片を，直流の電気を流した寒天のようなゲル板状に置くと，リン酸基のために（−）に荷電した DNA は（＋）極に移動する．断片が小さいほど速く移動し，一定時間内での移動距離は大きくなる．その結果，いろいろな大きさの DNA 断片が分離され，区別される
・遺伝病の子が母の 12 kb の DNA バンドをもっていたとすると，その遺伝病を母から受け継いだことになる

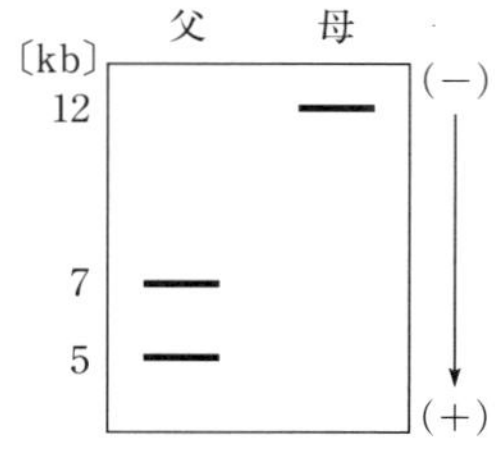


図 1・13　制限酵素切断断片長多型（RFLP）の電気泳動分析

「泳動板上に並んだＤＮＡバンドを、まず弱いアルカリ性の溶液に浸して、二本鎖のＤＮＡを一本鎖にほぐします。一本鎖にしてから、慎重にニトロセルロース膜に密着させて泳動板上のＤＮＡバンドを、そっくりそのまま毛細管現象の力で写し取ります。まだ、肉眼でそれらのＤＮＡバンドを見ることができません。そこで、放射性元素の$^{32}P$を標識したプローブ（探索子）ＤＮＡを、ニトロセルロース膜上に転写された一本鎖ＤＮＡと結合させます。この結合をハイブリダイゼーション（対合）とよびます。プローブと対合したニトロセルロース膜を放射線に感光するＸ線写真フィルムと重ね合せて暗室に置きます。これを現像すると、自分の目的とするＤＮＡバンドが、いまようやく黒い帯からなる縞模様として確認されることになります」

　ボッツシュタインは一九七五年に英国の生物学者サザンが、遺伝子探索のために開発した、サザ

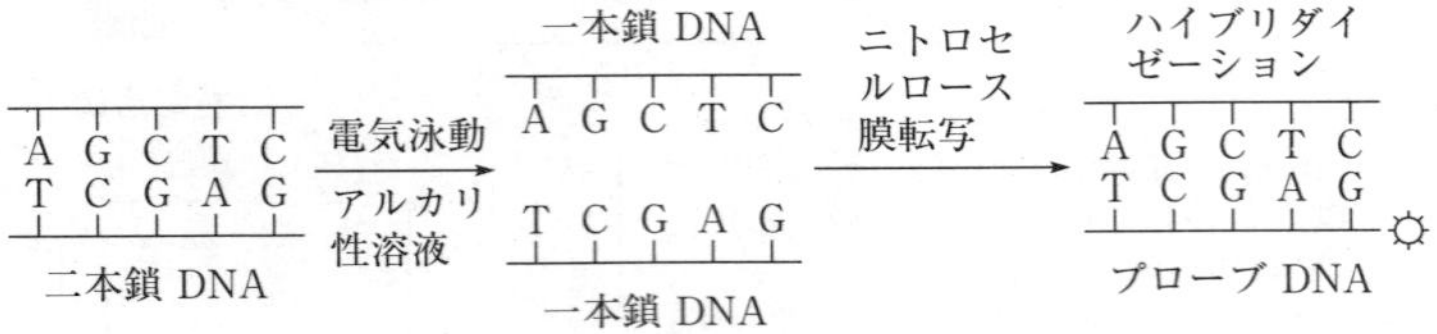


・電気泳動板上にニトロセルロース膜を密着させ，DNA 断片を吸着移動(blot)させる方法を，開発者サザンの名前からサザン・ブロット法とよぶ.
・ハイブリダイゼーション： 一種の雑種形成である．二本鎖 DNA を２本の一本鎖 DNA にほぐしてから，その一本鎖 DNA と相補的に結合する別の一本鎖 DNA(探索子，プローブ)で釣り上げる
・☼は放射性同位元素(たとえば$P^{32}$)をプローブに標識したもので，X 線写真フィルムに接触させて暗室内に置くと，プローブと結合した DNA 断片は黒くなりオートラジオグラムが得られる

図 1・14　DNA 断片と放射性同位元素標識プローブ DNA とのハイブリダイゼーション

ン・ブロット・ハイブリダイゼーション法（図1・14参照）をかなり早口にしゃべった。若い研究者で占められた聴衆の多くはひどくたじろいでいた。制限酵素、ハイブリダイゼーション、サザン・ブロットの言葉はいまだ耳新しかった。遺伝子探索の最初のステップとなる制限酵素についても、彼が講演した同じ年の一九七八年に、スイスのアーバ、米国のスミスとネーサンスの三人がそろって、その発見と遺伝学への応用の功績でノーベル医学生理学賞を受賞したばかりである。

スコルニックはボッツシュタインの話に、特に父と母を区別するというDNAの多型性、個人差というものに感心した。彼はボッツシュタインに、ぜひともDNA多型性の研究をさらに進めてほしいと懇願した。しかし、ボッツシュタインは、自分にその気のないことを伝え、その代わりに自分の一年後輩のホワイトを推薦した。「いま、マサチューセッツ大学の医学部で遺伝子探究に没頭していま す。才能と知識に申し分のない研究者で、いますでに、さまざまな遺伝子がどの染色体のどの位置にあるかを洗いざらい探して、遺伝子地図（マップ）を仕上げている最中です。とにかく、DNAの多型性を究めるのは彼しかいません」

ところで、ホワイトはすでにDNA多型性を「制限酵素切断断片長多型」（RFLP、Restriction Enzyme Fragment Length Polymorphisms）と名づけ、俗にリフリップとよんでいた。そんなホワイトはすぐにユタ大学に移るとはいわなかった。しばらくは自分の研究を継続することになる。

一九七九年十月のある日、ホワイトの研究室で女性研究者ワイマンがライトボックスに映しだされた一枚のX線写真フィルムに見入っていた。彼女はホワイトの探し求めていたリフリップをしっかりと自分の目で確認した。おびただしい数の試行錯誤を重ねたあとでの幸運だった。

その陰にはＤＮＡ断片を調べるのにかけがえのないコールド・スプリング・ハーバー研究所の遺伝子ライブラリーという宝物があった。制限酵素で切断したＤＮＡ断片がどんな塩基からできているか、その多型性はどんなものかを知るために、それに見合うプローブＤＮＡが必要である。ＤＮＡ分子の釣り針的役目を果たす、さまざまなプローブが、数千とも数万ともいう数で、遺伝子ライブラリーの中にしまい込まれている。

ワイマンは四十三人のモルモン教徒から血液を採取し、その白血球を集めた。白血球の核から取出したＤＮＡを制限酵素の*EcoRI*で切断してみた。できたＤＮＡ断片を電気泳動法で大きさ・サイズ（塩基対、bp）の順番に分離して、さまざまなプローブとハイブリダイゼーションさせた。コールド・スプリング・ハーバー研究所の遺伝子ライブラリーの責任者、マニアティスは快くワイマンに気が遠くなるほどの種類のプローブを提供した。とても手に負えそうもない膨大な量の仕事である。とにかく、ニトロセルロース膜上に写しとった一本鎖ＤＮＡの塩基配列と相補的に対合するプローブに運よく出合えれば、それを釣り上げることになる。闇夜につぶてを投げるのによく似ていた。

そしてついに、幸運が訪れた。容器番号一〇一のプローブが四十三人の人々のＤＮＡ断片を釣り上げた。それも八種類の長さの違いが見つかった。八種類のＤＮＡアレル型が存在していることになる。一人の人は父親と母親からそれぞれ一つずつ受け継いだ二種類のアレル型をもつ。一般にアレル型の数を$n$とすると、その遺伝子型（ゲノタイプ）の数は$n\times(n+1)\div2$式から求められる。したがって人を三十六通りにも分類できることになる。とにかくＤＮＡ断片の多型性がサザン・ブロット・ハイブリダイゼーション法で見つかった瞬間だった。

この成果はワイマンとホワイトの共著で「ヒトＤＮＡにおける高度多型性座位の存在」の題名のもとに『米国科学アカデミー紀要』誌の一九八〇年十一月号に掲載された。ちなみに、この論文で、ワイマンの探しあてたプローブは、彼女のイニシャルとプローブを収めてあった試験管の番号101とから、ＰＡＷ101（プローブ、アレン・ワイマン101）と名づけられ、世界に発信された。この論文こそ、遺伝子を探索する研究の原点となり、とりもなおさず犯罪の証拠物件ＤＮＡ型鑑定に通じる大きな一里塚となったものである。

ところで、ホワイトはワイマンが探り当てた多型性部位が、第14染色体にあるのを、のちに明らかにした。論文を発表したあと、ボッツシュタインの勧めに応じるように、ユタ大学医学部に併設されているハワード・ヒューズ医学研究所に移った。そこで、リフリップの探索と遺伝子マップの作成にさらにまい進した。このホワイトの研究室は、わが国だけでなく国際的なゲノム研究の指導者となる日本人を輩出することになる。

## 8　ＤＮＡ指紋法の先駆け――ハイイロアザラシのミオグロビン遺伝子

制限酵素を使うＤＮＡ分析法が、人の目に見えるような、社会的な貢献を成し遂げるのは、リフリップを完成した米国ではなく、大西洋を隔てる英国においてであった。

英国レスター大学遺伝学部のウェラーは動物のミオグロビンに興味をもった。ミオグロビンは、赤血球のヘモグロビンと同じように血液中の酸素によく結びついて、筋肉の中に運搬したり、ため込んだりするはたらきをしている。水の中で泳ぎまわる動物、酸素の少ない地下または高地にすむ動物、さらに空中を飛ぶ鳥類などのさまざまな動物の骨格筋や心臓の筋肉にはたくさんの量のミオグロビンが含まれている。「おそらく、いざというときのために、酸素をためておくのかもしれない。生物が環境の生態に適応させて生きている様子を、ミオグロビンが語っているのだろう。確かに、マッコウクジラやアザラシのミオグロビン含量は著しく高い。では、ヒトはどうだろうか」。陸上にすむ哺乳動物の代表であるヒトと動物のミオグロビンの遺伝子を探って動物進化の一つのシナリオをつくってみたいと、動物の進化を研究する彼は考えた。

ウェラーは一つの幸運にあずかっていた。ケンブリッジ南極調査隊が持ち帰るクジラやアザラシを手に入れて、骨格筋を集めることができた。その中でもいちばん手に入りやすいハイイロアザラシ(Grey Seel, *Halichoerus grypus*) の骨格筋や心筋を研究材料に選んだ。

幸いにも自分の研究室の同僚が前の年に、ハイイロアザラシのミオグロビン遺伝子を詳しく調べた結果を『ネイチャー』誌上に報告している。彼はそれに基づいて、三種のＤＮＡ部分（エクソン）に適切なプローブを調整した。ハイイロアザラシのミオグロビン遺伝子は三つのエクソンを分割するように、二つのイントロンが間に入り込んでいる。このプローブでヒトのミオグロビンの遺伝子を探ったら、どんな結果が得られるだろうか。大きな期待をかけた。結果はウェラーが前もって予想したとおりになった。エクソンとイントロンの並び方は両方の間でよく似ている。三つのエクソンの間に二つのイントロンが分け入るように入り込んでいる。このような全体像が似ている中に、一つだけ生物の環境適応の仕組みを反映しているように思える事実もあった。一番目と二番目のエクソンの間に入り込んでいる第一イントロンの長さに大きな違いが見つかった(図1・15参照)。ハイイロアザラシは四千八百塩基対なのにヒトは五千八百塩基対である。「酸素の要求度の強いハイイロアザラシはイントロンを動員して、ミオグロビン遺伝子に差し向けたのだろうか。ハイイロアザラシとヒトが共通の祖先をもち、適応放散(adaptive radiation)の仕組みの中で生物の形態を変化させ、両者が枝分かれしたのでは」と思いをめぐらした。「その枝分かれは、おそらく八千万年前ころに起こったのだろう」と、遺伝学者らしい生物学のロマンをも語っている。

ところで、彼はもう一つの重大な点を第一イントロンの塩基配列に見た。三十三個の塩基配列を一単位(モチーフ)として、四回繰返している配列を探し出したのである。しかも、この反復配列がヒトの二十三対のどの染色体にあるのかは定かでないが、あちこちの染色体に散らばって存在していることを確認した。彼はそれらの研究成果を一九八四年の『EMBOジャーナル(欧州分子生物学研究会誌)』二月号に「ヒトミオグロビン遺伝子の構築」と題して論文発表した。

イントロンの塩基配列には個人的な特徴が見られる。それは塩基配列の大きさの違いとなって現れている。イントロンはふつう、数個の

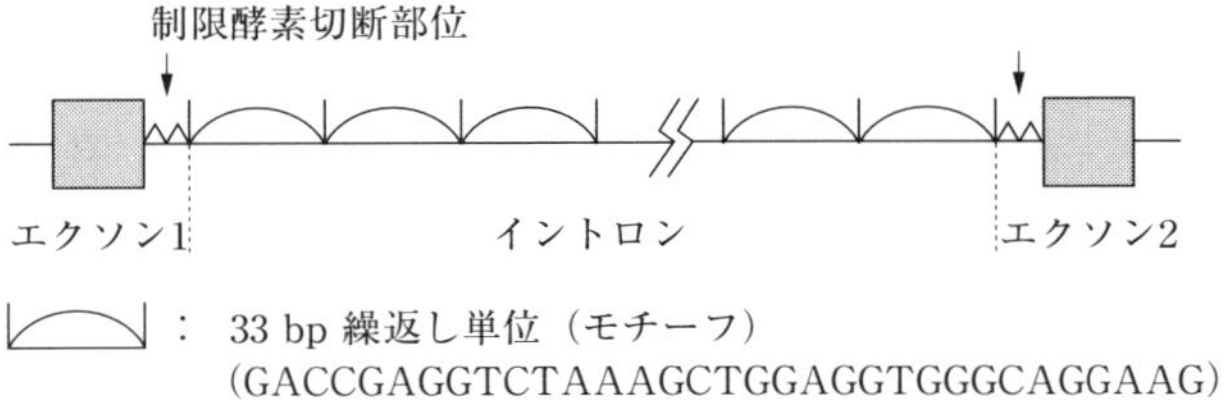


図 1・15　ヒトミオグロビン遺伝子（第22染色体）の第1イントロンの反復配列

塩基をモチーフとして、そのモチーフが何回も繰返して全体のイントロンをつくるというDNAの反復配列（repetitive DNA sequence）からできている。同じモチーフ（小節）が何回も繰返してつくられるメロディーと同じようなものである。しかし、モチーフが何回繰返すかは、個人によって違っている。モチーフをつくるDNA塩基は反復数にかかわらず同じだから、プローブと対合させると、反復数の多いものも、少ないものも一緒に釣り上げられることになる。電気泳動上ではそれらのDNAは塩基の大きさごとの断片として分離される。

ハイイロアザラシのミオグロビン遺伝子を調べたウェラーは、副産物として人のDNAの個人差を識別するイントロンDNAの多型性を手にした。それは、DNA型鑑定の礎石になったといえるであろう。

## 9 DNA指紋法が世に出る

ウェラーがはたらくレスター大学遺伝学部の研究室はアレック・ジェフリーズが主宰していた。ジェフリーズといえば、一九八五年、『ネイチャー』誌の三月号に「ヒトDNAにおける高度多型性ミニサテライト領域」と題した論文を発表し、世界の耳目を一心に集めた人である。ウェラーはすでに第二十二染色体にのるミオグロビン遺伝子が三つのエクソンと二つのイントロンから成り立っていて、その第一イントロンにみられる三十三塩基をモチーフとした反復配列がほかの染色体にも存在していることをすでに明らかにしている。

ジェフリーズはウェラーのミオグロビン遺伝子構造研究のそのような副産物を執ように追求した。彼は、ほかの染色体に散らばっているかもしれないミオグロビン遺伝子の第一イントロンの反復配列を、巧妙な戦術で探した。彼はモチーフの三十三塩基の全体にこだわらずに、そのうちの十六個の塩基をモチーフのしん（コア）としたプローブをつくった。第一イントロンの両側を切断する制限酵素もすでにわかっている。ただ、ほかの染色体に散らばるその制限酵素切断断片の塩基配列が、ウェラーの三十三塩基と全体的には類似している（相同性がある）が、一―二塩基ぐらい違っていることも予測できる。さらに彼は、その十六塩基コアプローブにも、ほんの少しずつ塩基配列を違えた複数のプローブをつくり、とにかくミオグロビン遺伝子の第一イントロンに相同性のＤＮＡ断片をあますことなくつかむようにした。

彼は研究データから自分の予測の正しさを立証した。いろいろな染色体に散らばっている相同性のミニサテライトＤＮＡ部分を制限酵素で切断してからプローブで釣り上げた。電気泳動のゲル板上に多数のＤＮＡバンドが黒い縞模様のように並んだ。それは、ちょうど商品価格を示すバーコードにたとえられる。それぞれの染色体に散らばるＤＮＡ断片の大きさが個人と個人の間で違っている。その違いは、三十三塩基を一単位として繰返す、繰返しの数によっていた。これこそＤＮＡの多型性をはっきり示すもので、そのバーコードの模様は個人に特有のＤＮＡ指紋（DNA “fingerprint”）を提供していると、彼は論文の中で強調した。このとき、「ＤＮＡ指紋」という言葉が世界を駆け巡った。

ジェフリーズはこの論文のあと、ＤＮＡ指紋という言葉にひどくこだわっているようだった。さらに、三編の論文をたて続けに『ネイチャー』誌に発表した。まず、「ヒトの個人特異的ＤＮＡ指紋」

と題する論文を一九八五年の七月号に発表した。ここで始めて論文タイトルに指紋とはっきり書いている。十一人の白色英国人の血液からDNAを抽出し、制限酵素で切断して得られたDNA指紋を一人ずつ識別した研究論文である。この中で、個人のDNA指紋をつくるDNAバンドの半分は父親から、あとの半分は母親から受け継いだもので、明らかにメンデルの法則にしっかりとのっとっているものと説明している（図1・16参照）。このような自分の説明を立証するかのように、十月号に父親とその息子の関係をDNA指紋法で立証する論文、「DNA指紋法による移民事件の個人識別」を載せた。その概要をのぞいてみる。

英国で生まれた少年が父親とともにガーナに移住した。成長してから母親と二人の姉妹の住む英国で生活するために移民局に入国を願い出た。しかし、移民局としては、母親の姉妹がガーナに住んでいることもあって、その少年が姉妹のどちらかの子供である可能性も捨てきれない。少年が母親の実子であるかどうかを決定するために、ジェフリーズはDNA指紋法で鑑定した。前もって、英国の法科学研究所で血液型や酵素型などの鑑定がなされたが、母子の関係に確証がもてなかった。ジェフリーズは、少年の兄、姉、妹や母親の血液からDNA指紋を検出した。少年のDNA指紋に母親からのDNAバンドが入り込んでいるかいないかを判定するのは容易だった。少年のDNA指紋には、少年がその母の実子に違いないと確信できるほどのDNAバンドが含まれていた。

この二つの論文を通して、彼はDNA指紋法が民事・刑事の両面にわたる証拠審理に果たす役割の大きさを人々に伝えた。ちなみに、三月に発表された最初の論文の内容は、メディアの華々しい報道にのって、世界の法曹や法執行機関の人々に伝わった。「革新的個人識別技術の開発」、「指紋以来の

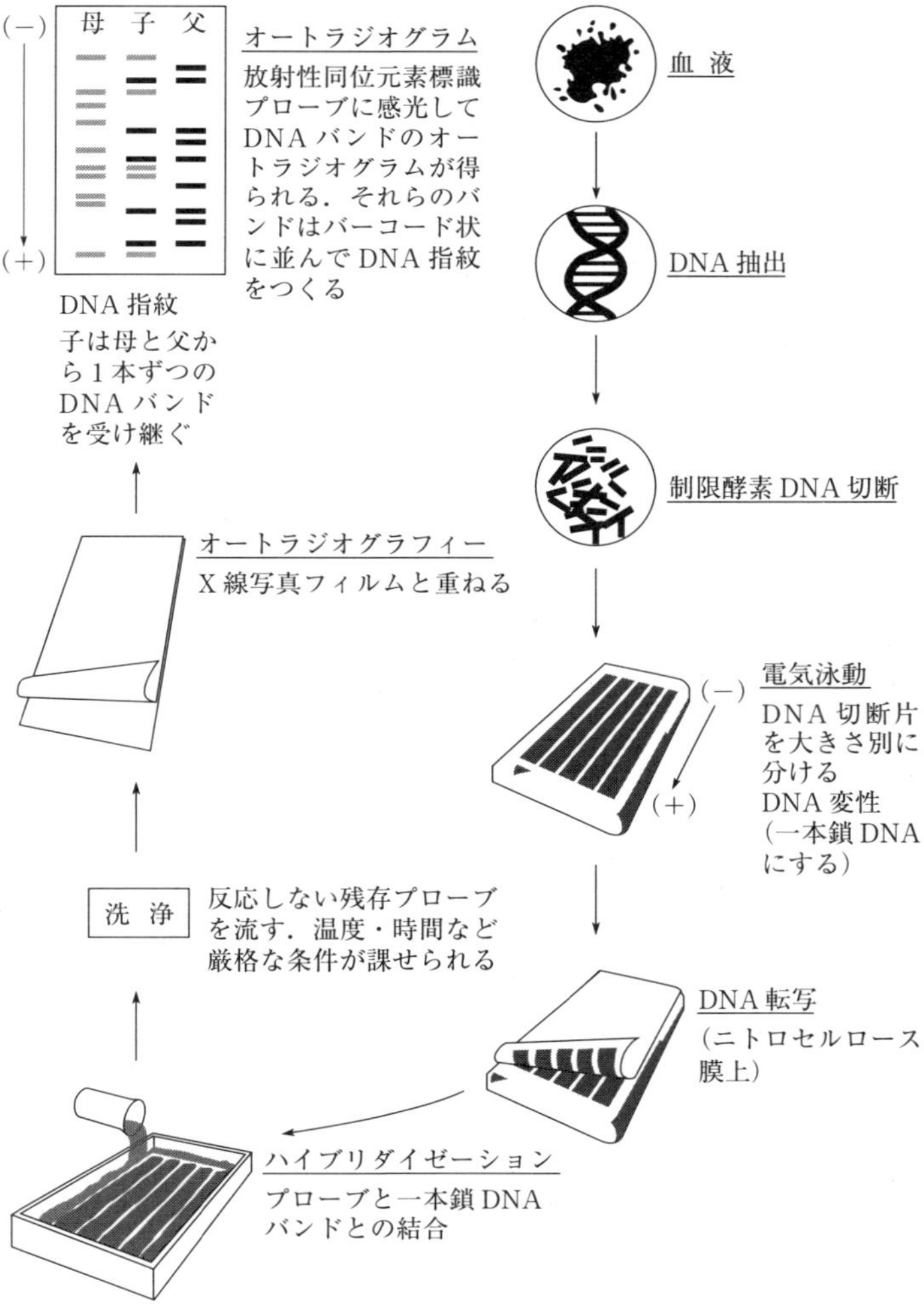
(−)
母　子　父
(+)
オートラジオグラム
放射性同位元素標識プローブに感光してDNA バンドのオートラジオグラムが得られる．それらのバンドはバーコード状に並んでDNA 指紋をつくる
DNA 指紋
子は母と父から1本ずつのDNA バンドを受け継ぐ
血　液
DNA 抽出
制限酵素 DNA 切断
電気泳動
(−)
(+)
DNA 切断片を大きさ別に分ける
DNA 変性
(一本鎖 DNA にする)
DNA 転写
(ニトロセルロース膜上)
ハイブリダイゼーション
プローブと一本鎖 DNA バンドとの結合
洗　浄
反応しない残存プローブを流す．温度・時間など厳格な条件が課せられる
オートラジオグラフィー
X 線写真フィルムと重ねる

図 1・16　DNA 指紋検出模式

快挙」、「これで冤罪《えんざい》はなくなる」などなどの大見出しでにぎわっていた。

しかし、実際に犯罪の証拠物件の鑑定に携わっている法科学者は、いくぶんかの疑念をもった。「特に、終生不変・万人不同をキーワードにする指紋という表現が本当に、微量で、古くなっているのが普通の犯罪証拠物件にそのまま通用するのだろうか」。そういう疑念をもつ一つの理由には、DNA指紋法にみられる、とてつもなく煩雑な分析過程と、どこの染色体を目当てに分析しているのかわからないことなどを知っていたことがある。ジェフリーズはそんな法科学者の思いにこたえようとした。たとえば、刑事司法の証拠審理というからには、新鮮で多量の血液を取扱う親子鑑定だけでなく、どうしても犯罪事件にかかわる微量な証拠物件についてもDNA指紋法が大きな力を発揮することを人々に伝える必要がある。しかし、彼は遺伝学者であったので、これまでに犯罪の証拠物件に手を出した経験はない。そこで、証拠物件の血液型・酵素型鑑定の知識と経験に精通している英国の内務省法科学研究所のジルに、DNA指紋法の検証研究が依頼された。

ジルは、まことに理にかなった試料を、この検証研究のためにそろえた。まず、十一名の提供者(ドナー)の血液と精液を紙片や布片にほんの一滴だけたらした血痕と精液はん痕をつくった。頭から無理やり抜いた頭毛(抜去毛)も用意した。これに加えて、彼がこれまでの研究に使っていた五年間ほど月日のたった、白シャツに付着した血痕やパンティに付着した精液はん痕もそろえた。最後に、彼ならではの検証試料を加えた。協力者の計り知れない好意のもとに、性交前の膣液と、性交後の時間経過ごとに採取した膣スワブである。膣スワブは、先端に綿球をつけた棒で膣内を擦過的にぬぐう(swab)もので、そこには膣内の細胞成分や体液成分が一緒になって付着することになる。

数カ月ののち、検証結果はまとめられた。新鮮な血痕と精液はん痕からのDNA指紋は、それぞれの由来者の血液と精液のDNA指紋にどれもぴったり一致した。まさに、DNA指紋法の正しさが証明されたのである。しかし、五年ほど経過した血痕と精液はん痕のどちらも、どうしてもDNA指紋を現さない。彼は、別の方法でそれらのDNAの破壊の状況を調べたところ、DNAの分子が明らかに壊れていることを確認した。やはり、法科学者の疑念は、残念ながら晴れなかった。抜去毛を、細胞成分をたくさん付けている毛根部とその上の毛だけの毛幹部に分けて分析した。毛根部からははっきりしたDNA指紋が現れたが、毛幹部からは何回も分析を繰返してもDNA指紋は決して現れてはこない。毛幹部には、DNA指紋法の分析に必要とされる十分なDNAが含まれていないと結論した。

ところで、ジルは膣スワブの分析にあたって、巧妙な戦術を使用した。膣スワブには、女性の膣上皮細胞と男性の精液とが混ざり合って付いているはずだ。それらを別々にして、DNA指紋を手にしなければならない。彼は精子の頭部の生化学的状況に注目した。この頭部は、硬い細胞膜で囲まれた精子の細胞に相当し、その中味はDNAで充満された細胞核となっている。どうしても、膣の上皮細胞と精子の核にあるDNAを別々に集めたい。彼はまず、膣スワブをタンパク質分解酵素だけで消化した。このとき、膣上皮細胞だけが壊れて、精子細胞は無傷のまま残った。これらを分離してから、精子細胞の区分だけに、タンパク質分解酵素と一緒にDTT（ジチオトレイトール、クリーランド試薬）を加えてやると、精子頭部は難なく壊れ、さらに精子核DNAにしっかり絡み付いているプロタミンとよぶタンパク質も離れ、効率よくDNAが集まった。そして、膣スワブから女性のDNA指紋、男性のDNA指紋の両方を別々に得ることができたのである。この方法をジルは、「膣液・精液の

ＤＮＡ分別抽出法」と名づけた。

ジルはすべての検証結果をまとめて論文にしたため、一九八五年『ネイチャー』誌十二月号に発表した。ジルの結果を読んだ法科学者はＤＮＡ指紋法の限界と効用をつぶさに知ることになった。ちなみに、論文の筆頭者はジルであり、その後にしっかりとジェフリーズの名があった。

たて続けに「ＤＮＡ指紋法」が『ネイチャー』誌に発表された一九八五年は、ＤＮＡ型鑑定元年ともいえる。

# 第二章　はじめての証拠物件DNA型鑑定

## 1　連続少女強姦殺人事件

英国の中部、レスターシャー州の首都レスターは食用に供するレスター種の羊の産地として世界的によく知られている。人口三十万人ほどの田園地帯である。もちろん、あのジェフリーズはこの首都に構えるレスター大学の遺伝学部で研究にいそしんでいた。

レスターの郊外、ナーバラには周囲の閑静な環境を生かした精神病院が置かれている。おもにアルコールや麻薬依存症患者の社会復帰に向けた治療がなされている。その周辺には大通りというほどの交通路はなく、対面する自動車がようやくすり抜ける程度の道路だけだった。道路わきには芝や少し背丈のある雑草が平行して走っている。

一九八三年の十一月二十三日の朝七時三十分ごろ、病院の事務職員ウイリアムスはいつものとおり足早に勤務先に向かっていた。十一月といえば、もうすっかり冬の気配を感じ、道路わきの草むらもかなり乏しい。急ぎ足に歩く前方の視野にいつもとは違った小さな塊が入った。駆け寄ってみると、右肩を地に、やや横向きの姿勢で倒れている女性とすぐにわかった。すぐさま病院にと駆け出した。

病院からの通報を受けた地元のナーバラ警察は、十分後に現場に到着した。

まぎれもない強姦《ごうかん》殺人事件の発生と認知し、検死捜査官は現場での死体検案を開始した。死体の体温は二十六℃、死後の硬直は顎部、肩、前腕や手首など体の上半身に集中していた。死はんの状況はとみると、体の接地していない部分に広範囲に見られた。外気温が六℃ぐらいであったことから死後おそらく七—八時間ぐらいたっていると推定した。

死体の外表面を精査してみると、顔面部は著しく赤紫にうっ血し、同時に浮腫を起こして膨れていた。頸部を見ると、真ん中へんをとり巻くように走っている帯状の皮膚変色（索溝）部が見られる。やや幅のある帯状のもので頸部が絞められたことを推測させている。すぐに、死体の解剖が行われた。頸部の筋肉にはあちこちに出血の跡がみられ、何かで強く圧迫されたことを物語っている。索溝の形状から、ネクタイ、タオル、ストッキングなどが浮かんだが、それらは死体発見の現場には見られなかった。唇には傷が見られ、舌もひどく傷ついている。おそらく、犯人が口に押しつけた手を払いのけようと強く抵抗したのであろう。

被害者の身元はすぐにわかった。ナーバラに住む十五歳の少女、リンダ・マンという高校生である。彼女はいつものように朝早く学校に出かけ、授業修了後に計画されていた、ベビーシッターのボランティア活動に参加した。午後三時ごろ無事に終えて、いつもだと自宅に直行するはずだった。その日は両親が外出していることから、友人の家に立ち寄った。夜の七時三十分になっても帰宅しないのを不安に思った両親が友人の家に電話してみた。「確かに来たけれども、別の友達カロラインの家に行くと言って、夕方五時ごろ帰りました」とのことだった。しかし、カロラインの家には訪れていない。両親の不安は募るばかりであった。

精神病院の近くで死体が発見されると、だれもが同じように考えた。「犯人は精神病院のだれかに違いない」。そんな憶測の広まる中、病院長はメディアにあえて声明を発表した。「夜間の患者の外出は絶対にあり得ないことです」

なんとか、容疑者にたどりつく方策があれこれと考えられた。もちろん、現場付近の聞き込み捜査はくまなく行われた。とにかく、膣スワブから犯人の血液型だけでも調べておこう。英国の内務省法科学研究所のジルのもとにその膣スワブが持ち込まれた。

ここで、ＤＮＡ型鑑定を世界で最初に行った英国の法科学研究所の歩みをほんの少しかいまみることにする。一九三〇年代、英国にはすでに犯罪に関連する証拠物件を分析する研究所が国内に散在していた。六〇年代に入ると、内務省は日ごとに増える殺人・暴力・麻薬・テロリズム犯罪などの増加に頭を悩ますことが多くなった。なんとかして、治安を確保しなければならない。犯罪の撲滅を第一の目的に、科学技術を広く取入れた科学捜査技術の開発を強く推し進めることにした。一九六六年には地方に分散する研究所を中央にまとめて、バークシャー州、リーディングに内務省法科学研究所を設立した。その地、アルダーマーストンの名を取ったアルダーマーストン法科学研究所として世界に知れわたることになる。この研究所の目的は特に、犯罪の発生を前もって封じ込める科学的戦略の創出にあった。しかし、日ごとに増える犯罪の証拠物件の分析は何にもまして重要なことから、バーミンガムをはじめとして六箇所に法科学研究所が新たに設立された。

ところで、ロンドン警視庁はこれらの法科学研究所とは別格的に活動してきている。内務省は、一九二九年に直轄機関として創設したロンドン警視庁の内部に、特に殺人事件の捜査だけを取扱う犯罪捜査部を一九四二年に独立させた。ロンドン市民はこれをスコットランドヤードと親愛の気持ちをこめてよぶことになる。シャーロック・ホームズがその多くの著作の中に、たびたびヤードの刑事を登場させたことで、市民のヤードへの愛着を深めさせたのである。六〇年代に入って、この犯罪捜査部に独自の法科学研究所が設立される。それは、ロンドン警視庁法科学研究所として、科学捜査技術の開発と証拠物件の鑑定両方に携わることになる。アルダーマーストン研究所との激しい研究競争もかいまみられることもあった。とはいえ、両方とも世界の先端を走っていたことに違いはなかった。ジルはアルダーマーストン研究所でもっぱら研究開発に携っていた。

ジルは、リンダ強姦殺人事件の証拠物件として膣スワブと、どうも犯人の精液が付着しているらしいリンダの陰毛を受け取った。ABO式血液型とルイス式血液型を調べたところ、膣スワブからはA型とB型の両方の型、陰毛に着いている精液様のもののルイス式血液型は分泌型（$a-b+$）であった。リンダの血液はA型だったので、膣スワブで検出されたB型は犯人に由来するものであろう。しかし、犯人はAB型であっても差しつかえない。ところで、陰毛に付着している精液様のものは分泌型なので、そこには血液型を決める物質が分泌されている。推測したとおり、精液様のものからB型と判定された。もうこれで、犯人はB型の分泌型の人物に間違いないことがはっきりした。

ホスホグルコムターゼ（PGM1）酵素型についても調べた。膣スワブからa・b・c・dの四本のバンドが検出され、一見したところ2―1型のようであった。リンダの血液からはaとcの二本のバンドが検出され、1型と判定された。膣スワブには被害者と犯人の型が混ざっているはずである。したがって、犯人は2―1型か、b・dの二本のバンドからなる2型のどちらかと思われたが、幸いにも陰毛の精液様のものからａ・ｂ・ｃ・ｄの四本のバンドが検出されたことから犯人ＰＧＭ１型は２―１型に違いないと判定された（図２・１参照）。

ジルの鑑定結果はすぐにナーバラ警察に届けられたが、犯人のＡＢＯ式血液型がＢの分泌型、ＰＧＭ１酵素型が２―１型というだけで、有力な容疑者にたどりつけるわけではなかった。これらの鑑定結果は、あくまでも容疑者が逮捕されてから容疑者自身の型との比較をまつしかなかった。

懸命な捜査活動ではあったが有力な目撃証言を得ないまま三年の月日が流れた。人々の記憶からリンダ殺人事件が消し去られようとしているころ、一九八六年八月二十二日の朝六時ごろ、女性の殺人死体がまたもやあの精神病院の近くの道路わきに発見された。背丈のさして高くないさんざしの茂みに覆い隠されていたが、たまたま朝早く通りかかったナーバラの住民が、何本かの手の指をさんざしの葉陰にめざとく見つけた。

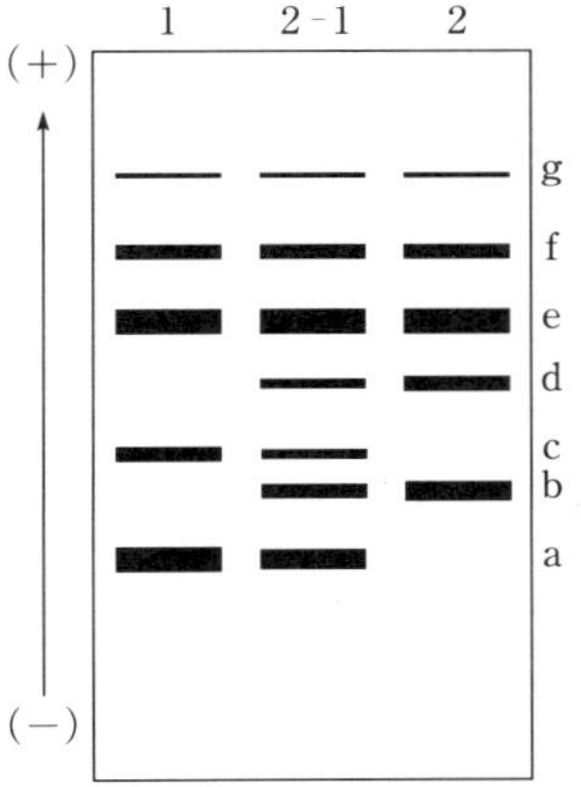


バンド e, f, g は各型に共通
１型： a･c，２-１型： a･b･c･d，
２型： b･d

図 2・1　PGM1 酵素型
電気泳動パターン

通報を受けたナーバラ警察はすぐに現場に向かった。死体はあおむけで、腰部を露出させている。顔面には打撲で生じたと思われる青黒いあざが口部、鼻根部、頬部に散在している。被害者は強く抵抗したものと容易に推測された。頸部にはひも状のものが巻かれたと思われる索溝が見られた。検死捜査官は何から何まで三年前のリンダ

事件の死体状況にそっくりだと思った。検死解剖で、死因は頸部をやや広いひも状物で強く圧迫したための窒息死と確認された。被害者の血液、陰毛そして膣スワブを採取したのはもちろんである。

被害者の身元はすぐに明かされた。死体の発見現場から数キロメートルほど離れたところに住む、リンダと同じ十五歳のドーン・アシュワーズという少女だった。

いま学校は夏休み中である。ドーンは村の商店でアルバイトのため夕方遅くまで働いている。八月二十日の夕方、仕事を終えた彼女は、友達に会うので遅くなると母親に連絡した。しかし深夜になっても帰宅しない。友達に電話したが、ドーンは来なかったとの返事だった。すぐに警察に捜索願を出したところだった。死体が発見されると、犯人は病院のだれかだろうと、直感的な犯人仮説をだれもが考えた。

証拠物件は今回もジルのもとに届けられた。鑑定結果は、リンダ事件の犯人と見事に一致していた。ABO式血液型はBの分泌型、PGM1酵素型は2-1型である。犯行の状況がそっくりであることと、証拠物件の鑑定結果が犯人について一致していることから、リンダとドーンの事件は、同一犯人による連続少女強姦殺人事件とみなして、捜査陣は容疑者逮捕に向けて色めき立った。

## 2　容疑者にたどりつく

大方の捜査官も病院に犯人がいるかもしれないという直感的な疑念を捨てきれないでいた。しかし、シャーロック・ホームズを輩出した英国の捜査では、証拠もない直感的犯人仮説だけで容疑者を逮捕するようなことをひどく嫌っている。なんとかして証拠を探したい。川底をさらうほどの捜査執念が数人の目撃証言に結びつくことになった。

「ドーンの死体が発見される二日前の八月二十日の夕方近く、おそらく四時か五時ごろだと思うが、被害者によく似た少女が小道に曲がって入っていくのを見た。死体の発見現場からそう遠くない場所で、赤いヘルメットをかぶり、赤いモータバイクに興じている若い男を見た。犯行当日の夕方かもしれない」。数人の目撃者の証言に大きなくい違いはないようだった。

赤色のヘルメットにモータバイクは容疑者にたどりつく有力な証言とみなされた。モータバイクの登録番号を頼りにその所有者にたどりついた。病院の食堂従業員、十七歳のジョージ・ハワードである。ドーンの捜索願の出ているさなか、「ドーンはもう死んでいる」とか、「犯行のあったころ自分はその付近にいた」とか、真意を読みかねるようなことを友人に冗舌にしゃべっている。実際の犯人が犯した犯罪について人にしゃべるのはよくあることで、自分が犯人であることを人の意識から遠ざけようとするのか、それとも単純に自分の犯したことを人に知ってもらいたくて吹聴するのであろうか。さらに犯人でない人間が犯人であるかのようにふるまうこともある。そのどちらにしても、人間行動にひそむ理解し難い不可思議な行動のためとしかいいようがない。

「真の犯人ならそんなこと自分でしゃべるはずがない」。当然のことながら、捜査官のだれもがそうも思った。しかし、思い切って、八月二十九日の朝早くに、ハワードをドーンの強姦殺人事件の重要容疑者として逮捕した。捜査官の思いはリンダの事件にもしっかりと向いていた。しかし、ハワードはリンダの事件になると知らぬ存ぜぬの一点張りを通した。捜査官は一抹の不安にもかられていた。

三年前といえば、ハワードは十四歳である。「強姦殺人事件をその年齢で犯すだろうか」。ただ、血液型はB型の分泌型で、PGM1型も2―1型である。確定はできないにしても、ハワードが両方の犯人であるに違いないと思っていた。「どうしても確定的証拠を手にしたい。それが英国の捜査手法なのだ」

## 3　ハワードは真犯人か――DNA指紋法の登場

ドーン強姦殺人事件の発生の前年はレスター大学遺伝学部のジェフリーズがDNA指紋法を世に出した年である。革命的個人識別法の開発と人々の注目を集めたことは前に触れた通りである。くしくも同じレスター州で連続強姦殺人事件が起こった。何かの因縁だろうか。ジルの鑑定結果を見たナーバラ警察はジェフリーズにDNA指紋法による鑑定を依頼した。彼はすでに英国の移民局からの頼みで母子関係についての鑑定を経験している。今回は、住人の不安を取除くという大きな社会的貢献の意味合もあり、証拠物件の鑑定を快く引き受けた。しかし、ほんの少し気がかりなこともあった。被害者やハワードの血液はよいとして、膣スワブのような証拠物件からどのようにしてDNAを取出すのだろうか。もちろん、理論的なことはわかっているとしても、知識と経験は別のものである。彼はためらわずにこれらの証拠物件をアルダーマーストンのジルに転送した。ジルはジェフリーズと連名で、『ネイチャー』誌に膣スワブのDNA指紋検出について詳しい論文を発表している。それは実質的にジルの仕事なのである。

ジルは難なく結果を出した。しかし、その結果はジルを大きく悩ませた。すぐに一部始終をジェフリーズに報告した。リンダとドーンの両方の膣スワブの精液区分は全く同じＤＮＡ指紋を現した。まさに同一犯人による犯行を示している。ジルの膣液・精液分別抽出法を駆使した末の鑑定結果にジェフリーズは満足した。しかし、ハワードの血液から検出したＤＮＡ指紋は両方の膣スワブのものとは全く違っていた。どうしたことだろう。本来なら検出の難しい膣スワブの方が、被害者二人で一致している。ハワードの新鮮な血液からのＤＮＡ指紋検出にジルが失敗するはずはない。そう思ったジェフリーズはナーバラ警察にそのままありていに報告した。

警察官の期待は大きく裏切られた。「ＤＮＡ指紋なんてあてになりやしない」とジェフリーズを強くなじった。ジルは結果には自信をもっていた。「何かある。とにかく同一犯人の犯行に違いないし、血液型もハワードと同じだ」。彼はふと思いついた。「手の指紋でやっているように、付近の住民から血液を集めてＤＮＡ指紋データを集積してみてはどうだろうか。そこから膣スワブに一致するＤＮＡ指紋にいきあたるかもしれない」

レスター市長は血液の採取を許可しない。しかし、連続強姦殺人の犯人をこのまま住民と一緒に住まわせることの不安も感じていた。

ついに市長が許可を出した。一九八七年一月から、ナーバラの十七歳から三十五歳の男性から血液の採取が始まった。四千五百人ほどの人が提供した。今回は鑑定を急ぐためにまず、犯人の血液型であるＢ型とＰＧＭ１酵素型の２―１型だけを選び出した。これにより六〇パーセントの人が犯人の嫌疑から除外された。そして、残りの人についてＤＮＡ指紋が検出された。膣スワブのＤＮＡ指紋との照合が慎重になされた。しかし、どうしても住民のDNA指紋の中から膣スワブに一致するものを選び出せない。捜査官の疑念は頂点に達した。「DNA指紋法なんて犯罪捜査に役立つもんか。研究者だけの論文に過ぎない」。無理からぬ思いであった。苦労して集めた住民の血液も、なんの役にも立たなかったのだから。ジルはジェフリーズにすまないと思いながらも、これまでに蓄積した自分の経験的技術に自信を失うことはなかった。

## 4　干し草の中にピッチフォークを探す

地元のパブで友人の血液提供を話題にして飲んでいる若者がいる。ナーバラのパン工場の職人ケリーである。彼は同僚のピッチフォークからしつこく血液提供の身代わりを頼まれた。その代償はいくらかの金銭である。ケリーはナーバラに居住していないため、血液提供の義務はない。ピッチフォークは過去に数回、女性に変質者まがいの行為をしたかどで警察に取調べられている。今回の事件で、当然ながら嫌疑をかけられるに違いないと思っていた

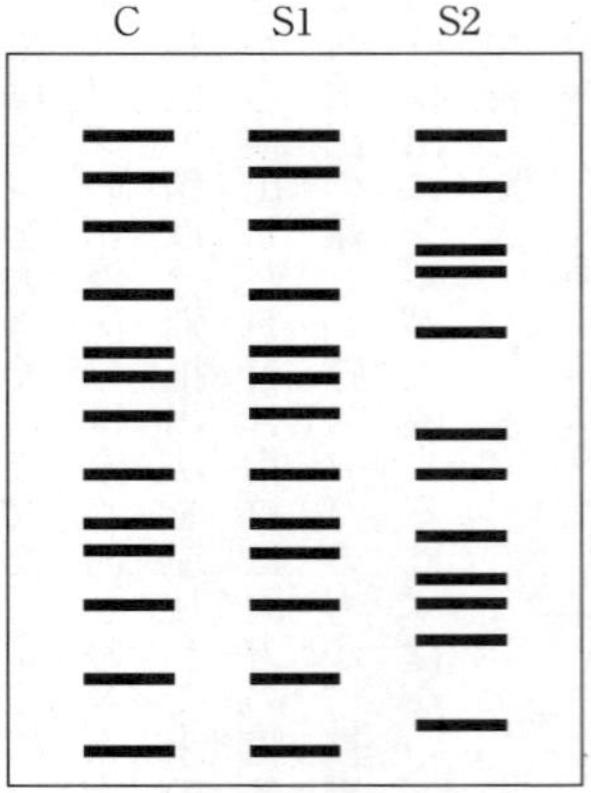


C：　膣スワブの精液画分
S1：真犯人となったピッチフォークの血液
S2：容疑者ハワードの血液

図 2・2　DNA 指紋法オートラジオグラム

のか、それともDNA指紋が怖かったのかはわからない。ケリーはその金を目当てにひき受けた。この話を聞いた友人は、工場長にすぐに説明するよう忠告した。

工場長はナーバラの警察を訪れ事情を説明した。ピッチフォークから血液が採取され、ジェフリーズに届けられた。ジェフリーズとジルは笑顔で、堅い握手を交わした。ピッチフォークと膣スワブのDNA指紋がぴったり一致した瞬間である（図2・2参照）。

一九八九年九月十日、ピッチフォークは逮捕され、のちの裁判で両方の事件に関して有罪、その量刑は仮釈放なしの終身刑と宣告された。ちなみに、ハワードはドーンの件に関して偽証罪を宣告された。

この事件は世界における証拠物件DNA型鑑定の先駆けとなった。ピッチフォークとハワードの名は証拠物件DNA型鑑定の歴史に名をとどめることになる。「干し草の中に一本の針を探す」は、科学捜査のキャッチフレーズとしてしばしば口にされる。「干し草の中にピッチフォークを探す」（finding Pitchfolk in the haystack）も、いまの法科学書でしばしば目にする一行である。

# 第三章　米国におけるDNA型鑑定のはじまり

## 1　アンドリューズ連続強姦事件――米国初のDNA型鑑定

一九八七年、英国で最大の化学会社インペリアル社は、レスター大学のジェフリーズが開発したDNA指紋法を米国に普及するため、メリーランド州のジャーマンタウンにDNA関連企業のセルマーク社を開設した。本当のところは、DNA指紋法に関連するさまざまな機器や試薬の販売を拡大するためである。当時の米国には、一九八二年にニューヨークのバルハラに開設された、同じDNA関連事業を営むライフコーズ社があり、この業界では独専的に最大の利益を上げていたといわれる。両社はともにDNA指紋法による鑑定を経営項目の一つに加えた。ここから、セルマーク社とライフコーズ社の熾烈《しれつ》な企業戦争が始まることになる。

米国ではじめてのDNA型鑑定として知られる、トミー・リー・アンドリューズの連続強姦《ごうかん》事件のDNA型鑑定に携わったのはしにせのライフコーズ社であった。

英国でドーン・アシュワーズ強姦殺人事件が起こる三カ月ほど前、一九八六年五月九日の夜にこのアンドリューズによる強姦事件が発生している。二十七歳のコンピューター・オペレーターのナンシーは、フロリダ州オーランドのアパートに夜も遅く帰った。バスルームに入るか入らないうちにふと後方の物音に気づいた。振り返ってみると男が立っている。ちらっと顔を見るか見ないうちに床に押し倒された。男はすぐにタオルでナンシーを目隠ししてから数回にわたり犯行に及んだ。

この事件のあと、同じような事件が繰返し起こった。そして、一九八七年二月二十二日に起こった事件で、犯人は自分がだれであるかを知らせる証拠を残した。この日の夜明け前、二十七歳の女性の家に押し入り、彼女に繰返し犯行に及んだ。男はいつものように布で女性の顔を覆い自分の顔を見せないようにした。しかし家に押し入るときに、自分の指紋をうっかり窓枠に残した。

懸命な捜査の結果、医薬品会社に勤める二十四歳の作業員が逮捕された。最初の事件の被害者ナンシーは犯人の顔をほんの一瞬ではあったが見ていたことから、警察が示した何枚かの写真のうち一枚を選んだ。それは作業員アンドリューズの顔写真であった。窓枠に残された指紋はアンドリューズのものと判明した。しかし、ナンシーはほんの一瞬だけ顔を見ただけの写真選びである。それだけでアンドリューズが犯人というわけにもいかない。もちろん、被害者の膣内から採取した精液とアンドリューズの血液の血液型が照合された。ともにA型である。米国ではA型の人は百人の中に三十人もいるので、それだけでとても犯人だとはいえない。

捜査を指揮した州検事ベリーは、ピッチフォークにまつわる事件やDNA指紋法についてよく聞き知っていた。一九八七年七月、彼はアンドリューズの強姦事件について、ライフコーズ社にDNA指紋法による鑑定を頼み込んだ。

ところで、ＦＢＩは一九八五年三月、『ネイチャー』誌にDNA指紋法が発表されるとすぐに、この方法が実際の犯罪証拠物件にどこまで的確に対応できるか、その分析法は安定したものかどうかなどについて、バージニア州クアンティコのポリスアカデミーに設置されている法科学研究・教育センターのブルース・バドールを中心にして、慎重な検証研究を開始した。ベリーがライフコーズ社に鑑定を依頼した時点でもそれはなお続けられていた。

ライフコーズ社でDNA指紋法を担当するベアードはベリーから被害者の膣内から採取した精液とアンドリューズの血液を受け取った。X線写真フィルム上に現れた両方のDNA指紋は全く一致していた。

米国の裁判での証拠審理はことのほか厳しいことで知られている。特に弁護側の行う証拠に対する反対尋問（cross examination）は熾烈を極めるものである。それにもう一つやっかいなことは、DNA指紋法という耳慣れない、難解な鑑定法を一体、陪審員がどこまで理解できるだろうかということである。とにかく、裁判官は事前審理でこの新規性の高いDNA指紋法による証拠の提出を容認した。

裁判に入ると、予測されたとおり、弁護側は検事を激しく攻撃した。「DNA指紋法で、アンドリューズが誤って犯人とされる確率は一千万分の一と断定されましたが、その根拠を示していただきたい」。検事はなんの理論武装もできていない。十数本のDNAバンドからなる一個人のDNA指紋が人の集団の中でどれぐらいの比率で出現するかを調べるのはとても難しいことである。検事はすぐにその数字を引っこめてしまい、ただ一致しているというだけに訂正した。この状況をつぶさに見た陪審員の意見は真っ二つに割れて、判決不能になった。

それからしばらくして、二つ目の事件の裁判が開始されたときには、検察側は少し安堵していた。

なにしろ、押し入ったときに残された指紋がある。DNA指紋が一致しているという科学的、客観的証拠は指紋証拠によって補強された。陪審員はすっかり納得し有罪を評決した。量刑は、住居侵入・強姦・暴行の加算刑として百年を超えた。

このアンドリューズ連続強姦殺人事件は米国のはじめてのDNA型鑑定として人々の記憶にとどめられている。

## 2　DNA指紋法の悩み

アンドリューズの事件についてフロリダ州検察局からDNA型鑑定を持ち込まれても、FBIは手を出さなかった。この時代、民間会社のセルマークとライフコーズの二社は、ともにDNA指紋法の利用拡大にしのぎを削っていた。バドールが着々と進めていたDNA指紋法の有効性をうかがう検証研究も完了していなかった。そんな理由から米国生え抜きのライフコーズ社が鑑定の場所に選ばれたのである。

バドールは検証結果をまとめていくうちに、DNA指紋法で証拠物件を分析する際につきまとうさまざまな技術的な問題に突き当たった。

まず、はじめは、DNA指紋をつくる個々のDNAバンドがどの染色体から由来しているかがわからないことである。そのため、そのDNA指紋が人の集団の中でどれくらいの割合で出現するかを調査するのはたいへん難しい。ABO式血液型のような、A型という血液型が百人中三十人ぐらいの人に出現するという出現頻度を、多数のＤＮＡバンドからなるＤＮＡ指紋ではとても決めがたい。そうだとすると、ＤＮＡ指紋の一致を客観的にわかりやすく説明できないことになる。アンドリューズの事件で、検察が最初に行った、「アンドリューズが誤って犯人とされてしまう確率は一千万分の一と断定した」という説明を、弁護側の反対尋問であっさり引っ込めるようなことがいつも起こりかねないのである。得られたＤＮＡ指紋が百万人のうちの一人、一千万人のうちの一人というような個人のユニークネスを表現するためには、多くの人のＤＮＡ指紋を調べてそのＤＮＡ指紋の集団の中の出現頻度をあらかじめ明らかにしておく必要がある。

つぎは、ＤＮＡ指紋法の分析技術についてのさまざまな問題である。

犯罪の証拠物件がもとの姿から変性・変質しているのは当たり前のことである。「プローブは相同性の切断断片を的確に釣り上げるだろうか」。そのような疑問のなかで、彼はＤＮＡ指紋法が生み出すかもしれない誤った鑑定結果を懸念した。それは分析法の厳格性に大きく関係している。この厳格性は、とくにＤＮＡ指紋法におけるストリンジェンシー（stringency）と表現された。膜の上に転写されたＤＮＡバンドとプローブとを結合させ、膜上から結合しなかったプローブを洗い流す。そのような作業は経験の上にも経験を積み重ねてこそ手にすることのできる分析技術である。強く洗えば結合したプローブまでも洗い流され、弱ければ、本来は結合すべきでないところに残ってしまう。その結果、同じ人の血痕でもＤＮＡ指紋が必ずしも一致しないという危険性が見込まれる。そして何よりも、証拠物件のＤＮＡ指紋法鑑定にはかなり多量のサンプルを必要とする。微量が普通の証拠物件にいつも対応できるわけではない。

まだまだあげたらきりのないほどの技術的問題を前にして、バドールは、DNA指紋法を証拠物件に応用するのは悲観的だと感じた。これを連邦や州の法科学研究所でみんなが共通した鑑定法として共有するのはかなり難しいし、得られたDNA指紋の出現頻度を積み上げにくいと実感していた。「なんとか一つの染色体に絞って、その上に個人個人を幅広く分類できるDNA型鑑定法はないものだろうか」。バドールの検証結果と並行してそんな研究開発は着々と進んでいた。ここにもう一度ユタ大学のホワイトが登場する。しかし、その開発の中心的役割を果たしたのは日本の研究者であった。

## 3　シングルローカスVNTRDNA型が現れる

さまざまな病気をひき起こす遺伝子の探索を目的として、日本のナカムラはユタ大学のホワイトのもとで遺伝子解析に没頭していた。彼は一つの染色体だけに的を絞って、リフリップを探った。もともとは、特定の病気にかかわりをもつ遺伝子探索の研究だったが、彼は思わぬ副産物にたどりついた。

第二染色体のDNAをさまざまな制限酵素で切断したDNA断片を眺めていたところ、個人によってDNA断片の長さがさまざまに違っていることに気づいた。その違いは三十塩基を繰返しのモチーフとするDNA反復配列にみられる反復数にある。観察した限りでは、二十種類ほどの違った反復数があることがわかった。

反復数の小さい人は短い、大きい人は長いDNA塩基対をもつ。*MspI*という制限酵素で切断したDNA断片は一kb（千塩基対）から七kb（七千塩基対）の大きさにわたっていた。ナカムラはこの多型性部分の塩基配列に相補的に結合するプローブを合成して、それに自分の姓名のイニシアルからPYNH24と名づけた。またそのプローブ名からこのDNA反復配列多型（VNTR、Variable Number of Tandem Repeat）を、シングルローカス（単座位）YNH24VNTRDNA型あるいは第二染色体に位置するところからD2S44DNA型と名づけた。

彼はこのDNA型の詳細を一九八七年三月号の『サイエンス』誌に発表した。論文は彼を筆頭者として総勢十一人が名を連ね、もちろんのことホワイトが最後尾に名を配している。それだけ大がかりな仕事であったことと、DNA指紋法にかわるべき分析法との意味合を強く込めているようにうかがえる。彼はこの論文で、どの染色体ともわからないままにDNA指紋を検出する、いわゆるマルチローカス（多座位）DNA指紋法は、恐ろしいほどに手におえない、やっかいな（formidable）方法であるとも述べている。マルチローカスDNA分析と違って、今回の一つの染色体座位（シングルローカス）に絞って分析する方が、検出結果をわかりやすく解釈できるうえに、どんな反復数が集団の中に出現するかの頻度（アレル出現頻度）を調査しやすいとつけ加えている。

でも、それだけで、ナカムラはこの仕事に満足はしなかった。たった一つの染色体に絞ると、だれもが納得できる正確な分析を行える一方で、個人の識別力という点でいささか劣るとも考えていた。ほかの染色体のVNTRを探して、その個人識別力を一緒に使えば問題は解決するかもしれない。すぐにほかのVNTR部位の探索に取りかかった。まず、第十七染色体のVNTR部位（D17S79）を見つけた。それにひき続いて、第十番（D10S28）、第十四番（D14S13）の染色体VNTR部位を一年足らずのうちに見つけだした。

ところで、第十四番染色体のＶＮＴＲ部位の探索には英国内務省法科学研究所のジルがわざわざ米国に赴き、ナカムラとホワイトの研究に加わっている。母国でＤＮＡ指紋法の証拠物件利用に強くかかわったジルがシングルローカスＶＮＴＲ法に抱いた並々ならぬ思いを、うかがい知るところである。ちなみに、このＤ14Ｓ13ＤＮＡ型は使用するプローブの名前からＣＭＭ101ＤＮＡ型ともよばれ、日本ではＹＮＨ24と一緒に、いっとき証拠物件ＤＮＡ型鑑定法として実際の犯罪捜査に使われた。

ホワイトの研究室でＶＮＴＲ部位の探索に精を出しているのと同じころ、ライフコーズ社の研究者たちはベアードを中心にして、シングルローカスＶＮＴＲＤＮＡ分析法の血痕や精液はん痕などの証拠物件に対する有効性を確かめるのに余念がなかった。企業としては、その有効性を旗印に機器やさまざまな試薬を販路に乗せる必要がある。それでも、ホワイトはいろいろなプローブを彼らに快く提供した。彼らは、一九八五年に見つけられた、性染色体のＸとＹのＶＮＴＲ（ＤＸＹＳ14）を検証の一つに取入れている。証拠から性別を判定したいとの願いが込められていたように思われる。

やがて、一九八九年にライフコーズ社のバラズスが、これまで述べた五種のＶＮＴＲ部位をまとめて『米国人類遺伝学ジャーナル』誌に発表したことを機に、世界の法科学者はシングルローカスＶＮＴＲＤＮＡ型鑑定法を共有することになった。

ＦＢＩのバドールはナカムラの論文をみるとすぐに検証研究に入っている。人種のるつぼといわれる米国の状況を考えて、ＶＮＴＲの反復数の人種ごとに出現する頻度、アレル頻度を調査した。ＦＢＩの法科学研究・教育センターをはじめに、州や市の法科学研究所を合わせて二十四機関の協力により実施した調査結果を表３・１に示す。

表 3・1　YNH24 DNAアレル型の人種別出現頻度（米国）†1

| ビン†2 (bin) | 白色人種（792人） | | 黒色人種（475人） | | ヒスパニック系人種（300人） | |
|---|---|---|---|---|---|---|
| | DNA塩基対サイズの範囲 | 個数（出現頻度） | DNA塩基対サイズの範囲 | 個数（出現頻度） | DNA塩基対サイズの範囲 | 個数（出現頻度） |
| 1 | | | | | | |
| 2 | 872 ～ 963 | 5 (0.003) †3 | 773 ～ 871 | 16 (0.017) | 964 ～ 1077 | 8 (0.013) |
| ⋮ | | | | | | |
| 6 | 1353 ～ 1507 | 5.5 (0.035) | 1197 ～ 1352 | 87 (0.092) | 1508 ～ 1637 | 63 (0.105) |
| ⋮ | | | | | | |
| 9 | 1789 ～ 1924 | 131 (0.083) | 1638 ～ 1788 | 88 (0.093) | 1925 ～ 2088 | 29 (0.048) |
| ⋮ | | | | | | |
| 15 | 2863 ～ 3033 | 136 (0.086) | 2693 ～ 2862 | 8 (0.008) | 3034 ～ 3329 | 59 (0.098) |
| ⋮ | | | | | | |
| 20 | 4324 ～ 5685 | 13 (0.008) | 3980 ～ 4323 | 18 (0.019) | 5220 ～ | 6 (0.010) |
| 21 | 5686 ～ | 13 (0.008) | 4324 ～ 4821 | 11 (0.012) | | |
| ⋮ | | | | | | |
| 24 | | | 6369 ～ | 5 (0.005) | | |

†1　B. Budowle *et al., Crime Laboratory Digest, FBI*, **18**, 12 (1991) による．

†2　ビン(bin)：いくつかの DNA サイズをまとめたもの．FBI はこれをビンアレルとよんだ．

†3　792 人の総アレル数は 792×2＝1584．ビンアレル 2 の出現頻度は 5/1584＝0.0031 で約 0.003 となる．

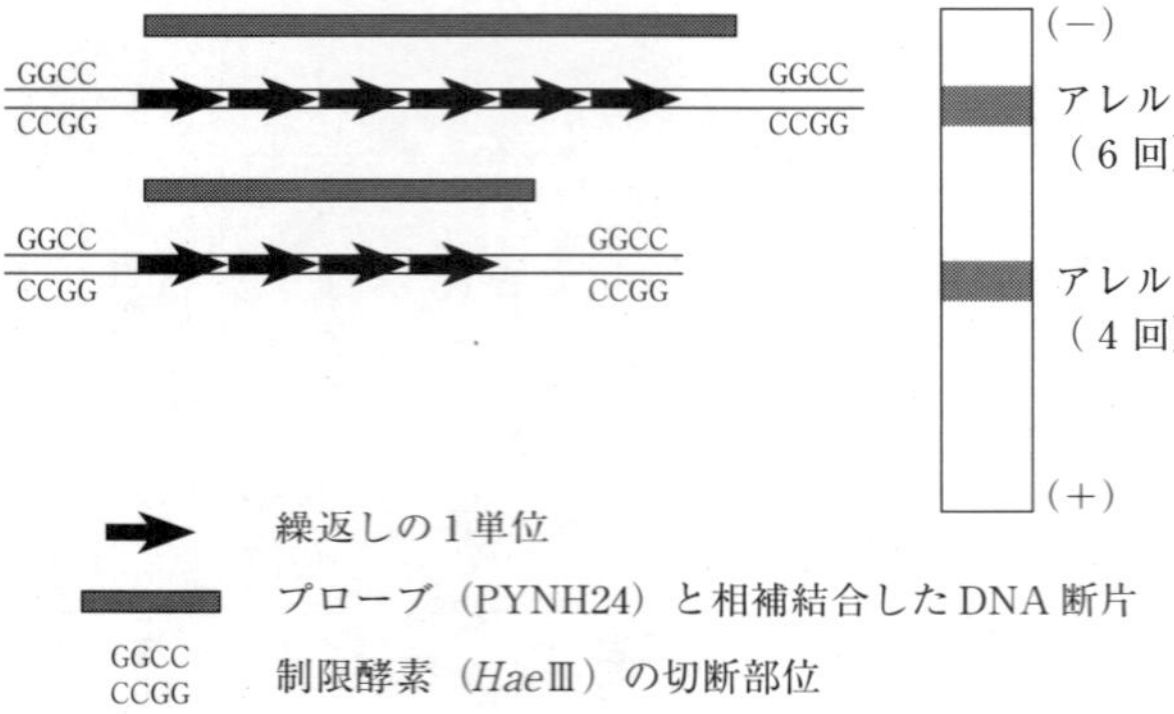


図 3・1　シングルローカス VNTR の検出．制限酵素は反復配列 DNA 部分の両端を切断する．父と母から受け継いだ2本の相同染色体の一方は6回，他方は4回の反復数を示している．それぞれアレル6，アレル4とよぶ

この調査でバドールは、証拠物件と容疑者のDNA型の一致の精度を見積もるのに「一致の重要度」という表現を使い、その重要度はなるべく容疑者に有利になるように、控え目な（conservative）規準を定めた。容疑者のDNAバンドの大きさを測定されたとおり固定すると、その人だけが犯人となる。もし測定された大きさに幅をもたせれば、複数の人がその幅に収まることもある。DNA型鑑定だけで容疑者を即犯人とすることのないように心を配ったのである。そのようにして決められる個人のDNA型をビンアレルと名づけた。犯罪捜査上、まさに当を得た呼称といえる。ビン（bin）の本来の意味は、地下室内に置いてある仕切りをしたブドウ酒の貯蔵柵のことである。

バドールを中心に進められた詳細な分析法の検証と人種別のアレル頻度の調査を背景に、全州の法執行機関は一九九〇年ころより単一の染色体ごとにDNA型を分析するシングルローカス（単座位）ＶＮＴＲＤＮＡ型鑑定法を採用することになった。

ＶＮＴＲ法では、反復配列部分を両側から挟むように両端に位置している制限酵素切断部位を制限酵素で切断したＤＮＡ断片の大きさを調べる。切断されるＶＮＴＲ部分の中には制限酵素切断部位をもたない。膨大な遺伝子探索の研究を積み重ねる中で、そのようなＶＮＴＲ部位にたどりついたのである。

ところで、ＲＦＬＰ法とＶＮＴＲ法は、どちらも制限酵素を使ってＤＮＡ断片を切り出すことで共通しているが、その多型性は前者が制限酵素切断部に生じる塩基の置換の有無に基づいているのに対して、後者は制限酵素で切り出したＤＮＡ断片の塩基の反復数に基づいている（図３・１参照）点で両者は違っている。似て非なるものとはまさしくＲＦＬＰ法とＶＮＴＲ法によくあてはまる。ちなみに、ある病気の遺伝子が父親由来か母親由来かを区別できる可能性はＲＦＬＰ法では三十パーセントそこそこであるが、ＶＮＴＲ法だと八十パーセントほどにも達する。ナカムラの開発したＶＮＴＲ法は人の多型性、個人の識別にたいへん適しているのである。

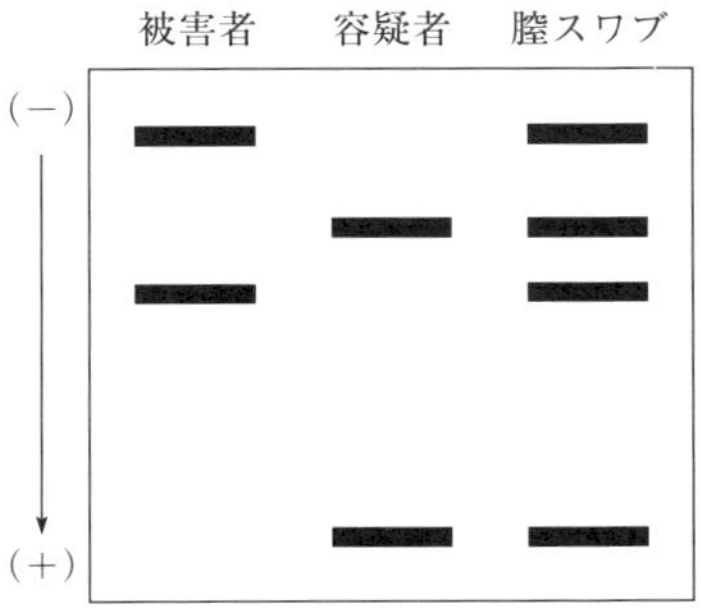


図３・２　シングルローカスVNTR DNA型鑑定．鑑定資料：強姦事件の膣スワブ．膣スワブには被害者と容疑者の両方のDNAバンドが含まれている．容疑者と一致する２本のDNAバンドを容易に識別できる

強姦事件の被害者の体内から採取した膣スワブ

を鑑定資料としたシングルローカスVNTRDNA型鑑定の一例をあげてみる（図3・2参照）。膣スワブには被害者と容疑者の両方に由来するDNA型が混ざって含まれていることが予測できる。そこで、鑑定の対照資料として被害者と容疑者の血液が採取される。これらの鑑定資料と対照資料から抽出したDNA試料を全く同じ分析条件のもとに同一の電気泳動板上で分析する。ちなみに証拠物件の鑑定分野では犯罪に関連して採取され、鑑定に付される証拠物件を、犯罪捜査規範（国家公安委員会規則）第一八八条の規定にのっとって鑑定資料とよび、英文の「exhibit（証拠物件）」に相当する。その鑑定資料から科学的鑑定に使うために取出された部分を慣用的に試料としている。

図に示すように、膣スワブから抽出したDNA試料から四本のDNAバンドが検出された。そのうちの二本は被害者に、ほかの二本は容疑者にそれぞれ一致していることが容易にわかる。このように、シングルローカスVNTRDNA型鑑定法によると、鑑定資料と対照資料のDNAバンドの相互の異同がだれにでもわかる客観的な分析結果に基づいて識別できる。

# 第四章　ＤＮＡ戦争

ＤＮＡ戦争（DNA War）という言葉は、一九八七年のフロリダ州対アンドリューズ事件の裁判のあと、それは同時にニューヨーク州対カストロ事件裁判の直前もであるが、「刑事裁判からＤＮＡ型鑑定証拠を排除すべし」を強く主張した「ＤＮＡ戦争」と題する論説によっている。ノースウェスタン大学出版局の『犯罪学と刑法』誌に、カリフォルニア大学のトンプソンが寄せた論文である。彼は、いまだ科学的合理性も認められないうちに、ＤＮＡ型の効用を誇張して、人々に強引に信じ込ませている（oversell）と検察陣をひどくなじっている。「なによりも困るのは、誇張された科学的合理性に陪審員がほんろうされかねないこと」と述べている。

米国では、カストロ事件のあと、合衆国対イー事件、映画化もされたあのハリソン・フォードの『逃亡者』で知られるシェパードの妻殺害事件、世紀の裁判で知られる、Ｏ・Ｊ・シンプソンの殺人事件などで、ＤＮＡ型鑑定証拠は証拠審理という戦場の中、検察側と弁護側の激しい攻防戦展開の中心となる。そして、やがて終戦の日を迎えることになる。そんな流れを年代を追いながら順に触れてみる。その序章は、ＤＮＡ戦争で最初の戦場といえるカストロ事件である。

## 1　葬られたＤＮＡ型鑑定証拠――カストロ事件

一九八七年二月五日の夕方、緊急通報を受けたニューヨーク、ブロンクス地区警察の捜査官はジェフリー・オテロのアパートに急行した。部屋に施錠はない。身も凍るほどの惨殺光景を目の当たりにした。居間に女性が倒れている。浴室には娘と思われる幼女もタイルの床に倒れている。

この家の主人オテロは二十二歳の内縁の妻ビルマ・ポンセとの間にもうけた二歳の娘ナターシャとそこそこに暮らしている。妻はいま二番目の子を宿し、すでに七カ月の身重である。オテロはブロンクス地区の住宅建設現場の監督として働いている。午後四時ごろ帰途についた。エレベーターで五階まで昇り、自宅の玄関に入ると妻と娘が出迎えてくれるのが日常のことだった。ドアのチェーンはかけたままになっている。いやにシーンとしていた。妊娠中のこととて具合でも悪くなったか、そのうえ娘の声も聞こえない。階下に戻り、インターフォンで自室に直通の番号を押した。しかし応答はない。だんだん不安が募った。チェーンがかかっているのでだれかがいるはずである。すぐに外に出て、近所のストアから部屋に電話を入れた。やはり応答しない。不安は大きくなった。近くに住むビルマの母親に電話した。母親は何も知らない。母親が警察に電話した。「オテロの家にすぐかけつけてほしい」

オテロが部屋に引き返すべくアパートに戻ったとき、アパートの建物から足早に出てくる男とばったり出くわした。かなりはっきりと向き合った。血まみれであった。スニーカーも血で汚れている。

三十歳くらいの、八十キログラムはあろうかと思われる、口ひげをはやした男である。ひと目でヒスパニック系の人物とわかった。本来であれば、引き止めもするところだが、まさか自分の部屋で残虐きわまる犯行がなされたなどと知る由もない。瞬間的に出くわしたこともあり、やりすごすしてしまった。急いで五階の部屋に戻った。ほとんど同時に捜査官も到着した。チェーンはすでに放たれていた。オテロを部屋の外にとどめ、捜査官が中に入った。そして冒頭の光景を目にした。

オテロは建物に入る前に男が足早に立ち去るのを目撃している。彼は警察で、ロウガス・ギャラリー（犯罪前歴者写真台帳）をつぎつぎとめくった。何枚も何枚も。ついに、一枚の写真に出くわした。その男の名はジョゼフ・カストロ、米国のDNA型鑑定の歩みにその名をとどめることになる人物である。彼はオテロの隣の建物で管理人というと体裁はいいが雑役夫を本務とする三十五歳の男である。警察はカストロの周辺を極秘に、慎重に探った。そして、貴重な証言をポンセの友人から手にした。「妊娠中なのにいつもカストロが言い寄ってくるので気持ちが悪い、主人に話せないでいる」と。しかし、夫が不在なときカストロが訪れたとして、ふだんからおそれを感じていたポンセが不用心にドアを開けるだろうか。オテロの住むアパートの管理人は証言した。「建物の入口の錠前を最近になって新しく取りつけ直しました。隣りの建物に住むカストロが工事にあたりました」。よくよく調べてみると、工事した人物なら掛けた錠を簡単に開けられる仕掛けであることがわかった。捜査官は故意な欠陥錠の取付けと、ほんの少しの状況証拠とでカストロの逮捕状を手にした。

ブロンクス地区検察官シュガーマンは確定的証拠の収集にあせった。逮捕状がでる前に一回だけカストロから事情を聴取していた。そのとき、カストロの腕時計のバンドにまぎれもなく血液が乾燥し

表 4・1 カストロ事件の DNA 型鑑定[†1, †2]

| 証拠物件 \ DNA 型 | YNH24 (D2S44) | D17S79 | DXYS14 |
|---|---|---|---|
| 腕時計の血痕 | 10.25 | 3.87　3.50 | 4.83　3.00　1.94 |
| 被害者血液(母) | 10.25 | 3.87　3.50 | 4.83　3.00　1.94 |
| 被害者血液(娘) | 検出できない | 3.87　3.50 | 4.83　－　1.94 |

†1 E.S.Lander, *Nature* (London), **339**, 501(1989) による.
†2 数字は DNA バンドの塩基対サイズ(単位: kb). kb(キロベース)は千塩基対.

たに違いないと思える汚れを目ざとくみつけた。幸い、逮捕後にほぼそのままの状態で腕時計をバンドごと押収できた。

だれもが考えた。「カストロの腕時計にポンセの血液が着いているとすれば、彼を真犯人とする確定的証拠になる」

ニューヨーク州警察は、アンドリューズ事件の証拠物件を取扱ったライフコーズ社のベアードに、DNA型鑑定を依頼した。

ベアードは、開発されたばかりのYNH24(D2S44)、D17S79、DXYS14の三種類のシングルローカスVNTRDNA型を、このカストロの母娘殺害事件の証拠物件に使った。鑑定結果は表4・1に示すようになった。

YNH24DNA型では、腕時計の血痕と母親ポンセの血液から、それぞれ一本の一〇・二五kbのDNAバンドが検出された。ベアードは両方とも一本のDNAバンドだけをもつホモタイプだと説明した。どうしたわけか娘のナターシャの血液からはどんなDNAバンドも検出されなかった。D17S79DNA型では、腕時計の血痕、母親と娘の血液のそれぞれから共通して、三・八七kbと三・五〇kbの二本のDNAバンドが検出された。DXYS14DNA型は、一本から三本のDNAバンドを現すことがすでに明らかにされている。腕時計の血痕と母親の血液はともに四・八三kb、三・〇〇kb、一・九四kbの三本をもち、この両者は完全に一致している。しかし、娘の血液は二本が同じDNAバンドをもったが、三・〇〇kbのDNAバンドは現れなかった。

ベアードはカストロの母娘殺人事件にかかわる証拠物件のDNA型鑑定結果を鑑定書にまとめてニューヨーク州地方検事に提出した。検事は鑑定書を見るなり、陪審員が有罪を評決するのに間違いないと安堵した。しかし、のちのち事態は暗転することになる。

ニューヨーク州、ブロンクス刑事裁判所の証拠審理で二人の弁護士が、提出されたDNA型鑑定証拠に激しい攻撃を展開した。イェシバ大学カルドゾロースクールのシェックと、マンハッタンで法律事務所を開くノイフェルトの二人である。DNA型鑑定証拠が法廷にもち出されはじめてから、刑事裁判からこれを排除すべく活躍してきた。特にシェックは短気でけんかっ早い気性（pugunacius）の人としてよく知られていたようである。ノイフェルトも語気強く、相手を黙らせるほどの威圧感を印象づけ、シェックとうり二つといわれている。この二人の弁護士は、DNA型鑑定排除派を自ら任ずるだけあって、カリフォルニア大学のトンプソンをはじめに二、三の研究者から得た鑑定法や鑑定結果の評価についての知識を身につけていた。

検察側は弁護側に立つこの二人の名前を知ったとき、なんとかDNA型鑑定証拠が無事採用されることを、ひたすら願うだけだった。判事は、いまだ新種ともいえるこの証拠を法廷にもち出す前に、多くの科学者がそれを全く正当なものとして許容しているかどうかをはっきりさせる必要を感じた。カストロの犯行事実を陪審員の前で審理する前に、専門家の証言を得て証拠の正当性を吟味するという、証拠の事前審理を命じた。そこで、検察側も弁護側も専門家証人を探した。

検察側はいち早く、コールド・スプリング・ハーバー研究所の副所長リチャード・ロバーツを立てた。ちなみに、この研究所はニューヨーク州南東部の島、ロング・アイランドにあり、遺伝病・優生学・DNAの研究で世界的に知られた研究所である。ロバーツは、マサチューセッツ工科大学のシャープとともに、分割遺伝子の発見により、一九九三年のノーベル医学生理学賞に輝くことになるのはすでに述べたとおりである。なにしろ、DNA二重らせん構造の発見者の一人であるワトソンの下で副所長を務めている。検察側の専門家証人としてはまたとない人であった。

一方、弁護側はロバーツの名前を聞くに及び、専門家証人の選定に慎重を期し、少し時間がかかった。それでもようやく、マサチューセッツ工科大学のエリック・ランダーを立てた。彼はオックスフォード大学で数学の学位をとり、いまは工科大学の遺伝学研究所でDNAの研究に就いている。

証拠審理の場で、ロバーツはまずDNA型鑑定という新しい科学的鑑定法の正当性を全面的に支持した。「制限酵素の切断をはじめとして電気泳動法によるDNAバンドの分離とハイブリダイゼーションによる検出という一連の分析過程の科学的正当性は、DNAの研究領域ですでに許容されているものであり、誤った個人識別結果がでることはあり得ません」。そのような証言は、カストロの腕時計の血痕鑑定結果の科学的信頼性を直接的に説明しているように感じられた。検察側はロバーツの証言に十分に満足した。

ランダーはロバーツの証言とは違い、ベアードの鑑定結果そのものに食いついた。それはまさに鑑定書に対する反対尋問そのものである。ベアードとランダーは向き合って対決した。そのうち、主要なものを拾い見ることにする。

**DXYS14 DNA型について**

ランダーが証拠のDNA型鑑定結果を手に尋ねた（図4・1参照）。「母親の血液からは三本のDNAバンドしか検出されていませんが、腕時計の血痕からは五本ものDNAバンドが検出されていますね。五本のうち、三本は薄い色のバンドであるにしても、どうしてこれを無視して母親と同じ三本のDNAバンドだけを検出したことにするのですか。どうも、被害者の三本に無理に合わせたとも考えられませんか」

ベアードが答えた。「検出された三本のDNAバンドの大きさは、母親の血液と腕時計の血痕の間で三本とも一致しています。腕時計の血痕から母親の血液に一致しない薄い二本のDNAバンドは人のものでなく、おそらく血痕に着いた細菌に由来すると思われる余分なDNAバンド（エキストラバンド）でしょう」

「細菌がエキストラバンドをつくることを実験で確かめましたか」

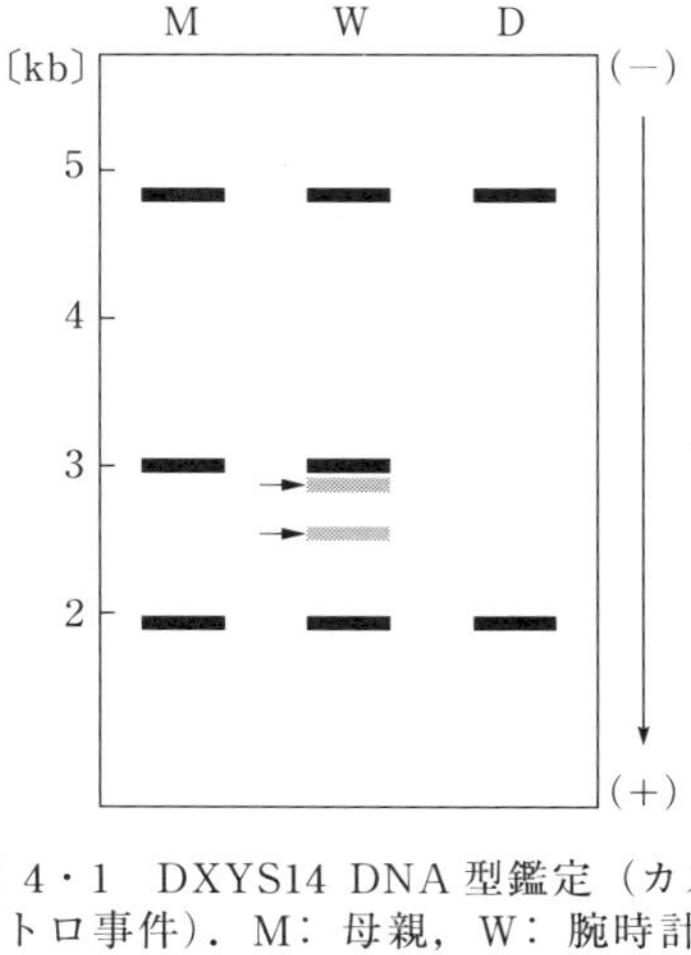


図 4・1　DXYS14 DNA 型鑑定（カストロ事件）．M：母親，W：腕時計，D：娘．→：二本の薄い，おそらくエキストラバンド［E.S. Lander, *Nature* (London), **339**, 503 (1989) より改変］

「いや、確かめていません」

「細菌によるエキストラバンドと確かめもしないで、容疑者を犯人の嫌疑から除外しないのは科学的合理性に欠けていると思いますが」

「私としては、それは経験に基づくものですが、薄い二本のＤＮＡバンドは、お互いに一致した塩基対サイズをもつ三本のＤＮＡバンドとその性状は違うと考えます」

この腕時計の血痕から検出された五本のＤＮＡバンドは、最後まで検察側にとって不利な状況を与えることになる。

## D2S44DNA型について

ランダーの尋問は続く。「Ｄ２Ｓ44ＤＮＡ型を鑑定書の記載どおりに受け取ると、腕時計の血痕も母親の血液も、一本のＤＮＡバンドだけを現し、そのバンドの大きさも一致していますね。犯行事実の点からみると、母親の血液が腕時計に飛び散ったということを言いたいのでしょう。ところで、あなた自身も参加して調べた、Ｄ２Ｓ24ＤＮＡ型のアレル頻度のヒスパニック系人種における出現頻度をみると、調査した三百人ほどの中で九十パーセントの人は、*PstI*制限酵素で切断したＤＮＡ断片の大きさが一〇kbから一四kbという範囲に入っていますね。そのような大きなサイズのＤＮＡが外界の環境条件によっては分解されてしまうおそれも考えなくてはいけないと思います。腕時計の血痕から、被害者である母親の血液もそうですが、一〇・二五kbの一本のＤＮＡバンドが検出されています。すなわち、腕時計の血痕と被害者ポンセの両方ともホモタイプとなりますね。もともと、Ｄ２Ｓ44

DNA型がホモタイプ型を示す人は十パーセントにも満たないことがわかっていますね。すなわち、一〇・二五kbのDNAバンドは検出されましたが、それ以上に大きなDNAは分解されてしまって、それが検出されなかった。そのために、本来は二本のDNAバンドをもつヘテロタイプであるべきところを、ホモタイプとみなされたとは思いませんか。さらに言えば、母親が一〇・二五kbの一本のDNAバンドしかもたないことに引っ張られてしまったということはないですか」

ベアードが反論する。「証拠のDNAが分解されているかいないかを推測だけで言い切れないはずです。検出されたDNAバンドだけについて言えるのは、腕時計の血痕からも母親の血液からも、全く同じ塩基対サイズのDNAバンドが検出されたということです」

ランダーのDNA型鑑定結果の細部に立ち入る証言を聞いたロバーツは、いくぶん自分のいたらなさを感じていた。自分はDNA証拠について、純粋に科学的な意味合からその科学的合理性を強調したが、証拠物件の鑑定結果に踏み込んでいない。ランダーに心の中で敬意を表した。

専門家証言をすべて聞き終わった判事は、事実審理にDNA型鑑定証拠不採用を決めた。その大きな理由は、腕時計の血痕から検出された五本のDNAバンドについて、実験的な検証を経ることなく、余分なDNAバンドを細菌に由来するとした、ベアードの証言内容によっていた。

ランダーは、このカストロ事件の証拠審理のやりとりを細部にわたって論文に仕立て、一九八九年六月号の『ネイチャー』誌に発表した。この論文は、DNA型鑑定証拠を刑事裁判から追い出したことを世界に発信しているようにみえた。

判事がDNA型鑑定証拠を不採用にしたもう一つの理由は、陪審員がこの証拠を正当に評価できないと案じたからであろう。しかし、事実審理はほかの証拠をもとに進めることになった。検察側もいまは、DNA型鑑定証拠に全く問題はないというような気持を捨てて、カストロを真の犯人とする証拠を頼りに事実審理に望む決意を固めた。しかし、DNA型鑑定証拠抜きでの事実審理に不安もないわけではない。全く不本意ながら司法取引を決断した。判事は、母親と娘の二人を殺害した事件につき有罪を認めれば禁固二十年から終身刑の中間の量刑になるだろうと伝えた。カストロはなんのためらいもなくすんなり有罪を認めた。確かに母と子をナイフで繰返し突き刺して殺害した。腕時計に着いた血痕は殺害のときに被害者から飛び散ったのだろうことも自ら供述した。

つまるところ、DNA型鑑定証拠の正しさは息を吹き返すことにもなった。しかし、証拠物件鑑定に携わる多くの法科学者たちは、分析結果は鑑定証拠のほんの入口にすぎず、その分析結果の科学的合理性を慎重に吟味し、的確な実験的裏付けをしてこそ刑事事件鑑定証拠になり得ることを肝に銘じた。ともかくとして、ベアードはDNA型鑑定人の一応の面目を保つことになった。

## 2　DNA型の出現頻度への挑戦——マンハッタン連続強姦事件

カストロ事件では、正式事実審理前の事前審理でDNA型鑑定証拠は不採用となった。

やがて、DNA型鑑定証拠は新たな挑戦を受けることになる。それは、カストロ事件で戦わされた、DNA型鑑定技術そのものとは少し違った方角からの攻撃であった。

ニューヨーク市民はたいがいの殺人事件に慣れてはいたものの一九八九年の夏、マンハッタン島で起こった殺人事件には深い衝撃を受けていた。

ちょっと見には青年と思われる男が、アパートの入口で子供たちに話し掛けている。何とはなしに不安を感じた母親は子供たちを急ぎ部屋に戻そうとした。鍵を開けて入ろうとした瞬間、背後に男の気配を感じた。そのまま強引に部屋に押し入れられた。子供たちを隣室に入れて鍵をかけたあと、男に強姦《ごうかん》された。犯人はおぞましい強迫の言葉を吐いた。「眼か命か、それとも子供の命か」。恐ろしいことに母親は刺殺された。この事件の一切を証言できるのは幼い子供たちしかいない。捜査は難航し容疑者にようとしてたどりつけない。

それからしばらくたった七月十九日、同じマンハッタン島で再び事件が起こった。

二十歳の女子学生は五階の自室まで階段を上った。背後に男の気配を感じてはいたが、同じアパートに住む者と思いさして気にも止めなかった。五階の自室に入るとき、男はさらに上階にと足を進めた。安心して自室の鍵を開けた瞬間、男は背後に迫っていた。部屋に押し入れられた。強姦のあと、男は強迫した。「眼か命か」。男は眼に危害を加えたあと、被害者から銀行口座の暗証番号を聞きだし、数百ドルを引き出した。

この事件から二週間ほどたったころ、またもやマンハッタンのアパートで事件が起こった。

二十三歳の女性は、土曜日の買物を終え自分のアパートのエレベーターに乗った。この女性を根気よく追いつづける男は、彼女が三階で降りたのを確かめた。彼女が部屋に入り鍵を閉めて数秒するとドアベルが鳴った。とっさのこととて、不用意にもドアを開け応対した。瞬間的に男は押し入り、強姦行為に及んだ。同じような強迫の言葉が吐かれている。しかし、このとき男は一瞬、凶器を探し始めた。彼女はそのすきを逃さず、脱兎のごとく逃げ階下の管理人に助けを求めた。犯人はロビーで屈強な守衛に取り押さえられ警察に引き渡された。十八歳のヒスパニック系人種のマティアス・レイズという男である。

警察の捜査は、母親の殺害にひき続いたこの二件の強姦事件に、犯行手口の共通点を苦もなく見つけている。それはだれにも明らかなように、眼か命かの強迫言葉である。しかし、共通の手口というだけで前の二件についても犯人だと断定するわけにもいかず、それを補強する証拠がどうしても必要である。

捜査本部は三件とも強姦事件であり、一件は殺人をも含んでいることから、証拠物件の採取に慎重を極めた。三人の体内から採取した膣スワブは、FBIの犯罪科学研究所に送られた。

DNA型鑑定にはバドールがあたった。YNH24（D2S44）、D14S13、それにD17S79の三通りのシングルローカスVNTRの検出を行っている（図4・2参照）。もちろん、刑事訴訟法の手続きに従って、レイズ自身の血液を採取し、同じ鑑定を実施している。どの染色体のDNA型でも、三件の膣スワブの精液区分のDNA型は一致していた。これは、三件の強姦事件とも同一人の犯行であることをはっきりと立証している。いちばん重要なのは、容疑者レイズのDNA型が果たして三件の精液のDNA型に一致するかどうかということになる。鑑定結果は一致していた。これは容疑者レイズを三件の事件の犯人とする確定的証拠を提供している。バドールはこの鑑定で、DNA型の一致の意味合を表現する一致の重要度は、四千九百万人に一人だとつけ加えた。それは、四千九百万人のうち四千八百九十九万九千九百九十九人は犯人ではないことを意味している。残された一人が犯人レイズということになる。

このレイズの事件でも判事は正式事実審理前の証拠審問を提案した。それはむしろ検察側の望むところでもあった。陪審員に理解されないと、確定的証拠となるDNA型鑑定が証拠から除外されてしまう危機感をもっていたからである。検察側も弁護側のどちらもDNA型鑑定をやさしく説明できる専門家証人を探した。検察側は、米国人類遺伝学会の会長を務めた経験のあるキャスキーと、筋ジストロフィー症協会の遺伝子特別委員会の委員長の職にあるコニアリーの二人を早々と証人に据えた。ちなみに、キャスキーは、あの湾岸戦争の「砂漠の嵐作戦」で散った多くの兵士の身元確認のためにDNA型を使ったことでよく知られていた。ともに、DNA型鑑定を説明するのにふさわ

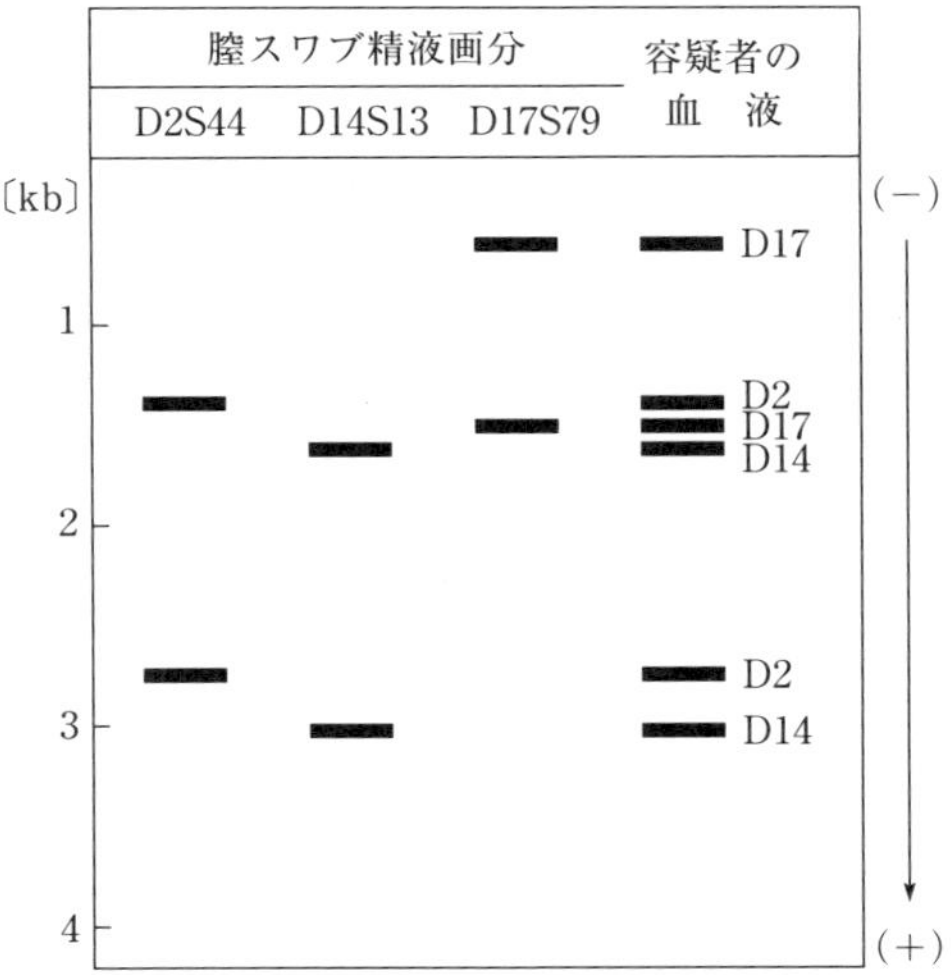


図 4・2　レイズ事件のシングルローカス VNTR DNA 型鑑定．3件の膣スワブに共通する精液画分の DNA 型を示している．容疑者の DNA 型は三つの型を組合わせて示している

しい人であった。弁護側の方は証人を決めるのに少し手間どった。検察側の二人の大物に対抗できる人はなかなか見当たらない。結局、ニューヨーク州立大学の遺伝学者シールスを選んだ。その理由の一つは、シールスが遺伝学者の立場から人種別のＤＮＡ型出現頻度に十分満足していなかったことにあるようだった。

キャスキーは、遺体の身元確認の経験をふまえて、シングルローカスＶＮＴＲ法によるＤＮＡ型鑑定結果を組合わせて個人識別するやり方は科学的合理性に十分に基づいていることを説明してから、今回のレイズのＤＮＡ型が四千九百万人に一人という一致の重要度の科学的妥当性を証言した。「もし、四千九百万人の人を呼び止めたら、その人たちの九九・九九九九九七九パーセントは、三種を組合わせたレイズのＤＮＡ型をもっていませんね」と、わかりやすい説明をもつけ加えていた。

リフリップの専門家コニアリーは、三種のＶＮＴＲＤＮＡ型の鑑定技術には、制限酵素、プローブ、ハイブリダイゼーションのそれぞれの分析過程が正しく行われているというバドールの鑑定技術になんらの誤りも見つけられないと証言した。鑑定の技術と一致の重要度を合わせた二人の証言はまさに完璧に近いようであった。

弁護側のシールスは鑑定技術に挑むことはしなかった。もっぱら一致の重要度の基本になるＤＮＡ型頻度に異議を唱える証言になった。「ＦＢＩの人種別ＤＮＡ型頻度は、大まかな人種区分である、白色、黒色およびヒスパニック系の三種について調査された結果だけから出されています。同じヒスパニック系人種といっても、言語や生活習慣を違える北方系の人や南方系の人もいる。それは一つの民族といえる区分であり、ＤＮＡ型の出現頻度をヒスパニック系人種でひとくくりにするのは的確なやり方ではありません。私としては」と、具体的な一致度を示した。「私が見積もった確率は六十九万二千五百八十五分の一となります」。FBIの百分の一の確からしさである。しかし判事はそれでもなお、一致の重要度という見方からすれば、六十九万分の一という数値はレイズを犯人とするのに何のさしつかえもないものと判断した。シールスの一致度を考慮したとしても、九九・九九九八五五六パーセントの人はレイズと同じ三種の組合わせDNA型をもっていないことになる。刑事訴訟の審理につきものの、証拠がもつ万分の一ぐらいの不確実性をぬぐいきることにはならないが、合理的な疑いを超えてレイズを有罪と評決することを妨げる理由までにはなっていないようだった。

その三週間のあと、正式な事実審理を前にして陪審員の選定に入るころ、弁護側は判事に司法取引を申し出た。検察側も同意し、レイズは有罪を認める答弁をした。やがて、判事から量刑が言い渡された。仮釈放を認めない終身刑だった。

このレイズ事件は、FBIのDNA型鑑定における一致の重要度に対する異論の序曲に過ぎないようであった。

## 3　イー裁判——最も激しいDNA戦場

クリーブランドの町をその日も三人の若者が改造車を喧噪《けんそう》を誇るように走らせていた。スティーブン・イー、マーク・ベルディー、ジョン・ボンズの三人で、クリーブランドかいわいを縄張りにする暴走族ヘル・エンゼルスのメンバーである。ふと道路沿いに停車中の箱形貨物自動車（VAN）の運転席に座る男性を見て、ライバル暴走族パーティ、アウトローのメンバーと直感した。絶好の機会と、三人は車を止め、VANの運転席めがけて消音装置付きMAC10マシンガンを発射した。血液は激しく車内に飛び散った。

それでも、遠目ながら犯行の一部始終を目撃した人の証言が得られた。それを頼りに、捜査に乗り出した警察はヘル・エンゼルスというグループの一人にたどりついた。メンバーの一人一人を厳しく取調べた。そこから、実行犯に違いないと思われたイー、ベルディー、ボンズの三人が重要容疑者として逮捕された。

ところで、銃撃された運転席の男性は暴走族とはなんの関係もない一般の市民、ハートであった。敵対するグループの一人と勘違いした末の、市民を巻き込む許せない殺人事件だった。

血まみれとなった運転席からの血痕のすべては被害者と同じ血液型である。犯人に結びつく情報は得られない。もちろん、摘出された弾丸に付いているライフル痕の条痕形状からたやすく使用銃の種類と型式がわかった。消音装置を付けたMAC10マシンガンである。親分格のイーを追及した。この銃が彼の手もとに発見されれば彼とその仲間の犯行の事実を明かす確定的証拠になるはずである。

捜査官は証拠をくまなく探した。もちろん、犯行の日に使用していた車の中も。捜査官は車内にきわめて小さいが血痕とわかるしみを目にした。被害者の血液がこの車の中に飛び散るわけもなく、さして気にとめることもなかった。

夜、床に入った捜査官は妙に気になりだした。翌日、その小さな血痕の血液型を検査した。やっぱり、被害者のハートとは違っていた。ボンズの血液と車内の血痕とのABO式血液型は、どちらもB

型である。捜査官は実行者の一人であるボンズが脚下部に損傷を受けているのをすでに知っている。受傷したあとに車に乗り、気づかずに車内に血液を垂らした可能性を考えた。首領格のイーと一緒にベルディーとボンズの二人がこの車両に乗って逃げたのに間違いはない。車内の血痕とボンズの血液がDNA型鑑定のため、FBIの犯罪科学研究所に送られた。

DNA型鑑定はマンハッタンの連続強姦事件と同じように、YNH24（D2S44）・D14S13・D17S79の三種のVNTRDNA型についてなされた。鑑定結果はほぼ一カ月ぐらいたってから提出された。イーの車内の血痕とボンズの血液のDNA型は一致するという内容になっている。一致の重要度は、ボンズがヒスパニック系人種であることを考慮して三種のVNTRDNA型の出現頻度を組合わせると、百万分の一であると報告している。

ここから、再びDNA型鑑定証拠を審問する事前審理が始まる。判事は正式事実審理で科学的証拠を陪審員に示す前に、どうしても専門家証人を集めて十分な科学的根拠をもつものであることを法廷であらかじめ確認する義務を負っている。カストロ事件のあとになっても、まだこのような状況にかわりはなかった。この刑事裁判はオハイオ州トリードで行われた合衆国対イー裁判（United States vs. Yee）として、DNA型鑑定の歴史の中にその名を今日に至るまで残すことになる。この裁判の弁護士として、あのノイフェルトとシェックの二人が就いた。

検察側はマンハッタンの事件で証言したキャスキーと、遺伝統計学に詳しいエール大学のキッド、人種別のDNA型をまとめていたFBIのバドールらを専門家証人に据えた。一方、弁護側はハーバード大学のレボンティンとワシントン大学のハートルらを専門家証人とした。

事前審理では裁判官を前にして、弁護側証人と検察側証人の双方が、新しい科学的証拠が一般的正当性をもつものかどうかを争点にし、細部にわたる理論と技術について証言することになる。

ちなみに、事前審理制度の原点は、一九二三年にワシントンの裁判所が取扱ったポリグラフ鑑定証拠という科学的証拠の一般的認容に関する検証（general acceptance test）にみえる。殺人容疑で告訴された十九歳の少年フライは自己の無罪を主張して、ハーバード大学の心理学者マーストンの収縮期血圧の記録をもとにした虚偽徴候判別検査結果を提出した。法廷はこの新奇性の高い、目新しい科学的証拠を採用するのは時期尚早であると判断し、正式事実審理ではこの証拠を採用せず、フライ少年に有罪が陪審員により評決された。「科学的証拠の一般的認容を法廷独自で決定することは困難であり、専門家の意見によってその原理の証拠能力が一般的に通用するものと承認されなければならない」と裁判官がつけ加えている。この新しい科学的証拠の一般的認容に関する検証手続は、フライ少年の名前から、フライ・テストあるいはフライ理論として、その厳格性が変わりつつも、今の米国刑事裁判に生き続けている。

キャスキーが専門家証言の口火を切った。「単一のVNTRだけを目当てにして検出されるシングルローカスDNA型を、複数の染色体にのるVNTRDNA型と組合わせれば、ジェフリーズのDNA指紋法に匹敵するほどの高い個人識別精度が得られるはずです」。キャスキーはシングルローカスVNTRDNA型の組合わせ方式をことさら強調した。

ハートルはそのようなDNA型鑑定技術そのものに立ち入ることはしなかった。「証拠物件と被告人の血液の両方のDNA型が一致しているかどうかを判定するのはどんな規準に基づいているのですか。この点はDNA型鑑定証拠の一般的認容性の根幹にかかわることですのでわかりやすく説明していただきたい。ちなみに、私自身が調べた結果を説明してみます。世間にはさまざまな判定基準があるようです。たとえば、あなたの勤めるFBI、それにキャスキー博士の研究室、さらに民間のライコーズ社とセルマーク社の二社の研究所のそれぞれで判定基準に違いがあるのをご存じですか。具体的に説明しましょう。電気泳動法による分析では、ゲル板上にDNAの塩基対の大きさの順に、大きいものから小さい方へとDNAバンドが区別されますね。シングルローカスDNA型分析では、ホモタイプであれば一本、ヘテロタイプであれば二本のDNAバンドが検出されます。もちろん、二本のうち一本は父から他の一本は母から受け継ぎます。その一本ずつがアレル（対立遺伝子）であり、ホモタイプの人は父と母からたまたま同じアレルを受け継いだことになります。そういうことはご存じですね」

理由はわからないが、ハートルはひどく幼稚な説明から入った。周りの人の理解を深めさせるためか、バドールを見下すためかはわからない。バドールは少しいら立つ気持ちを抑えていた。

ハートルは本題に入った。「実際の鑑定ではDNAバンドの位置、すなわちDNAの塩基対の数を比べて証拠物件と被告人とが一致するかどうかを判定していますね。そのとき、証拠物件から測定された塩基対の数値に幅をもたせていますね。こちらで説明してみます。証拠物件から測定されたDNA塩基対の大きさを一、〇〇〇としますと、それのプラス・マイナス二・五パーセントの範囲、つまり九七五から一〇二五が証拠物件のDNA塩基対サイズとして取扱われています。その測定値と被告人の血液の測定値を比較するとき、最大五パーセントまでの違いまでなら両方は一致したものと

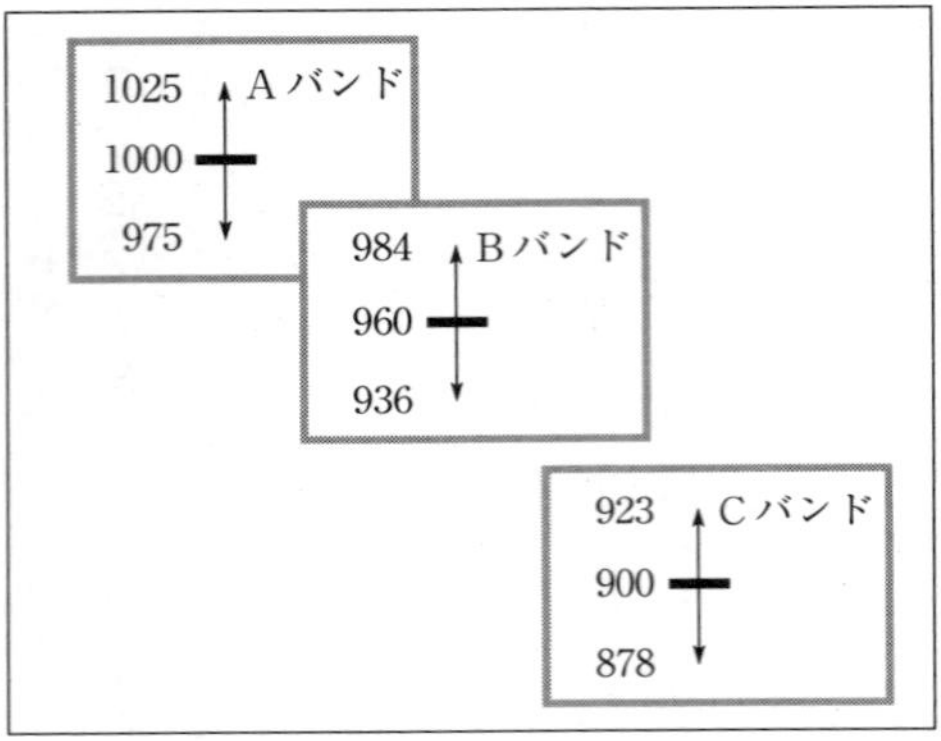


図 4・3　DNA 型バンドの一致判定基準（2.5％幅ウインドウ）．AとBは一致，BとCは不一致と見なす

みなすような一致規準（matching criteria）を使用していますね。これだと、証拠物件の数値が大きくあんばいされて、そこに入り込む被告人の数がそれだけ多くなるわけです。犯人でない人が誤って犯人にされてしまう（false inclusion）おそれが高まってしまいます。ＦＢＩでは一致規準を五パーセント範囲に定めていますが、キャスキー博士の研究室では四パーセント、ライフコーズ社では一・八パーセント、セルマーク社は測定されたＤＮＡバンドの一ミリメートル以内といろいろに違っています。ＦＢＩが最も大きな範囲に設定していることになります。どうしてそんなに大きな範囲を定めているのか説明してください」

バドールが資料を手に答える（図4・3参照）。「ＤＮＡ型バンドの一致枠をわれわれはマッチ・ウインドウ（match window）とよぶことにしています。この数値は証拠物件が外界のさまざまな環境条件を考えに入れて、実際の証拠物件の状況に見合う試料の分析結果から決められています。具体的に説明してみます。血痕を実際の犯罪現場で被るようなさまざまな環境条件にさらした試料と、もともとの新鮮な血液とのＤＮＡバンドがどのように違ってくるかを確かめています。その結果、その両方の間には微妙なDNAバンド位置のずれが観察されます。同一人について同じ実験を一〇回ほど繰返してみると、新鮮な血液のDNAバンドはいつもほとんど同じ位置にありますが、環境条件にさらしたものは、新鮮なものの上下二・五パーセントの塩基対数の位置に収まるわけです。おそらく、証拠物件のような試料は、DNAの立体的構造をさまざまに違えている（confomational change）からだと思います。上下二・五パーセントの幅、すなわち五・〇パーセントのマッチ・ウインドウを一致の判定基準にしているのです」

バドールは続ける。「もう一つ、FBIの数値がいちばん大きいことについて説明いたします。前に説明したことと重複するかもしれませんが、FBIを除くほかの研究機関では、証拠物件のもつ状況を考えに入れずに、おそらく微妙な構造的変化を全くもたない新鮮なDNAだけを実験材料にして得られた数値だと思います。そのような場合には、DNAバンドの位置を何回繰返して調べても、位置の違いはほとんどないか、あったとしても一パーセントにも満たない程度の変化しか見られません。そのような微妙なズレの原因のほとんどは、使用する試薬や電気泳動分析に使用するゲル板の微妙な違いによっているはずです。どんなに手をつくしても毎回全く同じようにすべてを調整できるとは思いません。ですから、そのような原因がもとで起こるDNAバンドの大きさの違いはいわゆる実験誤差の範囲内であり、もともとの大きさになんらかの影響を与えるなどということはありません。新鮮な試料だけなら実験誤差範囲内か、あるいはほんの少しそれを上回る程度の差におさまるが、証拠物件がそこにおさまる可能性がいくぶん低くなるのは法科学者ならだれでも知っています。しかしその知識を一つの定まった規準として確立しておかないと、実際の証拠物件のDNAバンドの位置のズレを正しく解釈できなくなるおそれがあります。微量のもの、何日も太陽光にさらされたもの、時間がたって腐っているかもしれないもの、着衣や床などいろいろな物体にこびりついているもの、ほかの体液と混合しているもの、など数えあげればきりがないほどの条件に対応できる数値を経験的法則として算出したのです。これでほかの機関の数値との違いを理解していただけると思います」

つぎに、レボンティンが立った。「FBIは特定のDNAバンドが集団の中でどれぐらいの頻度で出現するかを調べて、そこから一致の重要度を計算していますね。その重要度を計算するのに必要な出現頻度を、白色人種（Caucasian）、黒色人種（Black）、ヒスパニック系人種（Hispanic）とかいうようなきわめて大ざっぱな人種分類のなかで調べただけですね。皆さんご存じのとおり、米国は人種のるつぼといわれるほど同じ人種でもさまざまに細区分される集団（subpopulations）、それは民族とよんでもよいでしょうが、が寄せ集まっています。したがって、人種だけを問題にしてある特定のDNAバンドをもつ人が何人いるかを調べても、その出現頻度はその人が属している細区分された集団の中の出現頻度を正しく表していないはずです。そうしますと、複数の染色体で検出されたVNTRのアレル型を掛け合わせて、一個人が集団の中でどれぐらい、たとえば百万人に一人とか一千万人に一人とかのような出現頻度を算定するのは危険だと思います。したがって、それを証拠物件と被告人の一致の意味合を知る重要度として使うのは適切でないと思いますが」

バドールが応じた。「FBIの犯罪科学研究所は一九八九年一月にDNA型鑑定ユニットを設立しましたが、それまでにポリスアカデミーの法科学研究・教育センターを中心とした二十四機関の法科学者が共同して、人種ごとのシングルローカスVNTRのアレル出現頻度を蓄積してまいりました。

そのデータをふまえて、証拠物件と被告人の一致の意味合を表現するのに一致の重要度を使っています。この一致の重要度の数値には、人種の細区分ごとに起こるかもしれない出現頻度を決して無視しないような配慮が払われています。われわれの集団調査は白色人種、黒色人種、ヒスパニック系人種というくくりでアレル頻度を算出しています。もちろん、ヒスパニック系人種にはさまざまな民族が入り込んでいるはずです。そのような、同じ人種内でも民族の違いによって起こるかもしれない出現頻度の違いを打ち消すようなやり方でアレル頻度を算出しています。調査の中で、ヒスパニック系人種で違っていると思われる民族差を頭にしてアレル頻度をみましたが、人種間の違いほどには大きくなく、むしろきわめて小さいのです。もし証拠物件のDNA型がヒスパニック系人種の被告人に由来するとした場合、なるべく被告人に有利となるようにアレル頻度の算出に配慮しているのです。おそらく別の見方からすれば、被告人有利にバイアスされたやり方だと非難されるほどになっているかもしれません。その方策がビンアレル頻度というものです。この方法ですと、万が一つに民族差がうかがえるとしても、それを打ち消す、非常に控え目のアレル頻度なのです。ですから、われわれが作り上げたヒスパニック系人種のビンアレル頻度は、民族差を捨てるどころか、よく取込んでいるのです」

バドールはさらに続けた。「一致の重要度とはあくまでもDNA型が証拠物件と被告人との間で一致したときの意味合を表現するだけであることをよく理解して下さい。もし、一つのDNA型の塩基対サイズそのものをアレルとすると、その出現頻度はきわめて小さくなります。そんなにも小さい出現頻度を組合わせると、証拠物件のDNA型が被告人に由来することを限りなく高い確率、それは断定的に被告が犯人だと決めるのに近くなります。ビンアレルは一つの幅を見てその中に複数のDNA

塩基対サイズの人を組入れるので、一つのビンアレルの出現頻度はずっと大きくなります。この大きさは、一つのVNTRDNA型の同一人種内の細区分、すなわち民族差の違いによる出現頻度よりも大きくなっています。すなわち、一致の重要度をかなり控え目に表現しているわけです」

ハートルが尋ねる。「複数のシングルローカスを分析して、それぞれの出現頻度を掛け合せて被告人のDNA型を数千万人に一人とか、数億人に一人とかのように途方もない絞り込みをするのはことさら被告人を犯人に仕立てあげるように思えますが」

この質問にバドールはすこし驚いた。「一つ一つの出現頻度を掛け合せて全体として起こり得る確率を算出するのは、十九世紀の半ばごろに数学者ケトレーの編み出した乗積法則（product rule）として、頻繁に使われているのに」と思った。ちなみに、ケトレーはこの法則を証拠物件の情報から犯人を割り出すときの推定確率に使ったことでもよく知られている。指紋学で有名なゴルトンや人体計測値から特定人物を割り出そうとしたベルチョンらもケトレーの薫陶を受けている。もちろん、遺伝子型頻度を算出するための常とう手段になっている。遺伝子型頻度こそが一致の重要度の目安になるのである。

バドールは落ち着いて証言に入った。「複数のDNA型の出現頻度を掛け合わせて、全体の出現頻度とするのは、個々のDNA型がお互いに関係なく、独立して遺伝するという条件のもとに、集団遺伝統計学の常とう手段として許されていると思います。もちろん、それ以前の問題として、個々のビン・アレル頻度がハーディ・ワインベルグの法則にきっちりのっとっていなければならないことがあります。われわれはすでに調査したビン・アレル頻度が法則にのっとっていることを確かめています。

したがって、個々のシングルローカスVNTRDNA型のビン・アレル頻度を一致の重要度の目安に使うことに科学的妥当性があるものと考えています。なお、ビン・アレル頻度は民族差を考えなくてもよいほどに大きくしていますので、十分に控え目の、被告人に有利にバイアスされたものになっているのは前に説明したとおりであります」

ちなみに、ハーディ・ワインベルグの法則を眺めてみる。英国の数学者ハーディとドイツの医学者ワインベルグの二人が一九〇八年にそれぞれ独立して発表した集団遺伝学の法則である。自由に交配する状況の下では、対立遺伝子（アレル）の頻度積が遺伝子型（ゲノタイプ）の頻度になるというものである。具体的にみると、つぎのようになる。二つの対立遺伝子の頻度（アレル頻度）を$p$と$q$とすると、生まれてくる子の遺伝子型頻度（ゲノタイプ頻度）は、$p^2$（ホモタイプ）、$2p\times q$（ヘテロタイプ）、$q^2$（ホモタイプ）のいずれかになる。四つのVNTRDNA型の実際例を表4・2

表 4・2　ハーディ・ワインベルグの法則・乗積法則の計算例

| VNTR部位<br>4 種 | 対立遺伝子型<br>（ビンアレル頻度）<br>バンド1／バンド2 | 遺伝子型頻度<br>（ゲノタイプ頻度） | 乗積法則による<br>組合わせ頻度<br>（一致の重要度） |
|---|---|---|---|
| 1 | 0.08　/　0.02<br>（8%）　（2%） | 0.003 †1<br>（333人中1人） | — |
| 2 | 0.15　/　0.04<br>（15%）　（4%） | 0.012<br>（83人中1人） | $3.6\times10^{-5}$<br>（2万7千人中1人） |
| 3 | 0.08　/　0.06<br>（8%）　（6%） | 0.010<br>（100人中1人） | $3.6\times10^{-7}$<br>（277万人中1人） |
| 4 | 0.22　/　0.09<br>（22%）　（9%） | 0.040<br>（25人中1人） | $1.4\times10^{-8}$ †2<br>（7100万人中1人） |

†1　ハーデイ・ワインベルグ計算：$2\times0.08\times0.02=0.003$
†2　乗積法による計算：$0.003\times0.012\times0.010\times0.040\fallingdotseq1.4\times10^{-8}$

表 4・3　ヒスパニック系人種における D2S44 の出現頻度(300 人)[†1]

| ビンアレル型[†1] | 塩基対サイズの範囲〔kb〕 | 個数[†2] | 出現頻度[†3] |
|---|---|---|---|
| 1 | 0 ～ 963 | 5 | 0.008 |
| 2 | 964 ～ 1077 | 8 | 0.013 |
| 3 | 1078 ～ 1196 | 11 | 0.018 |
| 4 | 1197 ～ 1352 | 34 | 0.057 |
| 5 | 1353 ～ 1507 | 41 | 0.068 |
| 6 | 1508 ～ 1637 | 63 | 0.105 |
| 7 | 1638 ～ 1788 | 63 | 0.105 |
| 8 | 1789 ～ 1924 | 45 | 0.075 |
| 9 | 1925 ～ 2088 | 29 | 0.048 |
| 10 | 2089 ～ 2351 | 40 | 0.067 |
| 11 | 2352 ～ 2522 | 11 | 0.018 |
| 12 | 2523 ～ 2692 | 24 | 0.040 |
| 13 | 2693 ～ 2862 | 27 | 0.045 |
| 14 | 2863 ～ 3033 | 59 | 0.098 |
| 15 | 3034 ～ 3329 | 59 | 0.098 |
| 16 | 3330 ～ 3674 | 37 | 0.062 |
| 17 | 3675 ～ 3979 | 21 | 0.035 |
| 18 | 3980 ～ 4323 | 11 | 0.018 |
| 19 | 4324 ～ 5219 | 6 | 0.010 |
| 20 | 5220 ～ | 6 | 0.010 |
| 計 | | 600 | 0.998 |

†1　B. Budowle, *Crime Laborotory Digest, FBI*, **18**, 30 (1991) による.
†2　1 個体のビンアレル型はヘテロタイプで 2 個, ホモタイプで 1 個となる. ホモタイプを同型の 2 個とすると 300 人で 600 個となる.
†3　出現頻度は 600 個のアレル型中における出現頻度.

に示した。ちなみに、ヒスパニック系人種でバドールが調査したD2S44DNA型のビンアレル頻度を表4・3に示した。

ハートルは少し先を急ぎすぎたのであろうか。この専門家証人による事前審理中に、法廷外に自分の考えを流布した。法廷内の論戦を小冊子にまとめてしかるべき人々に配ったのである。専門家の厳しい査察を受けるというような学術雑誌の論文ではないにしてもかなりよくまとめられた報告であったようだ。しかし、その中味には少々冷静さを欠く感情むき出しの表現が所々に散りばめられていたといわれる。言外に、自分がワシントン大学というアカデミック・ディグニティ（大学の権威）であることをにおわせていたようである。もっとも、アカデミックという言葉には、空理空論とか非実際的な、学者ぶったなど、の意味もあるにはあるが。

ハートルの冊子を見たバドールは、あまりの罵詈雑言《ばりぞうごん》にいささか冷静さを失ったようだった。彼はハートルの文章に対して、ＦＢＩの『犯罪科学研究所紀要』誌の一九九一年七月号に、かなり詳しく所見を発表している。ハートルの言葉のいくつかを拾ってみる。いい加減、ずさん、特定の学問・知識をもたない（poorly informed and native）など言いたい放題の言葉が見つかる。まだ続く。信じ難い食い違い、ただわけもなくうそで固めた憶測（gratuitous assumption）、まぎれもない無能力（grossly inadequate）、科学を混乱に陥れる（stands science on it head）などなどきりがない。（　）内の英語はもちろんバドールの原文である。

双方の言い分を読んだ判事は、証拠審理が長引く中で、これほどまでにすさまじい状況に至ったことを反省し、法廷の場で、先に冊子を配ったハートルの常軌を逸した感情的表現を強くしかった。不思議なことにランダーはこの中に深入りしないままだった。判事はハートルの過激な表現を嫌ったのか、FBIのDNA型鑑定証拠を採用する裁決をした。

審理陪審で有罪が評決され、善良な市民を殺害した罪を重くみた判事は、主犯格のイーに終身刑、ベルディとボンズの二人に二十年の懲役刑という重い量刑を言い渡した。

ハートルはどうしても矛を収めきれずにいた。特に、「冊子は正式な論文でない」と、バドールが書いていたことを気にしていた。それならと、ハートルは、もう一人の専門家証人となっていたレボンティンとともに、『ネイチャー』誌に並び称せられる米国の科学雑誌『サイエンス』の年も押し詰まる十二月号に、FBIのDNA型鑑定における集団遺伝学的解釈の誤りを指摘する論文を載せることになる。原稿を受けた『サイエンス』の編集長はそれを読み通して、素朴な感情にとらわれた。「どうも片手落ちの内容にみえる。ことDNA型鑑定という新しい技術、それも社会的に大きな波及効果をもつ技術だ。反対の論文も載せてバランスをとるべきだ」。編集長は集団遺伝統計学に詳しいテキサス大学のチャクラボルティとエール大学のキッドに原稿を依頼した。

一九九一年の『サイエンス』誌十二月号を見たハートルは一瞬、自分の目を疑った。自分の前に、チャクラボルティとキッドの論文が掲載されている。題名も「法科学鑑定におけるDNA型分析の有効性」という、自分の内容に真っ向から挑戦する論文だった。自分が後陣に配された。彼はメディアを通じてぶちまけた。「FBIの圧力、干渉」と、メディアは全世界に発信した。もちろん、日本にも届けられた。あまりの騒ぎにFBIの所長ヒックスは『犯罪科学研究所紀要』の中で圧力と干渉を強く否定する見解を述べた。「反対論文を掲載するように『サイエンス』に頼んだこともない」と。

## 4　DNA戦争の終戦宣言

イー裁判のあと、証拠物件のDNA型鑑定の技術や有効性を確立するために、全世界の法科学者が競うように実験を重ねることになる。さまざまな国際研究集会が開催され、英国のジルと米国のバドールは座長の席に着く機会が多くなった。

DNA型鑑定証拠が世界の国々の法廷で認められ始めるようになった一九九四年、『ネイチャー』誌の十月号に掲載された論文に多くの人々が注目した。カストロ事件でDNA型鑑定証拠を追い出したランダーと、いつもその有効性を主張し続けていたバドールとの連名で、DNA型鑑定論争に終止符を打つ内容の論文が載せられたのである。それは、検察側と弁護側が固い握手を交わしているようにみえる。ランダーはカストロ事件でDNA型バンドについて活発な反対尋問を検察側証人ベアードに投げている。しかし、イー裁判でのハートルの民族問題には立ち入らなかった。おそらく、その後のDNA型鑑定証拠の法廷における採用の多さを見て、自分の考えを変えるにいたったようである。あるいは、DNA型出現頻度における民族問題に少し嫌気がさしていたのかもしれない。ジェフリーズのDNA指紋に比べれば、たいへんわかりやすいシングルローカスVNTRDNA型を今さら法廷の場から追い出すことなど考えられないと思うほどに変節していたようである。「複数のVNTRを組合わせれば、DNA指紋法に迫る個人識別精度が手に入る。人種や民族の問題が証拠物件と容疑者との同一性の決定を邪魔することはない。なによりも、犯人でない者を犯人の嫌疑から確実に解放できるのはＤＮＡ型鑑定証拠の刑事司法における最大の効用だ」と説明している。

ＤＮＡ型鑑定証拠の法廷における有効性を争い続けてきた両陣営は、なおＤＮＡ型鑑定をめぐる技術的問題に今後も深くかかわる必要を感じていると宣言して論文は終わっている。

しかし、これでＤＮＡ戦争が完全に終わったというわけでもない。技術的問題ではなく、別の方角から弁護側の新しい挑戦が起こることになる。

# 第五章　新しい戦略――PCR法の応用

## 1　カリー・マリスのPCR法開発

一九八三年五月のある日、カリフォルニア州、バークリーからアンダーソン渓谷に通じる国道一二八号線をカリー・マリスはガールフレンドと一緒に車を走らせていた。しかし、彼の頭の中はDNAを試験管の中で自動的に増やすシナリオでいっぱいとなっていた。

「生命を維持するために体の中で脈々と続くDNA合成の仕組みを、試験管の中にもち込みたい。それも、自分が分析したい部分のDNAだけを取出して増やすのだ。どうすればDNA合成酵素を手にすることができるだろうか」。とめどもなく試験管内DNA増幅のシナリオがかけめぐっている。

この時代、特定の遺伝子に隣接しているイントロンがどんな塩基配列をもっているかについて明らかにされている部分は多い。彼は、いとも簡単に思いついた。「体の中では自分のDNAを自己増幅する準備として、まず二本の鎖になっているDNAを一本ずつの鎖にほぐす。その作業は、ヘリカーゼとよぶ酵素と特殊なタンパク質の共同のはたらきで進められる。この作業を試験管の中でまずやらせるには、生体のそんな巧妙な仕組みを取入れるよりは、九五℃ぐらいの温度で簡単にほぐした方がよい」

彼は経験的に、二本鎖DNAは高温とか薄いアルカリ性溶液にさらせば二本の一本鎖DNAに解離することを、すでに知っている。「それは簡単だ。そのあと、長い一本鎖DNAから自分が分析したい部分のDNA（標的DNA）の両隣に位置するイントロンの塩基配列とこれと相補的に結合する十数個の塩基配列（オリゴヌクレオチド）とを結合させれば、標的DNA部分を挟み込むきっかけになる。これを出発点にして、一本鎖DNAに四種の塩基（A・T・C・G）を加えてやれば、目的部分の一本鎖DNAにつぎつぎと相補的に結合して、二本鎖DNAに合成される。同じ仕組みがもう一方の一本鎖DNAの方にもはたらくから、もとのDNAは二倍になったことになる」

シナリオがこれで終章に至ったわけではない。「目的部分の一本鎖DNA塩基に、つぎつぎと相補的に結合させてDNAの鎖に合成するには、体の中と同じようにDNA合成酵素がどうしても不可欠だ。しかも、最初の工程となる二本鎖DNAを一本鎖にほぐすために九五℃というきわめて高い温度が必要だ。そんな高温に耐えられる酵素なんてあるはずもない。しかし、どうしても熱に強い酵素がほしい」。彼にはそれに対するいくらかの目当てがないわけでもなかった。

彼は休日のドライブでしばしばワイオミング州北西部に位置するイエローストーン公園を訪れている。ここは間欠泉の吹き出ることで特に有名である。彼はこの温泉地域に生息している水生耐熱性菌（*Thermus aquiticus*）に日ごろから興味を抱いていた。「温泉地の細菌だとすればある程度の高温に耐えて生きているはずだ。細菌にはさまざまな酵素が含まれている」。彼はその酵素を抽出して調べてみた。それは全く信じがたい偶然の好機だった。高温に耐えるうえに、まさにDNA合成作用をもつ酵素だったのである。彼はすぐにこの酵素を、タック・ポリメラーゼ（Taq polymerase）と名づけた。もちろん、タックは水生耐熱性菌のラテン名によっている。

彼のシナリオは終章に入った。「二本鎖DNAを一本鎖に、そしてオリゴヌクレオチドを出発点（プライマー）としてDNAを合成する。再び、同じような作業を一本の試験管内で何回も、何回も繰返して標的DNAを、二倍、四倍、八倍、……と増やしていく。もうこれで、試験管内のDNA増幅法（PCR法）が完成した」。自動車を道路わきに寄せて、ことこまかなシナリオを手帳に書き込んだ。彼女はいつものとおり眠っていた。

マリスはシータス社に帰ってから、セミナーの機会にPCR法を説明した。話しの途中で、二人、三人と去った。遊び人のマリスがまた世まい言をと、会議室はまばらとなった。彼のロマンチックな発想はほぼ完全に無視されていた。「いまにみていろ」と、新たな意欲をかき立たせて部屋を出た。

彼は執ように実験を重ねた。一九八三年十二月十六日、試験管の中で増えたであろうDNAを電気泳動で探った。はっきりと、それも十分にDNAは増幅されていた。「クローニング技術によって大腸菌の中で増やすなんて面倒くさいことをしなくても、いつでもたくさんのDNAを手にできる」（図5・1参照）。

彼は自分の研究成果に自信をもった。「ワトソン・クリック以来の業績になるかもしれない」。そう思って、『ネイチャー』誌に原稿を送った。ところで、彼はカリフォルニア大学バークリー校の大学院二年生のとき、「時間逆転の宇宙論的意味」と題する論文が『ネイチャー』誌に掲載された経験をもっている。宇宙全体の創成と終末を論じるという難解な論文だったようである。彼は若くして『ネイチャー』誌に掲載されたことを誇りと感じていた。

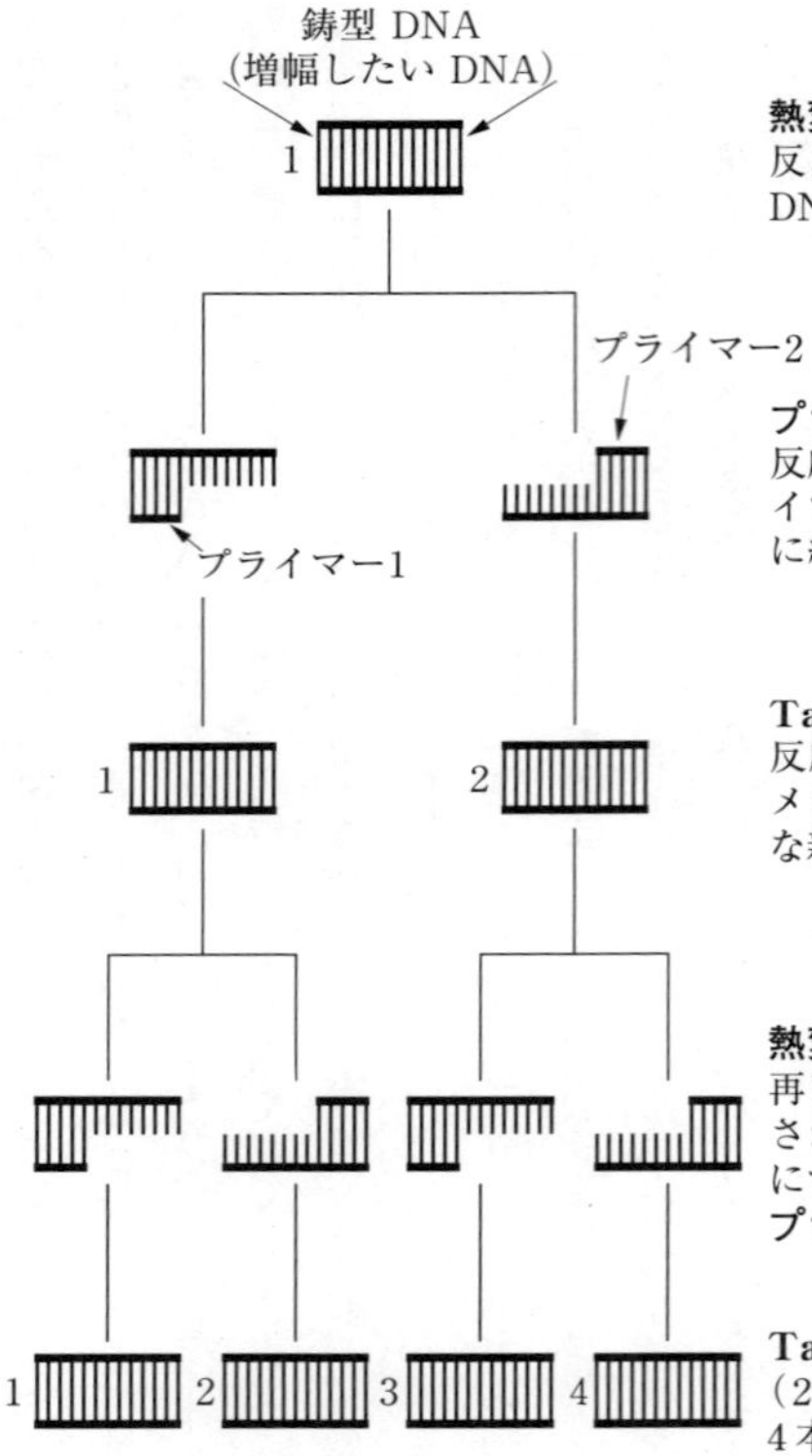


**熱変性**
反応液を 94℃に加熱して二本鎖DNA を一本鎖 DNA にする（1分）

↓

**プライマーの結合**（アニーリング）
反応液を 55℃に冷却して DNA プライマー(1, 2) を一本鎖 DNA の両端に結合させる（30秒）

↓

**Taq ポリメラーゼによる DNA 合成**
反応液を 72℃に加熱して Taq ポリメラーゼにより鋳型 DNA に相補的な新 DNA 鎖を合成させる（1～3分）

↓

**熱変性**（2回目）
再び反応液を 94℃に加熱して合成された二本鎖 DNA を一本鎖 DNA にする
**プライマーの結合**（2回目）

↓

**Taq ポリメラーゼによる DNA 合成**（2回目）
4本の DNA 鎖が合成される

- 熱変性→プライマーの結合（アニーリング）→ Taqポリメラーゼによる DNA 合成の 1 行程をサーモサイクルとよび，DNA 型鑑定では 20～30 回ほどの回数を繰返して増幅するのが普通である
- 一般に $n$ 回のサーモサイクルを実行すると，理論的に（$2^n-2n$）本の二本鎖 DNA が得られる．たとえば，30 回では 21 億 4750 万本ほどにもなり，不完全な断片となる $2n$（60 本）は無視できる数となる

図 5・1　DNA の PCR 法による増幅模式

彼は驚いた。『ネイチャー』誌は、リジェクトの封をつけて返送してきた。少々のコメントが加えられていた。「論文として、本誌の掲載に値しない」。彼の研究者としての自尊心はひどく傷ついた。研究者にとって、ノット・アクセプテッド、リジェクトの言葉ほど心を乱すものはないようである。しかし、マリスはひるむことなく、今度は米国の『サイエンス』誌に送った。全く同じような決定がなされ返却された。こちらの方はていねいにもその理由が添えられている。「貴殿の論文は、査読者の要求水準に達していないので今回は論文として受理できません。もう少し審査基準の甘い雑誌に投稿してみてはいかがですか」

棄てる神は拾う神と同座していた。マリスの耐熱性ＤＮＡ合成酵素に強くひかれた人がいたのである。学術雑誌『酵素学方法論』を主宰するレイ・ウーである。『ネイチャー』とか『サイエンス』は、どちらかというと科学技術速報誌という性格を帯びている。研究者の優先権を世間に知らせる意味をもつ。自分の研究データの細部にわたり遺漏なく伝えるには、むしろ専門学術誌の方がぴったりしている。『酵素学方法論』は全世界に届けられる。

マリスの論文は、一九八七年の一五五巻に、「ＤＮＡ合成酵素連鎖反応法（ＰＣＲ法）による特異的ＤＮＡ部分の試験管内合成」と題して掲載された。

この論文は遺伝子の解析に携わる人々の注目の的になった。染色体にのっているさまざまな遺伝子を探索する人々、病気の診断と治療、薬の開発に携わる人々はＰＣＲ法をすぐにでも取入れたいと思った。特に、証拠物件のＤＮＡ型鑑定に携わる法科学者は、どんなにわずかな証拠物件からでも、ＤＮＡ増幅によってＤＮＡ型を検出できるようになるのではないかと期待を大きくした。

この論文をきっかけに、DNA解析の世界はPCR法時代を迎えることになる。そして人々は、ワトソン・クリックの二重らせん構造の発見に勝るとも劣らない業績と称賛した。マリスは一九九二年には来日し、講演に奔走している。

マリスはこの年、自らノーベル賞受賞を決め込んでいた。「ほかにだれがいるのだろうか」。はかりしれない自信家でもあった。しかし駄目だった。

明けて一九九三年、大学時代の恩師が彼に話した。「今年は君かもしれないね」。冗談でもないようだった。カロリンスカ研究所によく通じている恩師のいうことに、マリスは内心で満足していた。恩師は同時にマリスに苦言を呈している。「だいたい、君は余計なことをしゃべり過ぎるようだね。ガールフレンドがいて、サーフィンが好きだ、まではいいが、LSDをやっているというようなことを人にしゃべらない方がいいよ」

一九九三年十月十三日、朝も早く電話が鳴った。マリスはまた時差を考えない日本人かと目をこすった。ノーベル財団からだった。「貴殿は一九九三年のノーベル医学生理学賞受賞者に決定されました」。受賞を受けるかどうかを確認されたマリスは、そのとき、受賞を辞退する者もいるのかと思ったそうである。彼は受賞することをはっきり伝えた。そして心の中で言った。「『ネイチャー』も『サイエンス』も、もう少しいい論文を探してみたら」

## 2　ＰＣＲ法を取入れたＤＮＡ型鑑定法の開発

ＰＣＲ法を証拠物件にいち早く取入れたのは当然のごとく、マリスの勤めるシータス社の研究員の面々である。特に、証拠物件のうちでも、犯罪捜査で出合うことの多い頭毛が、ＤＮＡ含量の少ない理由でＰＣＲ法の効果を検証する試料に選ばれた。頭毛は頭皮の中に埋まっている毛根部と、頭皮から生え出ている毛幹部とに分けられる。毛根部にはたくさんの細胞がついているので、すでに英国のジルがジェフリーズのＤＮＡ指紋を検出している。ところが、毛幹部からはＤＮＡ指紋を決して検出できなかったし、ＤＮＡ指紋法よりもいくぶん少ないＤＮＡ量で検出できるとされるシングルローカスＶＮＴＲＤＮＡ型も検出されなかった。頭毛の毛幹部の色や形状が容疑者にたどりつくのに役に立つこともある。もしそのうえに、毛幹部からＤＮＡ型を検出できれば容疑者を犯人とする有力な証拠になる。

シータス社の研究者は、以前からＨＬＡ抗原（ヒト白血球抗原）性の幅の広い個人差に注目していた。ＡＢＯ式血液型のＡやＢなどの抗原性をはるかにしのぐ大きな個人差である。ちなみに、ＨＬＡ抗原は一九五八年にフランスのドーセットが白血球ではじめて発見した。その抗原性を決める遺伝子が第六染色体にのっていることも明らかにされている。

シータス社の研究者は、ＨＬＡ抗原に現れる個人差から判断して、第六染色体にのるＨＬＡ遺伝子には高度の多型性があるものと目をつけた。早速、頭毛を試料としてＰＣＲ法を使って分析した。

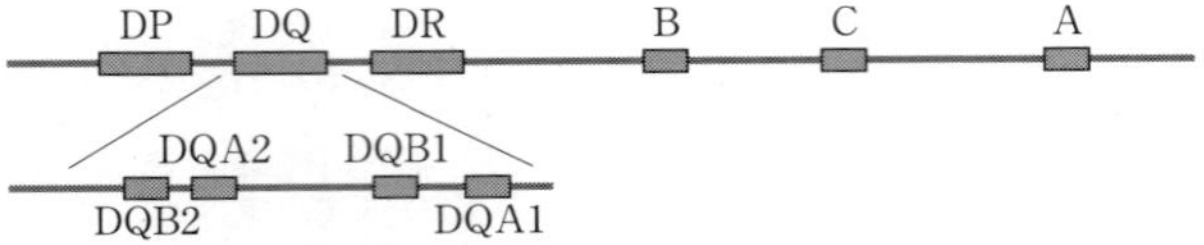


- HLA遺伝子領域はA, B, C, Dに分割され，D領域はさらにP, Q, Rの3座位に分割される
- DQ座位はさらに，A1, A2, B1, B2に分割される
- DQA1座位は高度の塩基配列多型を示す
- DQA1座位のアレル型は塩基配列の違いから1.1, 1.2, 1.3, 2, 3, 4.1, 4.2, 4.3の8種に分類される

図 5・2　第6染色体（小腕）に位置するHLA遺伝子

幸いこの時代には、ＨＬＡ遺伝子が第六染色体の上にどんな状況でのっているかが明らかにされていた。第六染色体の短腕に、エクソンが分割してのっている（図5・2参照）。そのうち、Ｄ領域部分のＨＬＡＤＱＡ１座位に位置する遺伝子に多型性が見られる。一ないし数個の塩基配列の違いから1、2、3、4の四種の型に分かれている。さらによく調べると、1型は1.1、1.2、1.3の三種の亜型に、4型も4.1、4.2、4.3の三つの亜型に分類できる。したがって、ＨＬＡＤＱＡ１座位のＤＮＡ型対立遺伝子は八種類となり、人を三十六通りに分類できる。ＡＢＯ式の四分類からすれば、かなり高い個人識別力が得られる。

一九八八年、シータス社のラッセル・ヒグチは、一本の頭毛からＨＬＡＤＱＡ１ＤＮＡ型の検出に成功したことを、『ネイチャー』誌に論文発表した。マリスがＰＣＲ法を発表した翌年に当たる。この論文の共著者として、カリフォルニア大学バークリー校、法科学センターのセンサバウフが名を連ねているが、どういうわけかマリスの名は見当たらない。

その内容を眺めてみよう。

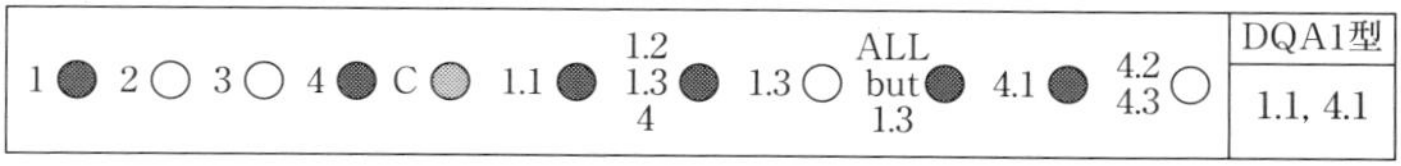


・ドットに固着しているプローブの塩基配列例
　1.1 型 - CGTAGAACTCCTCATCTCC
　4.1 型 - TGTTTGCCTGTTCTCAGAC
・C ドット：　規準ドット（コントロールドット）で，このドットが発色しないときは型判定は不能とする
・DQA1 座位の両端を挟む 2 種のプライマー（GH26, GH27）で PCR 増幅（変性 96 ℃，アニーリング 55 ℃，DNA 合成 72 ℃）して，DQA1 座位増幅断片を得る
・増幅した PCR 産物をストリップ上のプローブとハイブリダイズさせたのちに，その発色反応の有無を調べる
・紙片上にあらかじめ固定したプローブの上に DNA 断片を置くことから，リバース・ドット・ハイブリダイゼーション法ともよばれる
・4.2 と 4.3 のアレルは一まとめにしか判定できない．したがってアレルの数は 7 種類となる

図 5・3　HLA-DQA1 DNA 型判定用ドット・ハイブリダイゼーション・ストリップによる判定例

一〇センチメートルほどの頭毛を引き抜き毛根部と毛幹部に分けてDNAを抽出する。HLADQA1座位のエクソン部分を二種のオリゴヌクレオチド・プライマーでPCR増幅する。この増幅したDNAをDNADQA1DNA型判定用ストリップと反応させる。このストリップには、HLADQA1DNA型の1、2、3、4の型とその亜型を決めるプローブが丸いドット別に固定されている。もし、増幅DNAがこの各型のプローブの塩基配列と結合すると青く着色する仕組みになっているので、DNA型を肉眼で読みとれる（図5・3参照）。ただし、この判定用ストリップでは4.2と4.3のアレルは一つにして判定されるので、読みとれるアレルの数は七種となっている。

　ヒグチはこの方法を「ドット・ハイブリダイゼーション」と名づけた。

表 5・1　HLADQA1 DNA 型のアレル型出現頻度の比較†

| アレル型 | 白色米国人 | 日本人 |
|---|---|---|
| 1.1 | 0.158 | 0.084 |
| 1.2 | 0.190 | 0.118 |
| 1.3 | 0.073 | 0.236 |
| 2 | 0.145 | 0.006 |
| 3 | 0.192 | 0.444 |
| 4.1 | 0.214 | 0.073 |
| 4.2/4.3 | 0.028 | 0.039 |

†　米国人 200 人，日本人 90 人の調査［アプライド・バイオシステム社のシートより抜粋］

ヒグチはこの論文で、毛幹部からもはっきりとHLADQA1型が検出されることを立証した。そしてDNA指紋法では、壊れていないDNA数十マイクログラム（一マイクログラムは千分の一ミリグラム）を必要とし、VNTR法DNA型ではその数十分の一のDNA量で間に合うものの、そのような量のDNAを一本の頭毛毛幹部から抽出するのはとても不可能なことだと説明し、PCR法がきわめて微量のDNA量しか含まない証拠物件のDNA型検出にいかに有効であるかを強調した。

ちなみに、シータス社は数年ののちロッシュ社の傘下に入り、アプライド・バイオシステム社と名を変えた。そのときの、HLADQA1DNA型判定用キットマニュアルに掲げられた、白色米国人と日本人のHLADQA1DNA型のアレル頻度を表5・1に示した。

## 3　カサイのMCT118DNA型の開発

HLADQA1DNA型の検出法は世界中に広まった。しかし、検出結果の重要度に不満を唱える人も多くいた。このDNA型では対立遺伝子（アレル）の数は七個（1.1、1.2、1.3、2、3、4.1、4.2または4.3)で、人を二十八通りに分けることができるが、それだけで個人を特定するわけにもいかないと感じた人が多かった。

さらに、古くなった証拠物件からいつもＤＮＡ型が検出できるというわけにもいかない。それはＤＮＡ型の検出がプローブとのハイブリダイゼーションを利用しているからと考えられた。とにかく、壊れていない証拠物件でないと検出結果を見誤るおそれがあった。そのために、膜片上のドットに固定されたプローブにはコントロール（Ｃ）スポットが置かれ、すべてのアレル型を正しく読みとる監視役になっている。このＣスポットが発色しないときは、たとえ個々のアレル型が発色してもそれをアレル型として読みとってはいけないのである。しかし、監視役があまり厳格だと、正しく検出したものまでもすててしまうこともあり得るので、Ｃスポットが発色したとみなす着色の程度はほかのどのアレル型のものより低く抑えられている。

証拠物件にハイブリダイゼーション法を応用するのは、ＤＮＡ指紋法の場合と同じようにいろいろな面で検出技術に厳格性が必要とされ、検出結果に微妙な差が見込まれる。そして、ＨＬＡＤＱＡ１ＤＮＡ型の判定において、二人の人の証拠物件が混ざっている場合にはアレル1.2を確実に証明できないという欠点がある。このような欠点は、あとで述べる「逃亡者」のＤＮＡ型鑑定で現実に示されることになる。

わが国でも、ＨＬＡＤＱＡ１ＤＮＡ型が証拠物件のＤＮＡ型鑑定にしばらくの間利用された。しかし、個人識別力に限りのあることから、ＰＣＲ法という証拠物件にはまたとない強力な方法を前にして、もっと強力な個人の絞り込みと、より確実なＤＮＡ型鑑定法を求めて、研究が続けられた。

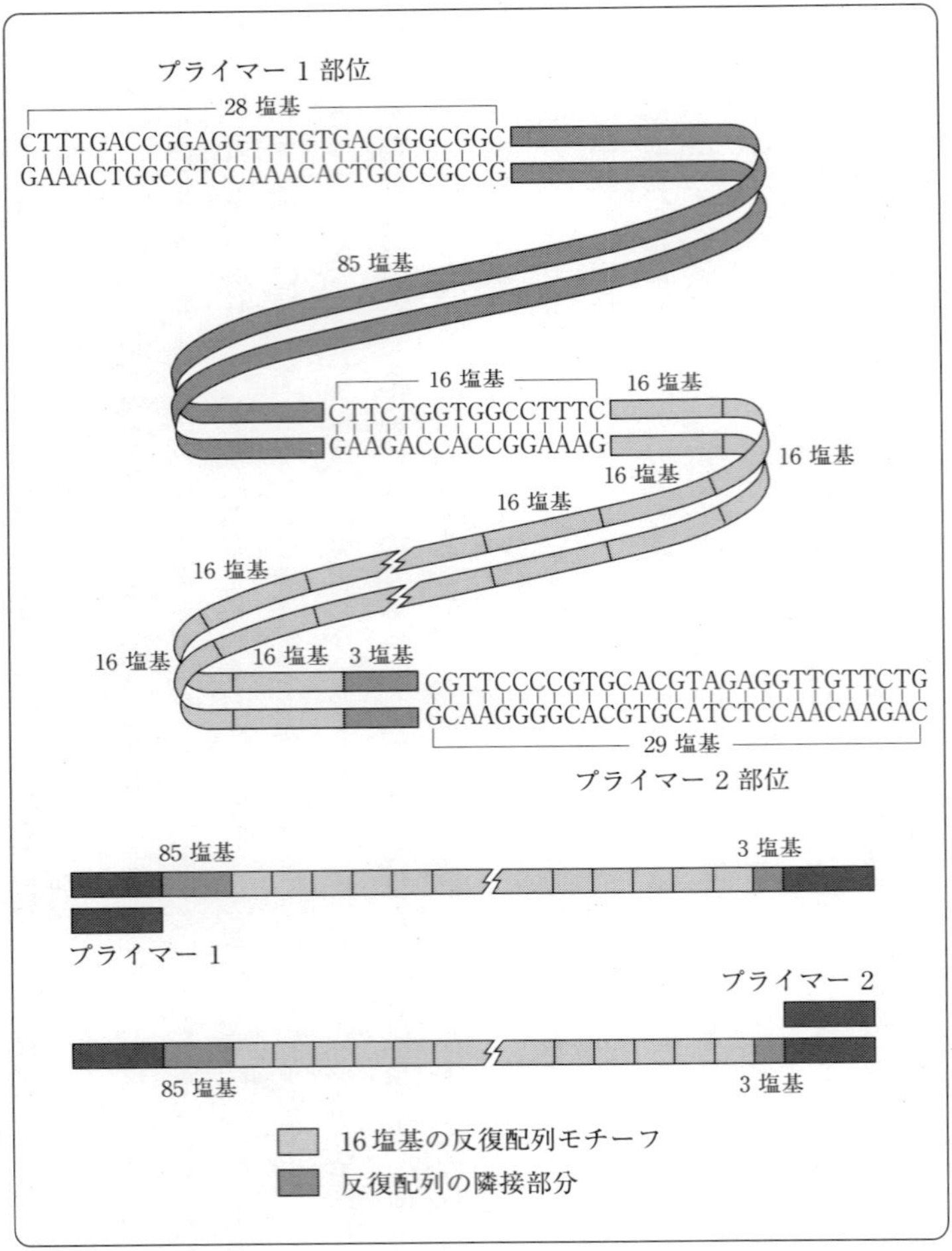


（例） 20 回反復型の塩基数 $= 28 + 85 + (16 \times 20) + 3 + 29 = 465$

図 5・4　MCT118 DNA 型反復配列模式

日本のカサイはホワイトが主宰するユタ大学の臨床科学センターで、数千、数万にも及ぶ試験管に込められたクローニング遺伝子の塩基配列を、助手のメアリー・カールソン（ＭＣ）と一緒に毎日分析にいそしんだ。ＤＮＡ型から、指紋とはいかないまでもなんとか個人の特定に役立つ部分を二十三対もある全染色体から選び出そうと懸命な努力を重ねていた。

つぎつぎに試験管を調べていくうちに、118・ＭＣとラベルされた試験管を手に取った。いつものように分析し、その塩基配列をしげしげと眺めた。ずいぶんと長い塩基配列だったが、なにやら規則性があるのに気づいた。ある部分から十六個の塩基配列を一単位として、それが何回も繰返している、十六個の塩基は繰返しＤＮＡのモチーフだ（図５・４参照）。それは第一染色体のものだった。彼はすでに、ＤＮＡ塩基配列の解析技術にたけていた。この反復配列を左右から挟む塩基配列の状況をしっかりとつかんだ。これらの両側の塩基配列と相補的に結合するオリゴヌクレオチドを合成すれば、反復配列を切取って何十万倍にも増やせる。プライマーによるＰＣＲ増幅である。そのプライマーは難なく合成された。左側は二十八個、右側は二十九個のオリゴヌクレオチドプライマーである。

彼は早速、多くの人々の試料を集めて、この第一染色体にのる、十六塩基をモチーフとして繰返すＤＮＡ反復配列の回数を調べた。それは、反復数のアレル探しである。彼はそのアレルがメンデルの法則にのっとって親から子にと受け継がれるものであってほしいと願っていた。

やがて、多くの人についての集団調査の結果が出た。モチーフの反復数は十回から四十回ぐらいまでにわたっていた。ぐらいという意味は、四十一回、四十二回のように四十回以上の回数も発見されているが、その出現頻度はあまり多くないので、四十回に一くくりにしたのである。彼は、アレルの数は十回から四十回までの三十一通りであることを見いだした。すなわち、人を四百九十六通りほどに分けられる。これまでのDNA型と比べて一種類のDNA型だけで飛躍的に高い個人識別精度を提供してくれる。そして、プライマー結合部分を込みにして計算しても、四十回繰返しの人でさえ、わずか千塩基ぐらいの長さにとどまる。破壊の起こりやすい証拠物件でも、検出部分の塩基配列が小さければ破壊を逃れる可能性が高いため、DNA型分析はPCR法の利用により十分に行いうると考えられた。

カサイのこの研究は、同じユタ大学でYNH24DNA型を発見したナカムラと、もちろんのことホワイトの協力によってなされている。彼はこの研究成果を一九九〇年、米国の『法科学ジャーナル』誌に論文発表した。彼を論文筆頭者に、二人の協力者が名を連ねている。

論文の中で、彼は自分の発見したDNA型を、MCT118DNA型と名づけている。MCはDNAを試験管内に調整した助手、メアリー・カールソンの名前から、T118はその試験管に付された番号118に由来している。早速、ホワイトの主宰するユタ大学、ハワード・ヒューズ医学研究所の遺伝子バンクに、D1S80部位と登録された。なお、この登録システムは、遺伝情報を担う遺伝子DNA（エクソン）と、遺伝情報を担わないが、特定の遺伝子探索の目印になる非遺伝子DNA（イントロン）の両方を含めて、世界のDNA分析研究者の情報共有に資するためにつくられた遺伝子登録システムである。登録はDNA配列を発見した人の自由な意志にゆだねられている。ちなみに、D1は第一染色体、S80は第一染色体について80番目の登録番号であることを示している。

この論文に書かれた内容はまたたくまに世界を駆け巡った。米国、FBIのバドールの反応はきわめて早かった。彼はカサイの論文の内容を細部にわたって検証した。証拠物件に対する有効性とアレルの人種別出現頻度を調べた。「アレル型の出現頻度に偏りはないだろうか。全体のアレルにわたって出現が見られるだろうか」。一年後にその検証結果が論文にまとめられ、一九九一年の『米国人類遺伝学ジャーナル』誌に発表された。その内容の一部をのぞいてみる。

血縁関係をもたない九十九人の白色人種のＭＣＴ118ＤＮＡ型を調べてみると、十六種類のアレル型が検出された。そして、ゲノタイプとして異型接合型（ヘテロタイプ）の人の数は八十一パーセントほどであった。バドールはこの論文をつぎのように締めくくった。

「これまでのＤＮＡ型鑑定法をしのぐほどに、ＰＣＲ法の効果が十分に生かされ、古い証拠物件にも対応できる。なによりも、アレル型が調査した人の全体に広くいきわたり、アレル型の出現頻度に大きな偏りはないことから、個人識別にたいへん適したものになっている。その精度も優れていることから、ＭＣＴ118ＤＮＡ型証拠の法廷における有効性が、これ単独の証拠だけでも高く評価されるものとの期待は大きい」

バドールの論文は、欧州、中国、韓国をはじめとする東南アジア諸国の法科学者が自国の住民の出現頻度を調べ始めるきっかけとなった。しばらくの間、世界の法科学国際雑誌の誌上は、ＭＣＴ118ＤＮＡ型の出現頻度データでにぎわった。

ＭＣＴ118ＤＮＡ型の開発は、ＰＣＲ法を応用した証拠物件ＤＮＡ型鑑定技術に、日本人がはじめて成し遂げた快挙となった。その証拠に、世界の法科学社会でカサイの論文が引用される回数が九〇年代の前半でトップになったことがあげられる。

しかし、ＭＣＴ118ＤＮＡ型は証拠物件のすべての万能薬にはならなかった。ＤＮＡ型鑑定法はさらに新しい進化を目指すことになる。

# 第六章　短鎖DNA型鑑定法の確立

## 1　短鎖DNA反復配列を求めて

科学はたいへんどん欲である。MCT118DNA型は確かにそれまでの鑑定法の弱点を補った。しかしMCT118DNA型の鑑定対象とされるDNA塩基配列は数百から千個ぐらいの塩基対範囲となっている。この塩基対サイズは、古くなった証拠物件のすべてに対応するという点でまだ大きすぎることがわかった。実際の証拠物件の鑑定事例でしばしばDNA型が検出されない経験に出合うことになる。幸い、PCR法によるDNA型鑑定では、DNAが壊れているとDNAの合成がその部分で進まずに止まってしまうために、DNA型が誤って検出されることをあまり心配する必要はない。とはいえ、証拠物件がDNAをもつほかの生物由来の何かで汚染された場合にはその限りでないのはもちろんである。このPCR法と証拠物件の汚染の問題はのちに触れることにする。

もし、証拠物件が経過年数や環境条件によりそのDNAを壊されるとして、大きなサイズのDNAが壊れても小さなサイズのDNAが壊されずにすむ可能性は高いはずである。そんなわけで、証拠物件のDNA型鑑定に利用できる小さい塩基対サイズのDNA、短鎖DNA配列の探索が始まることになった。

テキサス州ベイラー大学のエドワーズは長い間、個人の間に違いをみせる短い塩基配列を探しつづけていた。一九八七年にナカムラの提唱したVNTRに強い関心をもち、その短い配列の個人差の追求に拍車がかかった。一九九一年、彼はついに個人の違いをはっきりとみせるいくつかの短い塩基配列を発見した。それらは、二個または三個の塩基を繰返しの一単位、モチーフとするきわめて短い塩基配列である。彼はこのような配列を短鎖DNA（STR、Short Tandem Repeat）と名づけた。MCT118DNA型の場合のように、十数個の塩基をモチーフとして繰返すDNA配列をミニサテライトDNAとよび、短鎖DNAのようにわずか数個の塩基をモチーフに繰返すDNA配列をマイクロサテライトDNAというように分類している。

エドワーズはさまざまな短鎖DNAを探るうちに、第11染色体に位置するチロシン水酸化酵素（TH、tyrosine hydroxylase）をコードする遺伝子の第一イントロンの反復配列の多型性に行き当たった。AATGの四個の塩基をモチーフとして、人によって五回から十一回まで繰返す短鎖DNAである。アレル数が七であることから、人を二十八通りに分類することができる。個人を識別する力はMCT118DNA型にははるかに及ばないが、なによりも分析の標的となるDNAサイズが、プライマー結合部分を含めても百七十から二百十塩基対と非常に小さいため、破壊が見込まれるような証拠物件のDNA型鑑定にこの短鎖DNA型はまことに適している。この短鎖DNA型はTH01DNA型と名づけられ、これを機に世界の法科学研究所は短鎖DNA型の利用に向かって進むことになる。しかし、その個人識別力の弱さは、証拠物件DNA型鑑定にとって悩みの種でもある。古い証拠物件に対応できて、なお個人識別力を高める手立てを探る必要もあった。

## 2　短鎖DNA型マルチプレックスPCR増幅法の開発

TH01DNA型のほかにもさまざまな短鎖DNA型が発見され、それぞれ単独でDNA型鑑定に利用されるようになった。それらのいずれも、四塩基をモチーフとする短鎖DNAで、その個人識別力はどれもMCT118DNA型のそれに及ばない。しかし、いくつもの短鎖DNA型を組合わせて行うことができれば、個人識別力は格段に高まるとだれしもが考えるところである。

英国、法科学研究所のジルは短鎖DNA型が世に出てから、そのことをずっと考えていた。とりあえず彼の頭には、そのころすでに発見されていた第17番と第18番の短鎖DNA型とMCT118DNA型の三種類の短鎖DNA型がある。当所、第17番と第18番を一度に検出する方法を考えてみたが、個人識別力に優れるMCT118DNA型を捨て切れない。そこで、三種類のDNA型の部分をいっぺんに検出する検査試薬一式を考案した。それぞれの反復配列部分をPCR法で増幅する三種のプライマーを調整し、それによって一本の試験管の中で三種のDNA型部分を同時に増幅するのに成功した。さらに、第16番と、VNTR部分が二箇所に分かれて存在する第17番の三種の短鎖DNA型を一度に検出する検査試薬一式も同時に考案した。前者をトリプレックス1、後者をトリプレックス2と名づけ、あわせて六種の短鎖DNA型を検出できる「マルチプレックスPCR増幅法」として、一九九三年、『人類遺伝学』誌に論文発表した。その中で、複数のプライマーを混合して別々のDNA部分を同時に増幅する方法を、「マルチプレックス（Multiplex）PCR増幅法」と名づけた（表6・1参照）。

彼がマルチプレックスPCR増幅法で扱った六種の短鎖DNA型そのものは証拠物件DNA型鑑定に広く取入れられることはなかった。その理由はこの六種の短鎖DNA型の塩基対サイズが大きく、分解した証拠物件にいつも有効に使えるとは限らなかったからである。しかし、マルチプレックスPCR増幅法が可能であることを世に知らしめた功績は大きく、やがてそれは現在の証拠物件DNA型鑑定法の原点となった。

ジルはもっとサイズの小さな短鎖DNA型マルチプレックスPCR増幅法を追及した。そして、すぐに四種の短鎖DNA型を対象にしたマルチプレックスPCR増幅法を完成させた（表6・2参照）。六種のマルチプレックス式より、個人識別力の点で劣るものの、それらの塩基対サイズは一三五から二四〇と格段に小さく、分解DNAによく対応できると示唆された。その詳細は「短鎖DNA反復配列座位のマルチプレックスPCR増幅法」と題する論文に

表 6・1　6 VNTR座位マルチプレックスPCR増幅法

| 6 VNTR マルチプレックス | | 反復配列1単位の塩基対サイズ | アレル型数（個人分類数） | PCR増幅産物の塩基対サイズ範囲 | プライマー標識蛍光色素[†1] |
|---|---|---|---|---|---|
| トリプレックス1[†2] | D19S20 | 33 | 10（55） | 1000～3500 | TAMRA（黄） |
| | D17S5 | 70 | 19（190） | 170～1428 | FAM（青） |
| | D1S80 | 16 | 31（496） | 421～901 | JOE（緑） |
| トリプレックス2[†2] | D17S766 | 10 | 6（21） | 1300～1900 | 互いの塩基数が重ならないので使用していない |
| | D16S83 | 80 | 10（55） | 3000～4000 | |
| | D17S24 | 37 | 10（55） | 700～1300 | |

†1　TAMRA：carboxy-tetramethyl rhodamine, FAM：5-carboxy-fluorescein, JOE：6-carboxy-4′,5′-dichloro-6-carboxy fluorescein.

†2　1と2のトリプレックスを別々にPCR増幅し，それを合わせて6 VNTRマルチプレックスとした．トリプレックス1ではそれぞれの短鎖DNA型のアレルは色の違いで区別できる．

表 6・2　4種の短鎖DNA型マルチプレックスPCR増幅法

| 短鎖DNA型[†1] | 染色体 | アレル型(個数) | 個人分類数 | PCR増幅産物の塩基対サイズ | プライマー標識蛍光色素[†2] |
|---|---|---|---|---|---|
| vWA | 12 | 13～21　(9) | 45 | 135～169 | JOE（緑） |
| TH01 | 11 | 5～11　(7) | 28 | 152～180 | FAM（青） |
| 13A1 | 6 | 3.2～17（15) | 120 | 181～238 | JOE（緑） |
| FES | 15 | 8～14　(7) | 28 | 212～240 | FAM（青） |

†1　vWA：フォン・ヴィルブランド因子（von Willebrand factor）遺伝子．TH01：チロシン水酸化酵素(tyrosine hydroxylase)の遺伝子．13A1：血液凝固XIII因子の遺伝子．FES：猫（feline）の肉腫ウイルスに相同性のがん原遺伝子，いずれの短鎖DNA型もこれらの遺伝子の近くに位置する非遺伝子部分(イントロン)の4塩基を繰返しの1単位とする短鎖DNA型

†2　JOEとFAMの蛍光色の違いからvWAとTH01，13A1とFESのそれぞれの短鎖DNA型を区別できる．

表 6・3　PM DNA型に含まれる各DNA型の名称とその特徴

| DNA型 | S | LDLR[†1] | GYPA[†2] | HBGG[†3] | D7S8[†4] | GC[†5] |
|---|---|---|---|---|---|---|
| 染色体 | 6 | 19 | 4 | 11 | 7 | 4 |
| PCR増幅産物の塩基対サイズ | 240 | 214 | 190 | 172 | 151 | 138 |
| アレル型[†6] | | A, B | A, B | A, B, C | A, B | A, B, C |

†1　LDLR：低密度リポタンパク質受容体（low density lipoprotein receptor)のタンパク質を指令する遺伝子．第19染色体に位置する．

†2　GYPA：第4染色体に位置するグリコホリンA(glycophorin A)を指令する遺伝子．

†3　HBGG：第11染色体に位置するヘモグロビンGガンマグロビン(hemoglobin G gammaglobin）を指令する遺伝子．

†4　D7S8：第7染色体登録8号に位置する塩基配列．

†5　GC：第4染色体に位置するグループ・スペシフィク・コンポーネント（group specific component）を指令する遺伝子．GCは肝臓でつくられる糖タンパク質でビタミンDと結合するタンパク質．型特異的要素ともよばれる．

†6　これらの遺伝子DNA型はD7S8を除き，遺伝子部(エクソン部)にみられる塩基配列の違いで，A型とB型，あるいはA型，B型，C型に分けられる．

まとめられ、一九九三年のコールド・スプリング・ハーバー研究所が刊行する『PCR法とその応用』誌に発表された。

一方、HLADQA1DNA型をPCR法とドット・ハイブリダイゼーション法で検出するキットを世界に先駆けて販売したシータス社は、どうしてもドット・ハイブリダイゼーション法を捨てきれなかった。短鎖DNAであれば証拠物件のDNA型鑑定の目的にかなうはずだと思いつづけた。HLADQA1DNA型の個人識別力を補うことを目的に、一九九三年十二月に五種の短鎖DNA型をPCR増幅法とドット・ハイブリダイゼーション法で検出するキットをポリマーカーキット(PMDNA型キット)として世に出した(表6・3参照)。

このDNA型判定用キットには、HLADQA1DNA型とともに五種のPCR増幅用試薬が含まれている。ただし、HLADQA1DNA型のスポットはSと表記され、それはほかの短鎖DNA型を判定するための規準となっているだけなので、HLADQA1DNA型そのもののアレル型を読みとるわけにはいかない。もし必要があれば、HLADQA1DNA型判定用ストリップを使うことになる。HLADQA1DNA型判定部分の塩基対サイズは二百四十塩基対で、ほかの五種の塩基対サイズより大きくなっている。いちばん大きいスポットが着色すれば、それよりも小さな

| アレル | 塩基配列多型 |
|---|---|
| A | AATTGCCTGATGCCACCCAAGGAACTGGCA |
| B | ――――――――――――――――――――C―――――――――― |
| C | ――――――――――G―――――――――C―――――――――― |

図 6・1　PM DNA 型のうち GC 型の塩基配列多型(A, B, C 型)

塩基対サイズをもつDNAが壊れていないに違いないからである。このPMDNA型キットは、塩基配列多型を検出することでDNA型を決める。ちなみに、このキットに含まれている一つのGC型について、その塩基配列の違いを図6・1に示した。PMDNA型はD7S8部位を除いてすべてエクソン部を分析の対象にしている。

個々の座位のアレルはA型とB型、あるいはA型、B型、C型のそれぞれ二種か三種しかないので一つの座位のDNA型だけで個人を分類するとなるときわめて大ざっぱでしかない。しかし、五種のPMDNA型にHLADQA1DNA型を加えることによって数十万人に一人ぐらいまでに絞り込むことが期待できる。PMDNA型もHLADQA1DNA型のどちらも、PCR増幅法で増幅の標的となるDNA塩基対サイズが二百三十以下という非常に小さいことが魅力となって、証拠物件のDNA型鑑定で世界的に使われることになる。PMDNA型のアレル型頻度を表6・4に、型判定の一例を図6・2に示した。

FBIのバドールはこのキットが販売されるとすぐに証拠物件に対する有効性を検証した。彼は血痕や精液はん痕だけでなく、

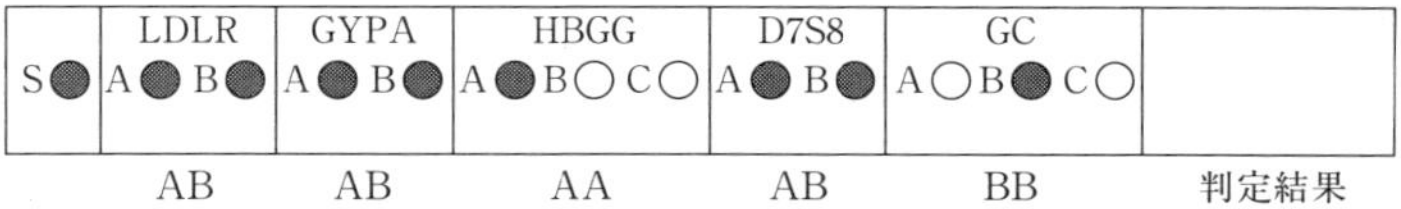


・ハーデイ・ワイベルグによる組合わせ出現頻度推定（日本人として）
2 ×（0.202 × 0.798）× 2（0.517 × 0.483）×（0.331 × 0.331）×
2（0.612 × 0.388）×（0.471 × 0.471）＝ 0.0018
556人中の1人の一致の重要度になる
・アレル型頻度として 表6・4に示した日本人における頻度で算出した

図6・2　ドット・ハイブリダイゼーション法によるPM DNA型の判定

表 6・4 PM DNA 型の対立遺伝子(アレル)型頻度(白色米国人と日本人の比較)

| | | 白色米国人 | 日本人 |
|---|---|---|---|
| LDLR | A | 0.448 | 0.202 |
| | B | 0.552 | 0.798 |
| GYPA | A | 0.530 | 0.517 |
| | B | 0.470 | 0.483 |
| HBGG | A | 0.537 | 0.331 |
| | B | 0.450 | 0.669 |
| | C | 0.013 | 0.000 † |
| D7S8 | A | 0.610 | 0.612 |
| | B | 0.390 | 0.388 |
| GC | A | 0.275 | 0.287 |
| | B | 0.178 | 0.471 |
| | C | 0.547 | 0.242 |

† HBGG の C 型は日本人にいまだ見いだされていない.

頭毛や骨のようなＤＮＡ量が少ないうえに抽出しにくい組織を検証試料として使った。それらの試料からすべてのＰＭＤＮＡ型が検出された。さらに、タバコの吸い殻や切手の裏面、封筒のフラッグなどのようなだ液が少しつくかもしれないような試料についても検証してみた。これらの試料についても十分な有効性を確認した。その検証成績をまとめて一九九五年一月に、米国の『法科学ジャーナル』誌に発表した。

ＨＬＡＤＱＡ１型とＰＭＤＮＡ型を合わせて使う方法は、世界の国々の証拠物件ＤＮＡ型鑑定の場に定着するかに見えた。しかし、前者はＳドット、後者はＣドットという、ともに標準、規準ドットの着色度合がＤＮＡ型判定の障害になること、両方とも特異プローブとのドット・ハイブリダイゼーション法によることからいつも確実な検出が可能とはいかないため、さらに新しいＤＮＡ型鑑定法が求められることになる。なによりも個人識別力が特定の人を断定できるほどのかつ、いつも安定した検出を約束する証拠物件ＤＮＡ型鑑定法を探索する努力が続くのである。しかしそのような技術戦略が完成する前の数年間に、ＤＮＡ型鑑定技術について、その科学的合理性もさることながら、証拠物件の取扱いという鑑定技術そのものにかかわらない問題にわたって法廷の論戦が起こることになる。

# 第七章　真説「逃亡者」——ドクター・シェパード妻殺害事件

## 1　事件の夜

米国オハイオ州、五大湖の一つエリー湖を真正面に望むクリーブランド州ベイビレッジの高台にドクター・サム・シェパードはしょうしゃな邸宅を構えている。妻マリリンと長男サム・リースとの三人家族は、水上スキーを余暇に楽しむことのできるこの地の環境に満足していた。

一九五四年七月三日の土曜日、妻マリリンは近所の親しい家族を招いて、週末の晩さん会を計画した。親戚以上の付き合いをしているホウク夫妻とアヘレン夫妻を招いての晩さん会である。今日は土曜日でもあるし、夫の早い帰宅を待ちわびていたが、なかなか帰宅しない。らつ腕の外科医としてだれもが認めるドクター・サムには緊急の外科手術はいつものことである。妻との、晩さんの準備を手助けする約束にたがえて、午後六時ごろ帰宅した。午前中には老人の脳血栓除去手術、午後には石材で押しつぶされた大腿骨の手術と土曜日にしては文字どおり疲労困ぱいの一日だった。

遅い晩さん会が開かれた。いつになく多めのアルコールと、昼間の疲労とが重なったためか、ドクター・サムは居間に据えられている階段下のデイベッドで、着替えもせずに寝入った。夜十時ごろ、ホウクとアヘレンの両夫妻はマリリンにだけあいさつをして帰途に就いた。息子のサムはその少し前に二階の寝室に入っている。マリリンは深く寝入った夫に毛布をかけ、そっと二階の寝室に入った。

「サム、サム」。突然のかなきり声に、ドクター・サムは反射的に目を覚ました。もともと、けいれん持ちの妻ではあるが、叫び声が異常である。とっさに階段をかけ上り薄暗い寝室に飛び込んでベッドに近づこうとした瞬間に、首の後ろあたりを強く打たれた。何回打たれたかはわからないが、その場に倒れ伏した。どれぐらいの時間たったのであろうか、気を取り戻してベッドに近寄った。一瞬、自分の目を疑うほどの光景を見た。いまだデイベッド上の自分がなにか悪夢にうなされているのかとも錯覚した。血の海といっていいくらいに朱に染まったベッド上に、マリリンが両足をベッド後方の縦の桟の間からはみ出させ、床面にだらりと下げるような格好であおむけになっている。特に、頭部の出血はおびただしく、その下のシーツは真っ赤に染まっている。本能的に左の頸部を探ったが拍動に触れなかった。反射的に息子サムの寝室に突っ走ったが、サムはいつものとおりなんのこともないように寝入っていた。すぐに、妻のいる寝室に戻ろうとしたとき、階下の居間の方から何かの物音が耳に入った。飛び降りるように階段を走ったとき、居間から脱兎のごとくベランダに通じるフロントドアに向かって走る男の姿を見た。

　ドクター・サムは、フロントドアからベランダに、そして湖に向かうレイクロードに、と追いかけた。しかし、レイクロードあたりで男を見失った。とにかく、湖岸の砂浜まで降りたところ、全く運よくその男に出くわし、猛然と飛びかかった。まるで、ラグビーのタックルそのもののように。昼間の疲労、晩さんのアルコール、受けたばかりの頸部への殴打、どれもドクター・サムが相手を組み伏せるには悪条件であった。

下半身に感じた水の冷たさにわれに返り、ドクター・サムは自宅の方角に首の後ろあたりを押さえながら急ぎ歩きだした。彼は男との格闘に打ち負かされ湖岸に倒れていたのである。自宅にたどりついてすぐに、昨晩の客、ホウクに電話した。到着したホウクは、サムが首を押さえながら指さす二階の寝室に入り惨状を目の当たりにした。ホウクはすぐにベイビレッジの警察と、近所に住む、ともに医師である長兄のリチャードと次兄のスティーブとに連絡した。駆け付けたリチャードは惨状を見てからすぐさまサムに尋ねた。「サム、お前がやったのか」。そう尋ねるにはわけがあった。同じクリーブランドの高校の同級生で、ともに秀才で美男、美女のサムとマリリンは、サムがロサンゼルスの医科大学に進学してから三年目に学生結婚した夫婦である。長男サムができてから、この夫婦の仲がしっくりいってないうわさを兄は聞き知っていた。

## 2　ＣＳＩ——犯罪現場捜査

ベイビレッジ警察のドレンカン捜査官はドクター・サムに状況を尋ねた。どうみても外部から強制的に押し入った形跡が見当たらない。ただ、サムのズボンの右ひざから下の方に淡い色をした血液らしいものが付いていることだけは見逃していない。それ以上、犯罪現場捜査（ＣＳＩ、Crime Scene Investigation）を進めずに、ひたすらゲーバーの到着を待った。ゲーバーはアイオワ州カイアホーガー郡の検死局の検死官である。ドレンカンはゲーバーの教えを受けている捜査官である。

ゲーバーは午前九時ごろにようやく到着した。カイアホーガー検死局の優秀な女性法科学者コーワンを同道していた。

ゲーバーは直ちに、死体の直腸内温度、硬直や死はんの部位と程度、角膜の混濁の度合いなどを調べた。頭頂部を触診して頭蓋骨板が砕けていると判断した。まぶたが青黒くはれあがり、鼻の骨も折れている。肩、腕、手首にも打撲傷が観察された。ゲーバーは特に、左側の額の部分に三日月形(crescentic)をした四個の深い傷に注目した。「犯行に使用した凶器の形状を映しだしているはずだ」と考えた。ここまで調べて、死体の死後経過時間を四―五時間、死因は強く争った上での鈍器による損傷によるものと推測した。

コーワン女史は法科学者らしく、ベッドシーツ、枕カバー、クローゼット、床などから血痕を採取した。枕カバーに付いた血痕の形状を見逃さなかった。ハの字に似た形である。ゲーバーにそのことを耳打ちすると、彼は推測した。「左側の額部の損傷の形状によく似ている。凶器は二股部分のある凶器、たとえば外科手術に使う重さのある外科ばさみだろう」。ドクター・サムはこのときすっかり犯人となっていた。

コーワンはほかにもいくつかの、重要な証拠を収集している。ベッドシーツ上から、二個のかけた歯とおぼしきもの、それに赤い塗膜片にも似た数個の小さな粒子状物などである。コーワンからそのことを聞くと、ゲーバーは死体の口を開けて調べようとしたが、死後硬直が強くてうまく開けられない。あとの検死解剖で調べられるだろうとその場ではそれ以上調べなかった。死体の状況から、性的暴行も考えに入れて、膣スワブも採取された。

つぎにコーワンは、犯行の場から続く血の道の血痕を追った。二階から一階への階段、居間、そしてフロントドアからベランダにと。血の道のすべての血痕の大きさはほぼ同じだった。階段には踏み板と、一部ではあるが蹴込《けこ》み（ライザー）にも血痕が付いていた。ふつうは蹴込みに血が付かないはずだが、この現場捜査でそこまで考える余裕はなかったようである。一階から地下に降りる三段目の踏み板にも血痕があった。「地下室で犯人は血を洗い流そうとしたのだろうか」

## 3　ドクター・サムへの疑惑

コーワンは血痕のABO式血液型を検査した。ちなみに、マリリンはO型、ドクター・サムはA型である。犯行現場の血痕はO型とA型であり、サムを犯人に結びつけるのに矛盾はない。凶行の場からレイクロードに至る血の道に残された血痕はO型である。マリリンの血液型はO型なので、凶器に着いた血液が犯人がもつ凶器から滴下したものとしてなんの矛盾もないようだった。ゲーバーは、これでサム犯人説は微動だにしないと確信した。凶器は外科用ばさみと決めてかかっていたのである。

新聞やテレビはサム犯人説でにぎわった。一つ一つ証拠物件をたぐる暇もないようだった。ただ一つ、ゲーバーが凶器と血の道だけに頼る犯人仮説だけが一人歩きしていた。それに拍車をかけたのはサムとマリリンの仲たがい説をまことしやかに報じたメディア情報だった。

ところで、クリーブランド警察は、当時の米国では珍しく精鋭の科学捜査隊を擁していた。犯行の日から二十日たってようやく、クリーブランド警察のドンブロウスキー科学捜査官が現場捜査を実施した。コーワンの検査したあとの血の道を改めてベンジジン法やルミノール法で追った。CSIではなによりも重要な指紋や足跡の発見と検出に努力した。すでに踏み荒らされたといってよい犯行現場には、捜査官などの指紋や足紋も多く、これぞ犯人といえるものにたどりつくことはなかった。ただ一つだけ、犯人の外部侵入説を裏付けるかもしれない証拠を手にした。地下室から一階の居間に通じるドアの鍵穴のまわりに工具痕が刻まれているのを発見したのである。外の庭からこの地下室には自由に入れるように鍵はかけられていなかったが、地下室から階段を上って居間に通じるドアにはいつも鍵がかけられているのである。「おそらく、犯人は外から自由に出入りできる地下室から、居間に通じるドアをこじ開けて侵入したのだろう」と、ＣＳＩに専心する科学捜査官ドンブロウスキーは推測した。彼は早速、プラスティシンとよぶシリコンラバーに似た転写材でその痕跡を写し取った。のちのち、犯人が使用した工具が発見されたときには、その工具と現場の痕跡との紋様が一致するかどうかを決める証拠になるはずである。

## 4　有罪評決に

事件発生の日から三週間あまりたった七月二十九日、ドクター・サムを妻殺害の容疑で起訴するかどうかを決める検死官陪審が開かれた。ちなみに、この検死官陪審(Corner's Jury)という制度は司法制度の枠外にあって、検死官が独自に他殺か否かを決定したり、容疑者を起訴したりすることのできる制度である。陪審という名を使うものの、検死官の独専的判断にまかされることが多く、だれが見ても容疑者の殺害行為であることがはっきりしている場合にしか使われない制度である。ゲーバーの検死官としての権力は全米に知れ渡っている。彼だからこそ検死官陪審制を使うことができたのであろう。そして、コーワンの血の道のＡＢＯ式血液型の検査結果や、マリリンが受けた損傷が外科用ばさみによるものであるとの二つを有力な証拠に見立て、ドクター・サムは妻マリリンの殺害容疑で起訴された。このとき、ベッドシーツ上で採取された二個の歯のかけらに似たもの、赤い粒子状物、それに地下室から一階に入るドアの工具痕跡などの証拠はゲーバーの判断材料に入っていなかった。

翌日の七月三十日午前十時、二台の車がサムが身を潜める両親の家に到着した。

手錠のサムは仮面のごとく無言で捜査官に従った。息子サムと両親はぼう然と立ちつくすだけだった。人々の「人殺し」と投げかける声を背に車に乗り、市庁舎内にしつらえられた監獄に向かった。

オハイオ州第一審裁判所である上級裁判所は検死官陪審の起訴決定に至る経過を読み通してから、その決定に不満をもらした。「どうも状況証拠に過ぎるきらいがあり、もう少し物的証拠に基づく判断がなされていなければならない」。このままでは予備審問制度にかけねばならないと判断した。

ここで改めて、米国の裁判制度に触れてみる。米国では司法に一般市民が参加する陪審制度(Jury System）を採用している。この制度は、大陪審制度と小陪審制度に分かれていて、前者は容疑者を起訴するかどうかを決める起訴陪審、後者は審理陪審ともよばれ、裁判上問題になっている犯罪事実について審理する場ということになる。事実審理にあたるこの小陪審で容疑者の有罪か無罪かの評決（Verdict）がなされ、裁判官が量刑を宣告する。

ところで、予備審問制度は大陪審と同じように起訴陪審の一つで、多くの事件をより迅速に処理するために設けられた制度である。この予備審問では市民から選出される大陪審にかわって、判事が物的証拠や証人の証言証拠を基にして、検察側や弁護側双方の主張をよく聞いたうえで、容疑者を起訴するかどうかを決定する。大陪審では弁護側の反証を許さないが、この予備審問では容疑者を含めて弁護側の意見も十分に主張することができる。陪審員の判断を仰がないかわりに、公開で行われることになっている。

ドクター・サムは予備審問を決定したオハイオ州の上級裁判所に感謝し、さまざまな証拠が吟味されることを期待した。しかし、新しい証拠が出ることはなかった。歯のかけら、赤い粒子状物、工具痕跡などの証拠はみんな無視された。この予備審問に携わった判事トーマスは検察側に伝えた。「これでは検死陪審を上まわる証拠審理は何もない。あまりにも状況証拠に過ぎるではないか。もう少し、物的証拠を収集して吟味してからでないと、とても容疑者サムを起訴するわけにはいかない」。八月十六日、判事はドクター・サムに保釈金を課して釈放するよう裁決した。

メディアは保釈を強く非難し、トーマス自身にいやがらせの封書が送りつけられるなど周囲の騒がしさの中で検察側は改めて大陪審の開廷を強く要求した。大陪審はどちらかというと、訴追機関の要求がそのまま認められることが多く、容疑者に反証の権利もない。二十三名の陪審員からなるこの大陪審は、世論に追されるように開廷され、改めて起訴が確定された。ちなみに、大陪審裁判での評決は過半数の陪審員の合意によってなされる。

いよいよ事実審である小陪審が開かれた。陪審員は十二名であり、評決は陪審員全員の合意によらなければならない。陪審員の予断や偏見を抜きにすれば、判断の大部分は証拠物件や証人の証言に頼ることになる。物的証拠は相も変わらずに予備審問や大陪審のときと同じように終始した。しかし、検察側は小陪審の事実審理に向けて、それら物的証拠のすべてを合理的と陪審員に判断させるような状況証拠を準備していた。検察はもっぱらドクター・サムの女性関係に執着した。二十四歳のスーザン・ヘイワーズというサムが勤める病院の女性検査技師の証人出廷をようやくとりつけた。サムとは特別の関係にあった女性である。サムとヘイワーズとの関係はタブロイド紙のまさに好餌となった。陪審員は「妻マリリンとの関係がうまくいかなくなったうえでの、それも酒を飲んだうえでの突発的な犯行である」とすべて納得した。有罪を評決し、量刑は第二級殺人罪による終身刑であった。検察側は情状酌量の余地のない第一級殺人による死刑を求めたが、判事は情状にいくぶん酌量の余地があるとして第二級殺人が相当とみなした。ドクター・サムはクリーブランド監獄の独房の人となった。

## 5　証拠の再吟味、ポール・カークの登場

サムの弁護士のコリガンはどうしようもない焦燥感に駆られていた。「犯してもいない殺人罪で終身刑になるとは。サムの無罪を立証する証拠がどうして無視されたのだろうか」。彼はいまある人物の名を頭にしていた。カリフォルニア大学、バークリー校のポール・カークという法科学者である。シャーロック・ホームズの国、英国に先を越された法科学をいまや英国をしのぐほどに米国で大成させた人物である。人は彼を「法科学の父」とよんでいる。

ドクター・サムの有罪評決から一カ月後、一九五五年一月二十日にコリガンはサムの兄、スティーブとともにバークリー校のカークを訪れた。スティーブは弟の名誉ももちろんであるが、医師一家と

してのシェパード家の名誉も回復することを強く願っていた。それには事情もあった。サムの有罪が決まった二週間あとに母親はピストル自殺、その一週間後には父が胃がんのため死亡した。苦悩の末の両親の死であった。

コリガンとスティーブは証拠をもう一度吟味してほしいとカークに懇願したが、カークはかたく拒絶した。ひとたび有罪となった刑事裁判を控訴することの難しさはだれもがよく知っている。しかし、たび重なる熱意にほだされて条件づきでひき受けることにした。「証拠を洗い直してもドクター・サムの犯行を否定することにならないかもしれない。それでもよければひき受けましょう」。カークには一つ気がかりなことがあった。カーク自身は全世界に名だたる法科学者である。それにしてもゲーバーは、検死官の分を越える権力志向おう盛な人でもある。ゲーバーの担当した事件に自分が出る。ゲーバーの尊大さから、自分に敵対してくるのはよくわかっていた。それにもかかわらず、カークはひき受けることにした。ただ、カークはコリガンに注文をつけた。「事実審理に出されなかった証拠物件を含めて、すべての証拠物件とその採取記録を集めてほしい」と。当然の要求であった。

コリガンの努力により、やがて証拠物件とその記録が集まった。クリーブランド警察やカイアホーガー検死局で収集したものも含んでいる。カークは再吟味を開始した。いくつかを並べてみる。

**凶行現場の血痕**　どちらかというとベッドわきの壁の真ん中から下の方に血痕が密集している。よく見ると、一部に血痕の付着のない空白に抜けている部分がある。それは犯人の体が血液の飛散をさえぎったのであろう。どうやら犯人はマリリンの左側に立って凶器を振るったに違いない。推測するに凶器を左手にもってフォアハンドで打撃したであろう。血痕の位置が低い方に密集しているからである。もし、凶器を右手にもって打撃すると、ふつうは肩口よりも高く振り上げるかっこうのバックハンドにならざるを得なくなる。そのとき、凶器から飛散する血液はもっと上方に血痕をつくるはずである。壁の血痕には珍しい形状をしたものも見える。大きな血痕の中に小さい血痕が混ざったようなものだ。大きな方は凶器から飛び散ったというよりは、凶器を振り上げる手や腕のどこかに出血するような傷ができて、そこから飛び散ったものでないだろうか。

**血の道の血痕**　犯行の場からレイクロードに続く血痕はどれもほぼ同じ大きさである。もし犯行に使用した凶器から垂れ落ちたものとすれば、そんなに長い道のりに血痕ができないはずだ。そして、血痕の大きさは進行方向に向かって小さくなる。ほとんど全部の血痕が同じ大きさであることは、犯人がどこかにけがをしてその傷口から出血していたことが推測される。犯人は開放性出血を起こす損傷を受けている。

**三日月形の損傷**　マリリンの左側額部の三日月形の損傷は二股のはさみようのものではなく、円形の縁をもつやや重さのある円筒形物体で打撃されたために生じたものと推測した。この推測は、シーツ上で採取された赤い粒子状物の化学分析結果で補強された。それは、分光学的検査から赤色のラッカーとわかった。このラッカーを塗った工業用懐中電灯は市中に広く出まわっている。

**枕カバー上の凶器の形状を推定させる血痕形状**　カバーのしわにより二股状に見えたと思われる。

**歯のかけらようのもの二片**　それらは上顎の左と右の中切歯の断片である。マリリンの口には凶器で強く打撃された傷は見られない。おそらく、犯人は口をふさごうと強く手を押し当てた。マリリンは激しく抵抗した。そして、犯人の手の指をかんだ。歯が食い込むほどの力が加わった。犯人は痛さに耐えかねて指を引き戻す。そのとき歯が割れた。犯人は指に大きな損傷を受けて出血した。

**階段の血痕**　階段の血痕は踏み板だけでなく縦板の蹴込みにも付いている。凶器からの血液落下であれば、踏み板だけに残されるだろうが、蹴込みに付いているのは傷む手を振りながら階下に降りたためかもしれないと推測した。

**地下室から一階の居間に通じるドアの工具痕**　金属性の工具による工具痕と見てよく、犯人の強制的侵入行為を強く疑わせている。それがどんな工具であるかを断定できないが先端の幅が五ミリメートルほどの、たとえばドライバーのようなものが考えられる。

カークは三カ月ほどかかって証拠の再吟味結果を五十六ページの報告書にまとめて、一九五五年の三月六日に宣誓供述書を添えてコリガンに提出した。ちなみに、宣誓供述書は本人が予断、偏見なく純正に作成したことを宣言する声明書と言える。州の裁判組織では最高裁判所に当たる上訴裁判所に報告書が持ち込まれた。しかし、判事ブリシンは五月十日、再審申請を却下した。

カークは報告書を読んだゲーバーから執ような仕打ちを受けた。ゲーバーは「大学生のレポートにも及ばない」と判事に伝えた。さらに、カークが受けている政府の補助金を打切ったり、全米法科学会の評議員の席をはずすなどの仕打ちがなされた。ゲーバーの上院の選挙にも打って出るほどの権勢は周りの人を完全に掌握していたのである。

## 6　完全無実に向けて

一九六六年、シカゴの新聞記者、ポール・ホムズは『シェパード殺人事件』と題する著書を出版した。その著書のサブタイトルは「名目だけの裁判」（Mockery of Justice）となっている。この出版をきっかけに、シェパード再審の声が大きくなった。一九六一年にコリガンは死去している。法科大学を卒業して二年しかたっていない若い弁護士ベイリーはコリガンに傾倒して、再審への道を探った。彼はドクター・サムの無罪ももちろんのこと、真犯人はだれかを再審のテーマにしている。ベイリーは、あのボストン絞殺魔デサルボを逮捕した経験をもつ、かつては天才的捜査官とうたわれたチューニィから何かと協力を受けている。カークの報告書をじっくり読み返し、チューニィの智恵をも頼りとして八方に手をつくす中で再審の道が開かれるところまでこぎつけた。ひとたび、上訴裁判所で却下された再審請求は、いま世論の幅広い声に押されるように認められた。陪審員長は評決文をはっきりと読みあげた。「ノット、ギルティ」。廷内に「博士は放免だ」との歓呼の声があがったといわれる。そのとき、ベイリーは世論の気まぐれと不確かさを感じていたようである。このとき、息子サムは十八歳になっていた。

息子サムは無罪放免を喜ばないわけではないが、なんとなくふっきれない気持もあった。ところで、ドクター・サムが無罪になってからの生活は、仮借容赦のない世間の仕打ちの中で悲惨なものとなった。アルコール中毒がもとで急性出血性脳症となり、一九七〇年四月六日、四十六歳で死亡した。

息子サムは無罪と無実に強くこだわった。「父の名誉のためにどうしても完全無実を証明したい」。ベイリーは彼の気持ちをよく理解した。カークの報告書とチューニィの捜査力を頼りにドクター・サムの無罪放免後も内偵を継続した。それは真犯人探しを意味している。

チューニィは「犯人かもしれない人物を見つけた」とベイリーに告げた。殺人罪で収監中のエバーリングという男である。一九五四年の事件当時、シェパード家の掃除人として働いていた。エバーリングの収監は一九八九年に犯した新しく雇われた家での家主殺害の罪によっている。ベイリーは飛びあがらんばかりに喜んだ。シェパード家にかかわりをもつ男の出現にあわただしく動いた。しかし、もう刑事裁判に付するのは無理である。民事裁判しかない。そんなとき、息子サムとベイリーに協力する人物が現れた。アムセックの弁護士ギルバートである。ちなみに、アムセックは一九八〇年に創設されたアメリカ秘密情報会社（ＡＭＳＥＣ、American Secret Service Corporation）で、危機管理体制構築、免罪救援などを業とする会社である。ここに、ベイリーとギルバートの二人の弁護士の結束が生まれ、一九九六年二月二十二日民事法廷が開催された。民事法廷といっても、真犯人を探し出す刑事法廷に近いものとなる。

開廷前に、ベイリーとギルバートは検察官マリノとともにニューヨーク市立大学のデ・フォレスト教授を訪れた。彼はカークのまな弟子である。どういうわけか、彼の手元に凶行の現場であるシェパード家の地下室から一階に上る階段の血痕の付いた踏み板が保管されている。そして、二人の弁護士はエバーリングの血液を刑務所の許可を得て採取済みである。いまや、法科学の世界にＤＮＡ型鑑定法がいきわたっている。もうこれで、真犯人がエバーリングかどうかはっきりするものと思った。

デ・フォレストはＤＮＡ型鑑定人として、インディアナポリス法科学研究所のタヒールを推薦した。

タヒールは保管してあったマリリンの血液、現場の壁、ベランダの床板、地下室への階段及び被害者の体内から採取した膣スワブを鑑定物件として受け取った。この鑑定にはどうしてもドクター・サム自身に由来の物件を必要とする。許可を得て、サムの墓所を開け、すでに固まっている血液が入手された。タヒールは、おそらく自分の得意とする鑑定法であったからであろうＨＬＡＤＱＡ１ＤＮＡ型を鑑定法にした。

一九九七年一月、タヒールはＤＮＡ型鑑定結果を裁判所に提出した。マリリンは1.1と1.3、サムは1.2と1.3のともにヘテロタイプである。エバーリングは4.1だけをもつホモタイプであった。犯人にたどりつく鍵となる膣スワブから、ジルが開発した膣液、精液二段階抽出法により、膣液区分では1.1と1.3、精液区分では4.1というように検出された。膣液の型はまさにマリリン自身と一致し、精液区分はエバーリングの4.1に一致したのである。ほかの証拠物件では、ベランダの床板の血痕からは4.1、地下階段の踏み板の血痕からは1.1、2、3、4.1の四種のアレル型が検出された（図7・1参照）。

検察官マリノはエバーリングを真犯人とする証拠に対して反対尋問の立場に立った。民事裁判では、刑事裁判と違って攻守ところをかえるように映ることがよくあるようだ。

マリノはタヒールに穏やかに質問した。「アレル4.1のホモタイプの人は千人中に三人ぐらいの出現頻度ですので、膣スワブの精液区分が4.1のホモタイプとしても、それが必ずしもエバーリングから由来するものと断定できませんね」。しごく、単純な質問だったが、それはほんの入口に過ぎなかった。

マリノは続けた。「ベランダの床板の血痕から4.1型を検出したとされていますが、判定用ストリップのCドットに着色が見えませんね。使用説明書にはCドットに着色がないとき、個々のアレル型に着色があっても、その型を型として読まないように注意書きがありますね」

タヒールが答えた。「使用説明書についてはまさにそのとおりです。しかし、私の経験では証拠物件がきわめて古くなるとそのような事例に出合うことを知っています。もともと、このCドットはほかの特定のアレル型の着色よりも薄く着色するように仕組まれています」

タヒールの経験則だけに基づく説明に、マリノは納得しないようにみえた。そして、さらに続けて尋ねた。

「地下階段の踏み板の血痕からは4.1と同時に1.1、2、3などさまざまな

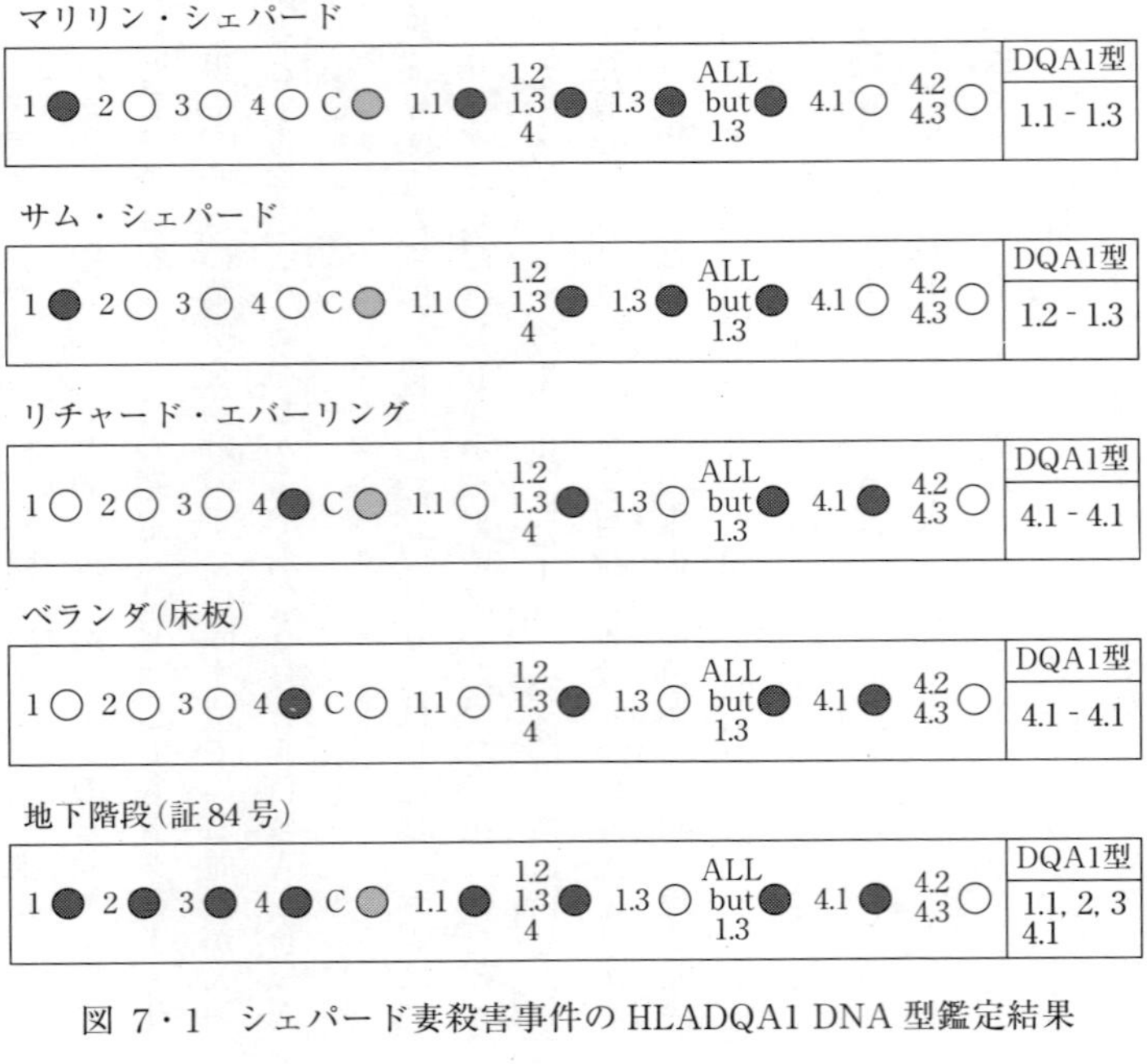


図 7・1　シェパード妻殺害事件の HLADQA1 DNA 型鑑定結果

アレル型が検出されていますね。この結果をどのように解釈したらよろしいですか」

「まず、この踏み板からも4.1のアレルが検出されていると解釈してさしつかえないと思います。ほかの三つのアレル型は階段の踏み板が長期にわたる保管中に生じた汚染によるかもしれません。私にもそれがどんな種類の汚染かはわかりません」

マリノは壁の血痕のＤＮＡ型鑑定結果（図７・２参照）を示し尋ねた。

「壁の血痕から被害者マリリンの1.1と1.3、エバーリングの4.1の両方の型が検出できたとしていますね。しかし、二人以上の血液が混ざると、この判定用ストリップ上でアレル1.2型のある、なしを確実にいえないような方式になっていますね。そうすると、ドクター・サムに由来する1.2が壁の血痕にないとは断言できませんね。もしあると読み取ればドクター・サムの1.2と1.3の血液が壁に飛散したことになりますね」

「ご指摘の点についてはまさにそのとおりです。しかし、本件では4.1がはっきり検出されたことを重く評価して、1.2を含まないものと解釈しました。証拠物件の全体を通して、4.1がどこからも検出されているのは事実です。アレル4.1のホモタイプの人物がこの犯行に関与しているのに違いないものと思っています」

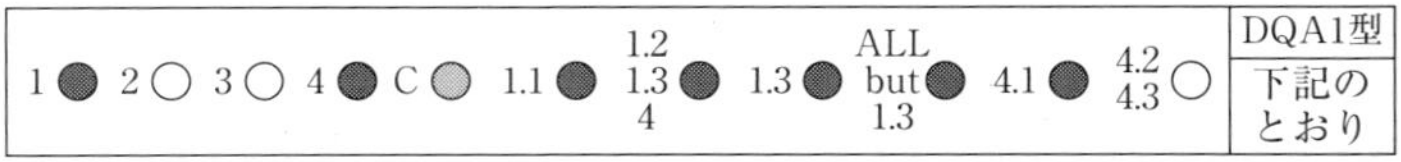


・DQA1型：1.1，1.2，1.3，4.1 の４種のアレル型，または 1.1，1.3，4.1 の３種のアレル型

・1.2・1.3・4型と 1.3型の両方が発色しているので 1.2型のある，なしを独立してよみとれない．したがって，シェパード妻（1.1 - 1.3型）とドクターサム（1.2 - 1.3型）との混合血と考えることもできる

図７・２　シェパード妻殺害事件の壁の血痕の HLADQA1 DNA 型鑑定

マリノの検察官の立場を超えるほどの技術的質問に、ベイリーとギルバートは心から敬服したようだ。しかし、さまざまな証拠物件からエバーリングのアレル4.1型が検出されたことにより、真犯人にたどりつく前夜を迎えたと思った。しかし、タヒールの鑑定結果がエバーリングを真犯人と決めつけるには、マリノの尋問でわかるように合理的な疑問がないわけでない。エバーリングの法廷内尋問をどうしても実現したい。そんな矢先、一九八八年の秋に事態は急転回した。エバーリングが心臓麻痺がもとで獄中で死亡した。チューニィの内偵で、エバーリングがシェパード家で働いていたとき、マリリンによこしまな感情を抱いていたことも明かされていた。しかし、彼の自供の機会は完全になくなった。オハイオ州の新聞は、シェパード家に押し入った強盗はマリリンに性的暴行を加えたのち殺害し、二階にかけ上ったドクター・サムを殴打して逃げたというような記事を載せた。息子サムは父の完全無実が証明されることを最後まで願っていたが、DNA型鑑定証拠が完ぺきとまではいかなかったにせよ、父の「無実」を人々に伝えてくれたことに感謝した。

この事件をデ・フォレストの回想で締めくくってみる。「すさまじく凶暴な行為（furious rampage）にさらされた師カークは、いま自身の証拠分析にさぞかし満足しているでしょう。彼が亡くなる一九七〇年ごろまでゲーバーの彼に対する制裁はやみませんでした。しかしいま、カークは死後の勝利を自分の手にしっかりとつかんでいます」。毎年の全米法科学学会では、発表される研究論文から優秀研究論文を選考し、それに「ポール・カーク学術賞」が授与されている。FBIはもとより全米の法科学研究者は彼の薫陶を多かれ少なかれ受けているはずである。そして、法科学の父としてはもちろん、CSIの父としても世界の法科学者にその名が行き渡っているのである。

# 第八章　広がるＰＣＲ法の活躍

## １　ウンターベルガーの連続売春婦殺害事件

一九九〇年九月十四日の深夜、プラハ中央駅に近いバーツラフ広場に、いつものとおり一人の女性が立っている。翌日の朝早く、プラハ警察に連絡が入った。郊外の掘り割りに女性の死体が浮かんでいるとのことだった。

死体を引き上げてみると、靴下だけを着けた女性の死体だった。ボコバという売春婦だった。検死したところ、幅広の布で頸部を圧迫したと思われる索溝が頸正中部から後方にと走っている。まぎれもない絞殺死体だ。殺人にたどりつけそうな遺留証拠物件は何一つ見つからなかった。目撃者の証言に頼るしかない。

この事件の発生から一月とたたないうちに、今度はウィーンの街中のあちこちで、一日か二日おきに、七人の女性が殺害されるという事件が発生した。被害者は二十九歳から三十九歳までにわたっていた。警察の捜査から、プラハでの事件を含めて、被害者のすべてが街の売春婦ということだった。目撃者を探しあぐねていたプラハ警察もこの事件に注目し、ウィーン警察との広域合同捜査体制に入った。プラハとウィーンでの殺害方法はよく似ている。被害者の着衣の何かで絞殺している。なによりも、被害者がすべて売春婦であることに犯人の性格が隠されているようにもみえた。

プラハの事件では、検死解剖の結果、絞殺は被害者のブラジャーによってなされたと報告された。この報告にはあるコメントが添えられた。「あまり本件とは関係ないと思いますが、一つ付け加えます。十七年も前に、ウンターベルガーという当時二十四歳の男が十八歳のシェイファーという女性を誘拐してブラジャーで絞殺するという事件のあったことです。このとき、ウンターベルガーは裁判で有罪となり、終身刑を宣告されています。ところで彼は、服役中に著書『煉獄《れんごく》（ポーガトリー）』を刊行し、これが読者の絶賛を博すことになりました」。ちなみに煉獄とはカトリック教で天国と地獄の間にある、死者の霊魂が天国に入る前に火によってその罪をぬぐい落とすところを意味している。彼は、書物の刊行と服役中の態度が良好であったこと、さらに世論の後押しで一九八八年に釈放されている。

プラハとウィーンの合同捜査本部は念のため、ウンターベルガーの前歴を詳しく探った。一九六六年から一九七三年にわたって十件を上回る強姦事件に関与していた。だからといって、彼を犯人と決めつけるものは何もない。ただ、絞殺にブラジャーを使ったという点で似ているだけだった。目撃者も出ることなくその年が過ぎた。もちろん、ウンターベルガーから目を離すことはない。

一九九一年六月、彼が動いた。ウィーンからロサンゼルスに。そして、立て続けに三人の女性が殺害される事件が起こった。またもや、三人ともブラジャーで絞殺されている。それに、三人とも売春婦である。まるで彼の赴くところはどこでも売春婦が殺害されると教えているようである。しかし、どこの場所でも目撃者はいない。

プラハ、ウィーン、さらにロサンゼルスで合計十一名もの売春婦を殺害し、殺害方法はブラジャーによる絞殺というように犯行形態はよく一致している。ウィーン警察は米国バージニア州クァンティコのＦＢＩ法科学研究・教育センターに捜査官を派遣した。ここでは、連続殺人事件の同一犯人を追求する捜査プログラムであるＶＩＣＡＰ（The Violent Criminal Apprehension Program）を完成し、捜査戦略として実用化している。連続殺人犯の手口の一つ一つを分類してファイルにまとめ、そこから犯人を絞り込んだり、運がよければ特定犯人にたどりつく戦略だが、今回はどうしてもこれが効を奏することはなかった。

プラハ警察のたゆみない捜査活動は一本の頭の毛にたどりついた。バーツラフ広場に立つボコバを誘い入れたかもしれないＢＭＷのセダンがスクラップ工場で発見された。台帳を何枚もめくるうちにウンターベルガーの名を探し当てた末のＢＭＷだった。捜査官は工場の主人に案内され、車内をくまなく探した。助手席のカバー上に数本の頭毛を発見し、採取した。検死解剖時に採取した血液と頭毛とともに、このＢＭＷ助手席の頭毛をスイスのチューリッヒにある法科学研究所に送った。チューリッヒの法科学研究所は毛髪鑑定の技術でヨーロッパ随一とみなされていたからだった。この研究所のホルブレンナーは、毛髪や繊維の鑑定に早くから顕微分光光度計やガスクロマトグラフィーを取入れ、さまざまな暴力・殺人事件の解決に貢献してきた。

彼は被害者のボコバとＢＭＷの助手席の頭毛とをまず肉眼的に、光学顕微鏡学的に調べた。両方とも強く波状に湾曲した形状で、太さ五〇から六〇マイクロメートル（一マイクロメートルは一ミリメートルの千分の一）だった。色調は両方とも、やや明るい黄茶色でよく似ている。それらを顕微分光光度計で測定してみると、両方とも吸収された可視光線の波長はぴったり一致した。これまでの検査の範囲内で、両方の頭毛が同じ人に由来すると結論できる。さらに、ＢＭＷからの頭毛一本のＡＢＯ式血液型を調べた。Ｂ型である。それは、被害者のボコバと一致していた。

ここまで鑑定が進んでから、彼はＤＮＡ型鑑定の必要性を強く感じた。残念ながらこのとき、チューリッヒの法科学研究所では、この真新しい技術を手にしてはいなかった。

プラハ警察からの頭毛は、チューリッヒの法科学研究所からベルン大学のホフマイスターのもとに転送された。彼は、頭毛、たばこの吸い殻、封筒のフラッグ、切手の裏面などに付くだ液からのＰＣＲ法によるＤＮＡ型検出を研究していた。たまたま自分の技術を実戦に生かす絶好の機会に恵まれた。彼はＰＭＤＮＡ型検出を行った。ボコバの頭毛とＢＭＷの頭毛のＰＭＤＮＡ型の鑑定結果は完全に一致した。各ゲノタイプの白色人種における出現頻度を乗積法則に基づいて掛け合わせると、ボコバとＢＭＷのそれぞれの頭毛との一致の重要度は一万人に五人となる。なおこれに両方のＡＢＯ式血液型がＢ型であることを加味すると、二万人に

| | LDLR | GYPA | HBGG | D7S8 | GC |
|---|---|---|---|---|---|
| S ● | A ● B ● | A ● B ○ | A ○ B ● C ○ | A ● B ○ | A ● B ● C ○ |

・被害者の頭毛とBMW 車内の頭毛との PM DNA 型は上図のように一致した
・一致の重要度：
AB(0.49) × AA(0.25) × BB (0.20) × AA(0.34) × AB(0.06)
＝0.0005(１万人中５人)
(　)の出現頻度は白色人種の調査から出されている

図 8・1　ウンターベルガー連続女性殺人事件のPM DNA 型鑑定

一人ということになる（図8・1参照）。

ＢＭＷの車内からの頭毛の発見をきっかけに合同捜査本部は重要容疑者ウンターベルガーの逮捕にこぎつけた。そして、犯罪の全容が明かされた。

一九九四年六月二十四日午後九時、オーストリアの刑事裁判所で陪審員は有罪を評決した。ちなみに、遺体の身元確認のなされた九件について有罪とされた。量刑は終身刑である。翌朝の四時ごろ、看守は独房にぶら下がるウンターベルガーの硬直した身体を見た。自分の靴ひもを輪にして縊死《いし》を図った。いっときも早く煉獄に急いだようにみえた。

## 2　世界貿易センタービル爆破事件

一九九三年二月二十六日の金曜日、マンハッタンにそびえるツィン・タワー、世界貿易センタービルの地下駐車場は突然の爆発で、一瞬のうちに文字どおりの修羅場と化した。地下五階までの駐車場がめちゃくちゃに破壊された。一見して五、六十メートルにも及ぶ大きな穴があいているようである。鉄筋があめの棒をねじったようにゆがみ、コンクリートの塊が内臓の鉄骨をあらわにして垂れ下がる。すでに六人の死亡者が確認された。どうやら千人を超す人々が負傷しているに違いない。爆発の直後、電気系統は途絶え、エレベーターに閉じ込められたまま意識を失い、ひん死の状態におかれている人も多い。ビル内に働く数千人の人々は煙の立ち込める真っ暗な階段をえんえんと降りた。原因はわからない。だれもが、おそらくガス爆発だろうと思っていた。

FBIは緊急出動をかけた。犯罪科学研究所の爆発現場捜査隊が真っ先に現場に駆けつけた。爆発の起点位置を探り出すのが第一の役目だ。爆心から遠ざかるに従って破壊の程度は弱まるという基本原則どおりに捜索を進める。そして爆心ポイントを探りあてた。そこは地下駐車場の中であった。いちばん破壊の激しい黄色のフォード・バンはほとんどもとの姿をとどめていなかった。四方、八方に破片が飛び散っている。捜査官は車輌の認識番号を探した。その刻印を消し去るのがこの種の爆破犯罪者のいつものやり口である。無駄と知りつつ探した。案に相違してはっきりした認識番号を発見した。捜査官は番号を追った。ニュージャージー州のライダー・トラック・レンタル会社にたどりついた。黄色のフォード・エコーライン・バンがその番号で登録されていた。

テロリズム犯罪では、だれかが犯行声明をメディアに送りつけることが多い。事件が発生して五日たった三月一日、ニューヨーク・タイムズに犯行声明を記した封書が届いた。米国がイスラエルに政治的、経済的、軍事的てこ入れをし続けることに対する報復であるというような内容である。

捜査はレンタル会社からバンを借り受けた人物を探ることに集中した。その人物は、バンが盗まれたとわざわざ申告にやってきた。事情聴取もそこそこに逮捕された。FBIはその人物の名を知ってかじめ手にしていた。テロリズム犯罪に対するプロアクティブ捜査（先行捜査）によって、その名前をあらかじめ手にしていた。テロリストとしてはずいぶんと軽率な振舞いであった。四百ドルほどのレンタル保証金を戻してもらうために、わざわざ営業所にやってきたのだという。捜査官は「この四百ドルを惜しむ男がまさかイスラエル問題にかかわるテロリストか」と一瞬、疑った。しかし、彼の供述は確かに自分たちのアジトを教えるものであった。

急襲により四人が拘束された。部屋の中は爆弾工場そのものである。壁と天井はひどく腐食している。さまざまな化学薬品、外科用マスクなどからみてまぎれもなく爆発物製造室である。彼らが別に借りていた倉庫代わりの部屋から、硝酸、尿素、水素のボンベが押収された。爆発現場から爆発物ＡＮＦＯ（Ammonium Nitrate in Fuel Oil）が検出されている。硝酸アンモニウムをガソリンに浸してつくる爆発物である。彼らは爆発物製造の嫌疑を強く否定した。

声明文の封書は彼らの容疑を決定的にする重要な証拠となった。筆跡を探った。筆跡で人物が割れるほどのへまをやらかすことはなかった。もしかしたら、封書のフラッグか切手の裏に不用意にだ液を残してはいないか。封書に自分の指紋を付けてはならないことぐらいだれもが知っているが、当時としては、犯人のだれもがＤＮＡ型鑑定にまで頭はまわっていない。「とにかく分析にかけてみよう」。ＦＢＩの研究室は慎重にＤＮＡを

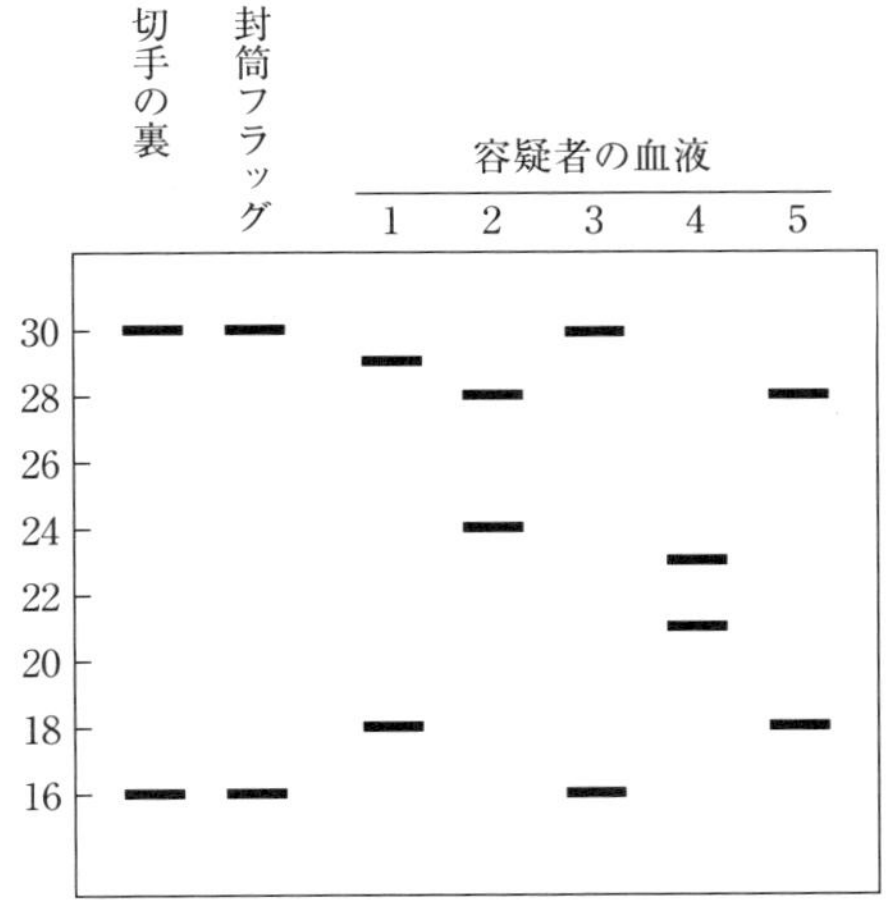


・容疑者の１人(3)は，切手と封書フラッグに残されただ液痕跡のDNA型と一致した(16－30型)

図８・２　世界貿易センタービル爆破事件のMCT118 DNA型鑑定

封書のフラッグと切手の裏面から抽出してみた。ＤＮＡは微量ではあったがはっきりと抽出された。あとはＰＣＲ法で増幅した。個人を分類する数の多いカサイのＭＣＴ118ＤＮＡ型一つに絞って検出することにした。五人の容疑者からも血液が採取された。

すべての証拠資料のＤＮＡ増幅断片を同じ一枚の電気泳動板上で分析した。全く同じ分析条件で得られるＤＮＡバンドの大きさを比べる必要があるからである。

切手の裏面と手紙のフラッグからのＭＣＴ118型はともに一六―三〇型で一致していた。五人の容疑者のうちの一人は、この型と全く同じであった。（図８・２参照）。この五人にまつわるさまざまな状況証拠とこのＭＣＴ118ＤＮＡ型鑑定結果とを合わせて、恐るべきテロリズム犯罪の犯人にたどりついたのである。

# 第九章　DNA型鑑定証拠は何も語らなかった
## ——O・J・シンプソン事件

### 1　血の海

ロサンゼルスの高級住宅街のブレントウッド、今日も愛犬を散歩に連れ出したアンディは途中で見なれた犬と出くわした。午後十一時を少し過ぎたころである。飼い主のいないのを見てけげんに思った。近寄ってみると二ブロック離れたニコールの家の愛犬ケートであった。ケートは自分の家の方向に向かってほえたてた。一向に立ち去る気配がない。電灯の下で見ると尾や腹の下の方が赤くなっている。よく見ると前と後の両足が肉球から上の方にかけて赤くなっている。不吉な予感がした。隣人のボズテプ夫妻に事情を話してケートをニコールの家に連れていくように頼んだ。夫妻はロサンゼルス、バンデイ・ドラブ八七五番地のニコール・ブラウンの家に着いた。ケートは再び激しくほえたてた。声をかけてみたが応答がない。門扉には施錠がない。屋敷の中に入った。玄関の前にせい惨な光景が広がっていた。一九九四年六月十二日の日曜日を少し過ぎた十三日午前零時十分ごろであった。

ロサンゼルス市警は通報後十分ぐらいでこの現場に到着した。

屋敷の入り口にある金属製の門から玄関にかけては、三十センチメートル四方の敷石を組合わせた歩道になっている。幅二メートルほどの五段の階段が歩道と玄関をつないでいる。遺体は、その家の女主人、三十五歳のニコールに違いなかった。歩道から玄関入口に続く階段の初段目の踏み板に平行に沿うようにうつぶせに倒れている。左半身を下にして両足を折り曲げている。捜査官はまるで胎内に宿る子のようだと感じた。

ニコールは黒のカクテルドレスを身に着けていた。おびただしい量の血液が階段の踏み板や歩道の敷石を地図状に赤く染めている。頸部から流れ出た血液によるものであった。外の道路に続く敷石に血の道がはっきりとしている。愛犬ケートの肉球が踏み入った跡が点々としている。捜査官は周囲を探った。そしてもう一人の遺体を発見した。歩道わきの鉄さくに沿った植え込みにもたれかかっていた。身長は百七、八十センチメートルぐらいの白人である。長そでのセーターは広い範囲にわたって血に染まっている。ひどい出血量とすぐに判断できた。ジーンズ、ソックス、ブーツなども血まみれである。首、顔、頭、両手におびただしい数の刺し傷がある。犯人と激しく争ったことを示していた。血の海といってよいほどの惨状であった。

捜査官はニコールの事件当日の行動を追った。ニコールは六月十二日の日曜日午後三時に、娘のダンスリサイタルに合わせて近くの高等学校に出向いた。夕方、近所のレストランに身内を招いて夕食会を開いた。夕食会は午後八時ごろまで続いた。子供と一緒に家に着いたのは午後九時三十分ごろである。十分ぐらいして、母親から「レストランに眼鏡を忘れた」と、電話がかかった。ニコールはレストランに電話した。眼鏡はすぐに見つかり、二十八歳のウエーター、ロナルド・ゴールドマンが閉店後に届けるとのことであった。彼はニコールがシンプソン（オレンサル・ジェームス・シンプソン、通常O・J・シンプソン）と離婚してからきわめて親しくしている友人であった。捜査官は男の遺体の近くで眼鏡入りの封筒を収集したことからゴールドマンに違いないと思った。

事件現場に急行した四人の捜査官のうち、バナターとファーマンは死体の状況を見てから午前四時ごろ、ニコールの家から三キロメートルほど離れたシンプソン邸に車を走らせた。ほんの五、六分の道のりである。

シンプソンは不在であった。ロサンゼルス発午後十一時四十五分の便でシカゴに向かっていた。「逃走か」。バナターとファーマンは「シンプソンが犯人」と直感した。

殺人事件の遺体は真っ先に検死調査を受けるべきことを捜査官はよく知っている。この事件では、検視官の調べが午前十時ころと大幅に遅れた。なぜか捜査官の検死局への依頼が遅れたためであった。遺体がいつ死亡したかをできるだけ正確に知るには、検死は早ければ早いほどよい。そうすれば、体温の降下、死後硬直、死はんの状況などからかなり正確に死亡の時刻を推定できるはずである。結局、二人の死亡時刻は六月十二日の午後九時ごろから十三日の午前一時ごろまでと大ざっぱな推定となった。死体の解剖はそれよりも三十時間も遅れることになる。この現場の死体検死やそれに続く解剖の遅れは、捜査官のCSI活動の不手際を突かれる原因の一つになった。

ところで、シンプソンの乗った深夜便は六月十三日午前五時三十四分にシカゴに到着した。実は十二日の十一時十五分に、自家用リムジンで空港に向かったことを運転手パークが証言している。シカゴのホテルにチェックインすると間もなくロサンゼルス市警から電話が入り、ニコールの殺害を知らされた。シンプソンはすぐにロサンゼルスに引き返し、ブレントウッドの自宅に直行した。バナター捜査官は手錠で彼を迎え、拘束したが、急を聞いてかけつけていた彼の弁護士の抗議でその手錠はすぐに解かれた。だが、そのままロサンゼルス市警本部に連行され、三時間にわたって聴取された。そのとき、彼の中指に切り傷があった。「ホテルのバスルームにいるときに市警の電話を受け、ニコールの殺害の知らせに動転して割ったコップで傷ついた」と話した。シンプソンは自分だけで移動するときはフォード・ブロンコを使っている。その外壁と車内の両方から血痕が発見されたことや、シンプソンの家の中からも血痕が発見されていることを捜査官にたたみかけられた。シンプソンは、「それなら俺の血液を調べてみたら」と、応酬した。

シンプソンは夕方には自宅に戻り、詰めかけた大勢の友人に、警察は自分を犯人扱いにしていると、憤りをあらわにした。

しかし、警察はシンプソンの行動状況と手のけがを見て彼しか犯人がいないとの直感を変えることはなかった。いまは証拠物件を一つ一つつないでその直感を合理的な確信にまで高めなければならない。そのためには、犯罪の現場やシンプソンの周辺からくまなく証拠を収集しなければならない。

## 2 集められた証拠物件

事件の現場とシンプソン邸から警察が収集した証拠物件は三十四点ほどに達した。そのほとんどはロサンゼルス市警のバナターとその部下のファーマンの二人により収集されたものだった。それらのうちの主要なものを並べてみる。

・道路からニコール宅の玄関にいたる通路上の四箇所の血痕
・ニコール宅から裏門を経て車庫に続く私道上の一箇所の血痕
・ニコール宅の裏門の扉の三つの血痕
・ニコールの遺体のそばにあった左手用の手袋。血痕と数本の毛髪が付着している。
・ゴールドマンの遺体のそばにあった青いニットの帽子。十二本の毛髪が付着している。
・ゴールドマンのシャツに付着していた数本の毛髪。
・シンプソン邸の裏庭から右手用の手袋。血痕と七本の毛髪が付着。
・シンプソン邸の車庫に続く私道、邸内の玄関、主浴室に血痕がそれぞれ二個、一個、数個。
・シンプソン邸の寝室ベットの足もとの血の付いた靴下。
・犯行現場の足跡（履物痕跡）数個。
・フォード・ブロンコの車内の五箇所の血痕と血液足跡（履物痕跡）の一部。

以上の証拠物件は事件発生の六月十三日から十四日の初動CSI活動で採取されたが、これより遅れて発見されたとして、つぎのようなものが証拠物件に加えられた。

・ニコール宅の裏門の扉の三箇所の血痕。大きいもの一個、小さいもの二個（七月三日発見）。
・フォード・ブロンコの車内で新たに見つけられた三つの血痕（八月二十六日発見）。

「血痕をたどっていくと、ニコールとゴールドマンの殺害現場からフォード・ブロンコ、シンプソンの家の寝室まで、一本の糸でつながっている」と、バナターとファーマン捜査官は確信した。

## 3　DNA型鑑定

全米研究協議会(NRC)がDNA型鑑定における判定基準のガイドラインをまとめたのは一九九二年のことだった。その中で、証拠物件のDNA型鑑定では、証拠量が許すかぎりなるべく二つの機関が別々に実施した上で鑑定結果を提出すべきことを勧告した。そんなこともあって、この殺人事件に関する証拠物件のDNA型鑑定はまず、ロサンゼルス市警法科学研究所に持ち込まれたが、そのあとで、カリフォルニア州司法省法科学研究センターとメリーランド州の民間研究所セルマーク・ダイアグノスティックスの二つの機関も鑑定にあたった。

最初に鑑定にあたったのはロサンゼルス市警法科学研究所のヤマウチである。道路からニコール宅の玄関に続く通路上で採取した四箇所の血痕について、はじめにABO式血液型と酵素型を調べた。酵素型についてはFBIのバドールが開発したばかりの新しいホスホグルコムターゼ(PGM1)酵素型の亜型の分析法を応用し(図9・1参照)、さらに、エステラーゼD(EsD)酵素型をも加えて、証拠物件の細分類化に努めている。もっとも、DNA型鑑定に先駆けてABO式血液型や酵素型を調べることで、証拠物件の古さや何人分かが混ざっているかどうかをあらかじめ知ることができるので、たいていの法科学者はこのようなやり方を常としている。PGM1酵素型の結果は、玄関に続く通路上の四個の血痕はいずれも(2−2+)型でシンプソンと同じである(表9・1参照)。ほかの人の血液が混ざらないシンプソンだけに由来する血痕と推測された。

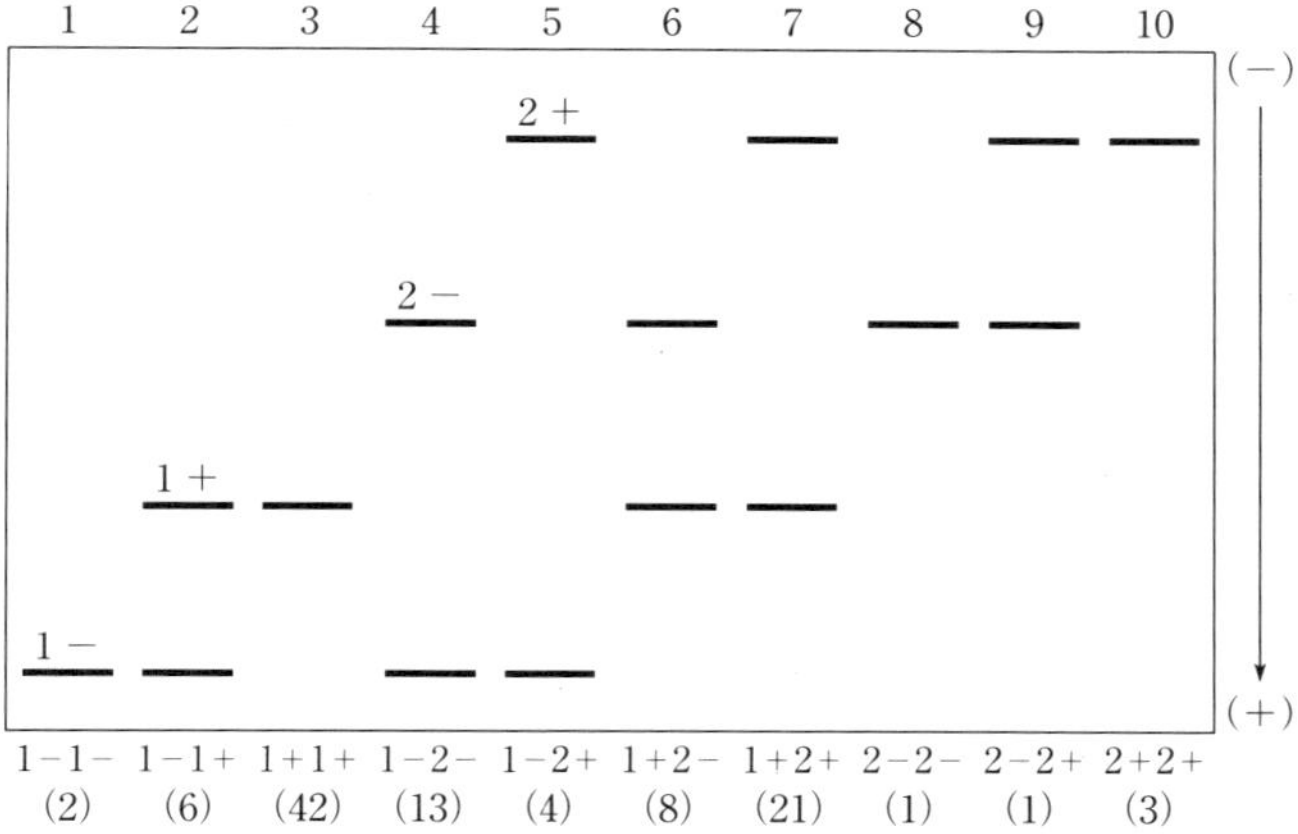


・(　) 内は100人中の出現頻度
・従来のPGM1酵素型では3種類だったが，この方法により10種類にまで分類できるようになった

図 9・1　PGM1酵素型の電気泳動図

表 9・1　O. J. シンプソン殺人事件における現場血痕の血液型・酵素型

| | ニコール・シンプソン | ロナルド・ゴールドマン | O. J. シンプソン | 証拠49号†1 |
|---|---|---|---|---|
| ABO式血液型 | A | O | A | A |
| エステラーゼD (EsD) 酵素型†2 | 1 | 1 | 1 | 1 |
| ホスホグルコムターゼ (PGM1) 酵素型 | 1＋ | 1＋2＋ | 2－2＋ | 2－2＋ |

†1　証拠49号：ニコール宅玄関に続く通路の血痕の一つ．ホスホグルコムターゼ(PGM1)酵素型は(2－2＋)型でO. J. シンプソンと同型．この型の出現頻度は100人に1人．

†2　エステラーゼD(EsD)酵素型：1，2-1，3 の三つの型にわかれる．1型の出現頻度は100人中59人．

さて、DNA型鑑定は、この事件では証拠量が豊富であったことから、PCR法とVNTR法の両方を使用してなされた。量の少ない一部の証拠（ニコール宅裏門の門扉の二つの小さな血痕）にはPCR法だけが使われた。

三機関ともPCR法として、HLADQA1、PM、MCT118の三種類のDNA型鑑定法を、VNTR法として、D1S7（MS1）、D7S21（MS31）、D12S11（MS43）、D7S22（G3）、D2S44（YNH24）の五種類のシングルローカスVNTRDNA型鑑定法を使った。ちなみに（）内はそれぞれの染色体のVNTR部位に対するプローブ名である。

得られたDNA型検出結果のうち、O・J・シンプソンと深くかかわりを示す証拠物件について、MCT118DNA型、HLADQA1型、五種のVNTRDNA型をまとめてみる。

まず、MCT118DNA型をみると、シンプソンは24アレルと25アレルをもつヘテロタイプ（24―25型）、ニコールは18アレルだけのホモタイプ（18―18型）、ゴールドマンも24アレルだけをもつホモタイプ（24―24型）だった。玄関から裏門に続く通路上の四個の血痕と裏門の扉に付いていた血痕のいずれもシンプソンと同じMCT118DNA型である24―25型が検出されている。また、HLADQA1DNA型についてみると、シンプソンは1.1―1.2型、ニコールは1.1―1.1型、ゴールドマンは1.3―4.1型だった。1.1アレルはニコールももっているが、それらの血痕からはMCT118DNA型の18アレルが検出されなかったことからニコールの血液は混ざっていないものと解釈できた。また、ゴールドマンのMCT118DNA型はシンプソンと同じ24アレルをもつが、通路や裏門の血痕からゴールドマンのHLADQA1DNA型である1.3と4.1アレルのどちらも検出されていない。したがって、これらの血痕にはゴールドマンの血液も混ざっていないと解釈された。

シンプソン邸で収集された証拠物件のうち、玄関、私道、主浴室のすべての血痕のMCT118とHLADQA1の両方のDNA型はともにシンプソンのものに一致していた。靴下からは、シンプソンのMCT118DNA型に加えてニコールの18アレルも検出されたことから、靴下の血痕はシンプソンとニコールの両方の血液が混ざったものと解釈された。手袋には、両方のDNA型の検出状況からシンプソン、ニコール、ゴールドマンの三人の血痕が付いているようである。それは、HLADQA1DNA型でゴールドマンの1.3と4.1の両方のアレルが検出されていることから説明できた。

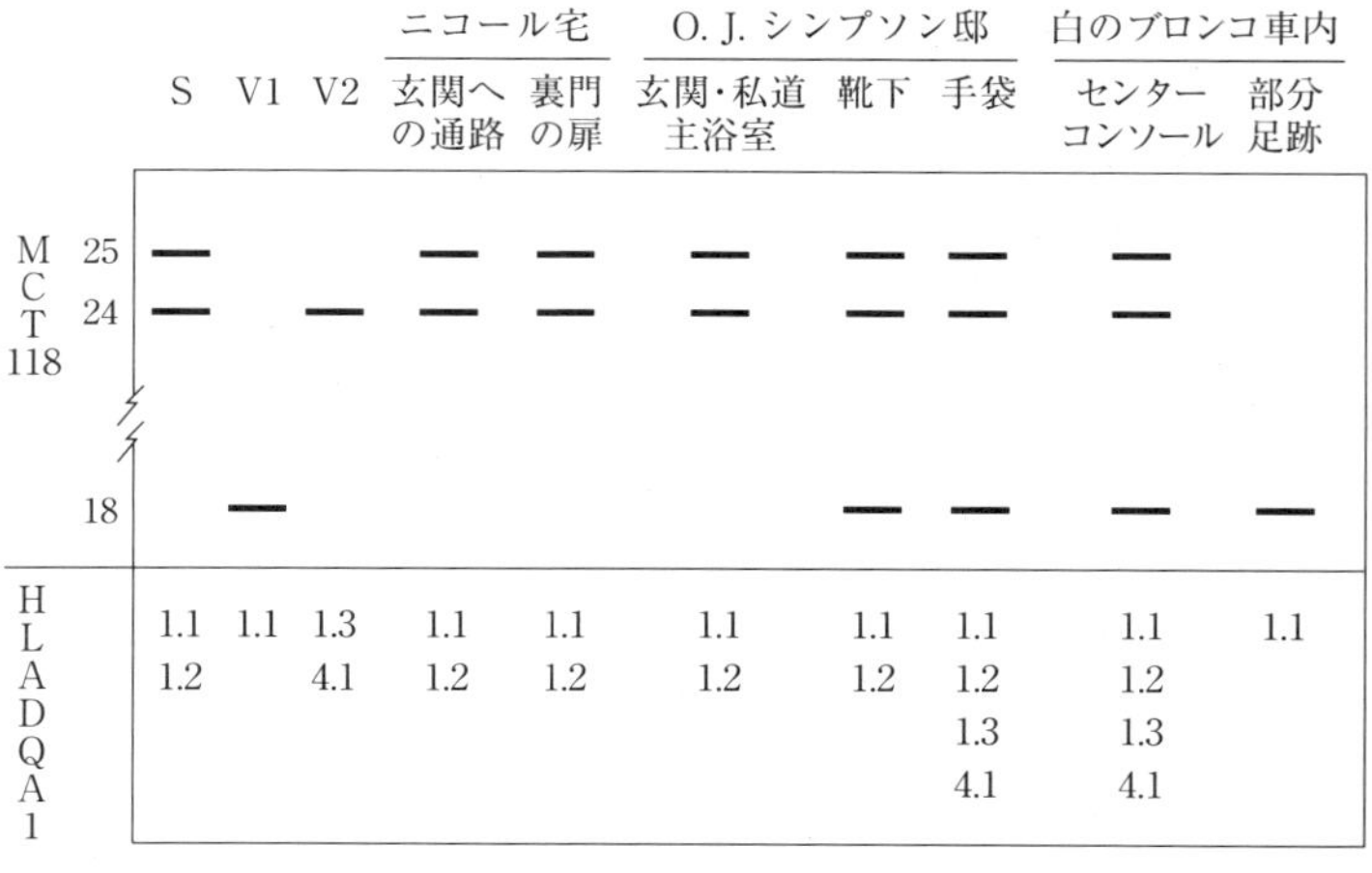


S：O. J. シンプソン（MCT118：24－25型．HLADQA1：1.1－1.2型）
V1：ニコール（MCT118：18－18型．HLADQA1：1.1－1.1型）
V2：ゴールドマン（MCT118：24－24型．HLADQA1：1.3－4.1型）

図 9・2　O. J. シンプソン殺人事件の証拠物件DNA型鑑定抜粋（MCT118 DNA型とHLADQA1 DNA型）

全く同じように、白いブロンコ車内のセンターコンソールには三人の血痕が付いていた。そして、車内で発見された部分足跡の血痕からは、MCT118DNA型（18―18型）とHLADQA1DNA型（1.1―1.1型）が検出され、それらはまさしくニコールのDNA型に一致していた（図9・2参照）。

ところで、これらPCR法によるDNA型鑑定結果は、容疑者と証拠物件が一致するかどうかの目安を示す一致の重要度の点で、シングルローカスVNTR法によるDNA型よりも劣っている。一九九〇年ごろ、セルマーク社はそのVNTR法に使用する五種のプローブを商業ベースに載せていた。そんなこともあって、セルマーク社はこのO・J・シンプソン事件にかかわる証拠物件のDNA型鑑定にはPCR法を使うことはもちろんのこと、シングルローカスVNTR法を、特に一致の重要度を高める意味合から重視した。

そのDNA型鑑定結果の一端を、靴下に付いているシンプソンの血痕についてまとめてみる。この靴下にはニコールの血痕も付いていることは前述したとおりである。五種類のプローブで描かれたDNAバンドを複合して、それぞれの染色体で推定された一致の重要度を乗積法にのっとって掛け合わせてみると、五百七十億人のなかの一人という高い一致の重要度を得た。五百七十億人を調べても、証拠物件のDNA型と同じDNA型をもつのはシンプソンしかいないことになる。一つの染色体だけの一致の重要度が数百人に一人という程度の一致の重要度も五種類の染色体にわたって調べると途方もなく高い重要度となるのである。それらのDNAバンドを一つにまとめて描くと、それはまさにDNA指紋というものになる（図9・3参照）。ちなみに、ニコールと一致するとされた血痕の一致の重要度は七十七億人中の一人とされた。

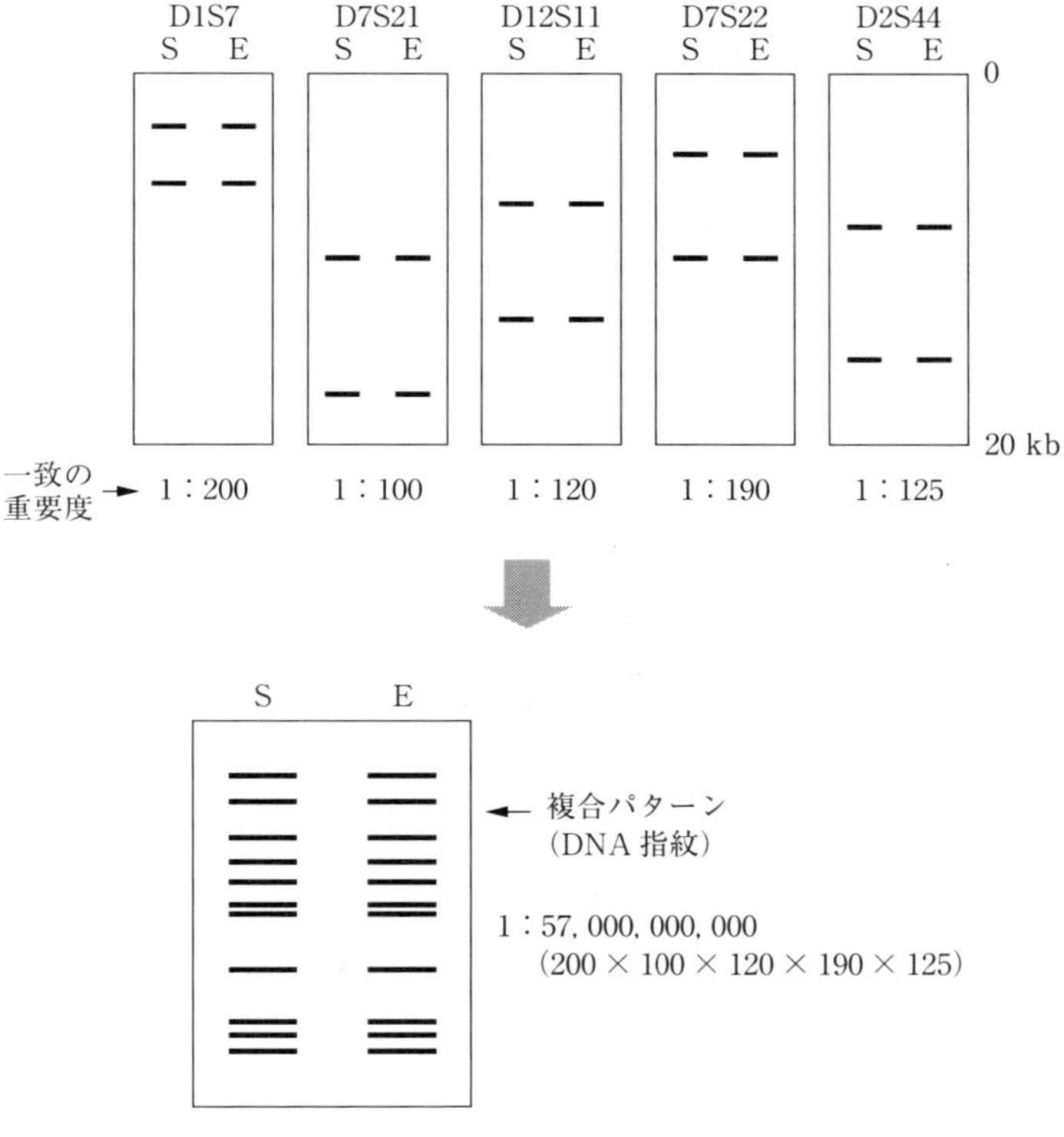


・S：O. J. シンプソン，E：靴下の血痕の一つ
・一致の重要度：570 億人のうちの 1 人

図 9・3　O. J. シンプソン殺人事件の証拠物件 DNA 型鑑定抜粋
(5 種のシングルローカス VNTR DNA 型)

## 4　犯行現場の足跡を追う

殺害されたニコールとゴールドマンの両方の遺体の周りにはおびただしい血液が飛散していた。その周りにはいくつもの足跡、それは一見して何かの履物足跡（foot-wear print）だった。その紋様からどうやら運動靴の靴底と判断された。すぐに、その履物痕跡を写真撮影してから、石こう模型として転写した。おそらく、犯人が履いていたに違いないその靴跡から、靴の製造メーカーや販売経路を明かすことによって犯人にたどりつきたい。FBIの犯罪科学研究所にはさまざまな履物痕跡を収集したデータバンクが完備されているはずだった。一九九五年、FBIの法科学者、ボジャックが履物痕跡の採取法とデータベースによる痕跡照合システムを成書にまとめて世界に発信したこともあって、FBIのこの面での優秀性が世界に知れわたったときでもあった。この履物痕跡証拠に該当する製造メーカーの靴を、積み上げた履物痕跡データベースから割りだす照合捜査をコールド・サーチ（cold search）とよんでいる。特定の人物にたどりつくための手段の一つで、目撃証言のようなほかの証拠がなく、ただ痕跡だけに頼るしか手立てがないような照合捜査にことさらコールド（沈着、冷静）な気構えを強調しているのである。

ロサンゼルス警察が採取したいくつかの石こう模型をFBIのボジャックのもとに送ったのはもちろんである。彼は数日かけてコンピューターにインプットされたデータベースと照合した。そのコールド・サーチにヒットする靴は出なかった。データベースに入っていなかったのだろう。

彼は、日本の指紋自動識別システムの優秀なことや、データベースの大きいことをよく知っている。フランス、リヨンに本部を置く国際刑事警察機構（ＩＣＰＯ）は、世界の法科学者を集めた、国際法科学シンポジウムの開催を主宰している。彼はその常連でもある。彼はＩＣＰＯを通じて日本の履物痕跡のデータベースにアクセスを試みた。一九九五年六月の初めごろ、日本の警察庁に石こう模型の画像情報を送った。いくつかの画像に写し出される靴底のサイズは三三センチメートル（一二インチ）でどれも同じであった。日本の警察庁鑑識課のデータセンターはすぐに、データベースのコンピューター画像を探った。靴底のサイズと紋様が同じ靴にヒットした。送られた画像では、かかと部がやや磨耗していたものの、はっきりと製造メーカーを言い当てられるほどに靴底の特徴がよく現れていた。イタリア製のブルーノマリだった。

ＦＢＩで日本の情報を聞いたボジャックはひどく喜び、その結果をすぐにロサンゼルス警察に伝えた。捜査官はこの靴とシンプソンとの関係を探るうちに、数年前にニコールが同じ種類の靴をデパートで購入し、シンプソンに送っている情報を手に入れた。シンプソンがこの靴を履いて犯行現場に立ち入ったことを裏付ける有力な証拠となる。この確定的証拠を提供した快挙は、一九九五年六月二十日の日本の新聞紙面でも紹介された。その見出しは「日本の警察庁、ＦＢＩよりすごい」となっていた。

手袋、ゴールドマンのシャツ、青いニットの帽子などに付いていた毛髪も、確定的証拠とまではいかないものの、シンプソンをこのニコールとゴールドマンの二重殺人事件に結びつける状況証拠を提供していた。目撃証言や物的証拠を含めて八百有余の証拠がＯ・Ｊ・シンプソン刑事裁判に登場することになる。

## 5　刑事裁判

この事件のおかげで、米国の人々の多くが、刑事裁判の流れを理解したようだった。

一九九四年六月十七日に容疑者として逮捕されたシンプソンは、三日後の二十日にロサンゼルスの地方裁判所で罪状認否を問われたとき、「完全無罪」をまず主張した。彼は検察との司法取引に応じる気は全くない。容疑者が罪を認めない以上、大陪審の審理にかけて容疑者を正式に起訴するかどうかを決めなければならない。前に述べたように、起訴を決めるには大陪審と予備審問制度（予審、ミニトライアル）の二つの手続きがある。犯罪の発生の多いカリフォルニア州では、多くの事件をより迅速に処理できるように予審の制度が設けられている。

ところで、シンプソンは事の行きがかり上、大陪審と予審の二つの手続きを経験した。もともと大陪審では、物的証拠と証人の証言、そして検察当局の主張だけで起訴・不起訴が決定される。陪審員の数は十九名から二十三名で、その過半数の合意によって決定される。非公開が原則になっていて、実体は検察と警察の主張だけが陪審員の判断材料となり、容疑者はもちろんのこと弁護側も意見を述べられない仕組みになっている。

二十日に司法取引を拒絶したシンプソンはすぐに大陪審に入った。このとき、ロサンゼルス市警は、大陪審のさなかにニコールが離婚前に受けたシンプソンの家庭内暴力の場面を録音したテープを一般に公開した。このテープ公開は陪審に予断や偏見を与えかねないと判断した判事は、あっさり大陪審を解散させた。

六月三十日、審理は予審にまわされた。ここでは、判事が物的証拠や証人の証言をもとにし、検察と弁護側双方の主張を聞いたうえで容疑者の起訴か不起訴かを判断する。市民からなる陪審員の判断を仰がないことから公開で行われる。シンプソンの予審の模様はテレビで放映され、人々の興味をひきつけた。六月三十日に始まった予審は七月八日、地裁判事の判断でシンプソンをニコールとゴールドマンの二人を殺害した第一級殺人容疑で起訴する決定を下した。「裁判所は証拠と証言を慎重に検討した結果、被告人が罪を犯したと判断するに十分な材料がある」ということだった。

ところがシンプソン事件では、七月八日に予審で起訴が決定されてからほぼ半年も経った一九九五年の一月二十四日に、ようやく小陪審が開始されることになる。米国の刑事裁判をいくぶんわかりにくくしているのは、起訴から公判が開始されるまでに行われる公判前審理（事前審理、プレトライアル）とよばれる制度のあることである。シンプソン事件では、この事前審理はほぼ六カ月という長期にわたった。事前審理では、証人の尋問や証拠調べ、さらに陪審員や専門家証人の選定などがなされる。小陪審の場で、陪審員に証人の証言や物的証拠を提示する前に、陪審員に予断や偏見を抱かせない、物的証拠の内容が理解し得るかどうかなどを事前に審理しておかなくてはならないのである。証拠調べでは、どんな証拠を裁判に提出するか、それは純正に採取、分析されたものかどうかについて検察と弁護側の双方で意見が交わされる。のちのち世紀の裁判と言われることになるこの裁判の陪審員や専門家証人の選定には、検察も弁護側もたいへん苦労したようだった。合せて八百有余にものぼった証人証言や物的証拠の多さと相まって、この事前審理の期間がすっかり長引いたようである。

## 6　専門家証人の選定

O・J・シンプソン殺人事件の刑事裁判はDNA型裁判の様相を呈していたともいわれる。まず、弁護側にはカストロ事件でらつ腕を振るったシェックとノイフェルトを含めて四人の弁護士が就いた。彼らはまず、DNA型鑑定をあらゆる角度からみることのできる専門家証人を探すことに奔走した。一九九五年ごろは、DNA型鑑定が刑事司法の中に広く行き渡りつつある時代となっていた。真っ向からDNA型鑑定を攻撃する専門家証人をなかなか探し出せない状況にある。裁判所の催促もあり、『サイエンス』誌上でFBIのDNA型鑑定を批判したレボンティンとハートルの二人を専門家証人に決めた。『サイエンス』誌上のキッドらとの論争のあと、彼ら自身もDNA型鑑定論争から手を引いてもよいと思うほどに変節していた。シェックとノイフェルトはそんな二人に満足したわけではない。今回のDNA型鑑定では、PCR法が多く使われている。それならばと、PCR法の開発者であるマリスを専門家証人に据えた。ノーベル賞受賞者であることから、彼の証言は専門家証人の切り札になると確信したのである。さらに、第一人者と目される人々を探した。裁判の審理からDNA型証拠を排除することに情熱を絶やすことのないカリフォルニア大学のシンプソン、デンバーの微生物学者ガーディスの二人も加わった。

シェックとノイフェルトはそれだけではまだ満足しなかった。今回の裁判は血の海と形容されるほどの殺人現場が主要な舞台となっている。殺人現場の捜査にたけた、元ニューヨーク市警の検死官、ベイドンを専門家証人に加えた。ベイドンはこのとき、あまり考えられないようなことを二人に進言している。「犯罪現場捜査、特に血痕パターン、指紋、血液型やDNA型の鑑定を知りつくしている、法科学者として世界に名の高いヘンリー・リーをぜひとも証人に加えるべきだ」。もちろん、二人の弁護士もリーとはたいへん懇意の間柄である。しかし、彼は現在、コネチカット州警察本部の法科学研究所の所長である。警察の人間を弁護側の証人に引き入れることなど毛頭考えられない。しかし、今回の事件では、証拠調べの段階で、初動のCSI活動のあと、遅れて提出された証拠物件もある。DNA型鑑定の結果はともかくとして、証拠物件の採取のやり方に何かと不可思議さが見え隠れしている。「CSIに熟練しているリーなら、そのあたりの真相を明かしてくれるかもしれない」。そう思い直したシェックとノイフェルトは、断られるのを承知でコネチカットのハートフォード空港に飛んだ。

リーの決断は、二人の弁護士だけでなく周囲の人々をひどく驚かせた。彼は手際よくコネチカット州知事ワイカーから、弁護側の専門家証人になる承諾を取付けた。元検死官ベイドンはそうなることを前もって予測していた。殺人現場のCSIでリーと活動を共にすることの多かった彼はリーの気性をよく知っていた。「自分は検察にも弁護側にも全く同じものを提供する。法科学者は真理の提唱者であるべきで、一党派の代弁者であってはならない」。リーは、人にいつもそう語っている。そんな法科学の基本理念をしっかり心の内に据えて、いつも証拠物件の発見と分析に向かい合っているのである。彼も「ロサンゼルス警察の証拠物件の収集にはきっと何かがある」と、直感したのかもしれない。ワイカー知事は理想主義ともいえるリーの考えに圧倒されたといわれている。法科学者としてのリーの気性も前もって知り得ていたベイドンの思惑はぴったり当たったのである。

弁護側はこれで、ＤＮＡ型鑑定に対する理論とＣＳＩ活動の妥当性の両面にわたってゆるぎない専門家証人を確保できたと満足した。

一方、検察側は三つの機関が提出したＤＮＡ型鑑定結果から、Ｏ・Ｊ・シンプソンが犯行現場からニコール宅の裏門を抜けて白のブロンコに乗り自宅の寝室に戻るまで、一本の線でつながっているというシナリオの真実性を確信していた。そんな確信から、検察はＤＮＡ型鑑定に詳しい検事を取りそろえた。科学的合理性に裏付けられるＤＮＡ型鑑定証拠で、一気に陪審員からシンプソン有罪の評決を取りつけるのに適した検事が当てられた。ロサンゼルス検事局を取り仕切るガーセッチを筆頭に、女性のクラーク、ＤＮＡ型鑑定反対論者を語気強くやり込めるのを得意とするハーモン、黒人のダーデンなどを含めて六人の陣容となった。

専門家証人は、検察がＤＮＡ型鑑定結果を重視したことから、ＤＮＡ型鑑定に詳しい人に限られている。『サイエンス』誌上の論戦に加わったキッドとチャクラボルティの二人、ＦＢＩのバドール、ＨＬＡＤＱＡ１ＤＮＡ型の開発者エールリッヒさらに、ＰＭＤＮＡ型の開発者レイノルズなどである。

検察側はこのとき、ＤＮＡ型鑑定の結果は、陪審員全員がシンプソン有罪を評決するのに、あらゆる合理的疑いを差しはさまないほどの強力な証拠となるに違いないと確信していた。

しかし、弁護側は検察のそのような思惑を完全にはずす戦略をとることになる。

十二名の陪審員は十一月三日になってようやく決められた。その一月後には十二名の交替要員も決められている。

## 7　証拠は仕掛けられた

小陪審で弁護側は三箇所もの機関が提出したそっくり同じＤＮＡ型鑑定証拠結果そのものにあまり挑まなかった。そのかわり、科学的に誤りがないだろうと思われるそのＤＮＡ型鑑定結果を陪審員の前で語らせまいとする作戦に出た。それはＤＮＡ型鑑定がなされた個々の証拠物件の発見・採取・管理という一連の証拠物件管理連鎖（chain of evidence custody）という問題に焦点をあてることだった。

この問題は、鑑定結果に勝るとも劣らないほどに被告人の有罪か無罪かの判断を左右することが多い。どんなに鑑定結果が正しくても、純粋で混じり気がないという証拠物件の純正さが損なわれているかもしれないとひとたび疑われれば、その証拠能力は消え失せることが多いのである。同じように、証拠物件を鑑定のためにどれぐらいの量、使用したか、その残りの部分をどのように保管したかをきっちりと記録にとどめておくことも証拠物件鑑定結果をゆるぎないものにするのである。

ちなみに、コネチカットのリーは、刑事裁判における証拠物件の管理連鎖問題を説く世界に名だたる法科学者として知られている。おそらく、二人の弁護士、シェックとノイフェルトは事前審理の段階で、彼を通じてこの問題に十分に精通していたものと考えられる。

事件発生の通報を受けたロサンゼルス市警のバナター捜査官の指揮のもとに、六月十三日早暁、凶行の現場で血痕が採取され、その日の午前中には早くもシンプソンから注射筒で血液を採取している。

あまりにも早過ぎる採血だった。弁護側はまずはじめにこの点に強い疑念を抱いた。「シンプソンの血液を何かに用いるための行為ではないだろうか。逮捕状も出ていないのにそんなことが許されてよいはずはない」。弁護側はその採血の記録と、血液使用量を詳しくたどった。

警察の看護士がシンプソンから七・九ないし八・一ミリリットルの血液を注射筒で採取し、そのうち、ロサンゼルス警察の十四日の分析で一・〇ミリリットルが使われている。弁護側は、このとき血液残量が五・五ミリリットルであるのに気づいた。差し引き一・五ミリリットルほどの血液がどこかに消えているようだった。弁護士シェックが尋ねた。「殺害の現場からシンプソン邸までの一本の糸、血の道を仕掛ける（plant）のに使われたのではありませんか」

そのような疑惑は後出し証拠によってさらに深まる。事件発生から二十日ほど経った七月三日にニコール宅の裏門で発見された血痕、さらに遅れた八月二十六日、ブロンコ車内で発見された血痕の証拠提出である。「シンプソンを有罪にするねつ造証拠（fabricated evidence）」と決めつけられた。

シェックはたたみかけるように尋問した。「六月十三日の午前中、シンプソン邸の寝室のベットの足もとに無造作に放り投げられていた血染めの靴下を押収したとき、だれもそれに血の付いていることに気づいてはいないではありませんか」。証拠物件の鑑定記録一覧表を見ると、八月四日にセルマークとカリフォルニアの研究所の両方にDNA型鑑定が依頼されている。鑑定の結果はニコールとシンプソンのDNA型が検出され、シングルローカスVNTR法で、シンプソンについて五百七十億人に一人、ニコールについて七十七億人に一人というそれぞれ気の遠くなるような一致の重要度で、二人の血痕が付いているとされている。

シェックにはそんな一致の重要度などどうでもよかった。押収当時、血液の付いているのに気づいていないのに、どうして八月四日にＤＮＡ型鑑定にもち込まれたのかについて疑問をもっていた。「警察がすでに手に入れていたシンプソンの血液を靴下にぬりつけたのではありませんか。それはまさしくでっち上げ証拠というしかありません」

検察官クラークは応戦した。「靴下は濃いあい色であったため、そこに乾いて赤黒くなった血痕を見落としただけです。あとで、ポリライト（さまざまな波長の光をブレンドした投光機器）の光線で検査したところ、血痕様のものが付いているのがわかりました。すぐにベンジジン検査で確かめたところ、それはまさしく血痕であると判明したのです」。弁護側を納得させるにはほど遠い弁明である。

そこに弁護側証人のリーが証言に入った。彼は血痕パターンの解析にも詳しい。うってつけの証言になりそうだった。彼は靴下に染みわたる血痕のパターンを指さしながら、「靴下の片側に血痕をたらして血痕を作ったはずです。その証拠にその反対側の面にもしっかりにじみわたっています。凶行の場で履いている靴下の片面に血が付いても、それが反対側にまで広がってにじむのは不自然というよりは、不可能なことですよ。血液が足をつき抜けて反対側に移動することはありません」

この説明は、陪審員にとってＤＮＡ型の一致の重要度よりもすんなり受け入れられるものだった。傍聴席にいたバナターとファーマンはリーの証言にあぜんとした。警察の人間が、証拠でっち上げ説を肯定する。検察側にも弁護側にも同じものを与えるというリーの信念を理解する警察人を探すのはやさしくはないのです。

リーは、道路からニコール宅の玄関に続く血の道の血痕を入れた紙袋の汚れを問題にした。「ふつう犯罪現場の路上に付いた血痕は、小さく切り取った紙片や布片を生理的食塩水にほんの少し湿らせた小片（スワッチ、swatch）に転写するやり方で採取されます」。リーはそのスワッチを収納した紙袋の表面の血液がかすれたような汚れに注目した。ロサンゼルス警察の証拠番号による証四九号は特に目に付く汚れがあったようだ。リーは「この汚れは、犯行現場でスワッチに転写した血痕を、あとになっていまだぬれているシンプソンの血液をたらしたスワッチと入れ替えるときに不手際が生じて紙袋にかすれ付いたと考えられなくもない。凶行現場の血痕を転写しただけのスワッチであればそんなことは起こりえないでしょう。靴下といい、この紙袋といい、どうも何かが変だ」と自分の疑問を陪審員の前に投げている。この、どうも何かが変だとの言いまわしは、彼のわかりやすい口調と相まって、陪審員に証拠でっち上げ説をしっかり納得させるのに十分な効果があったと言われている。

弁護側の作戦の矛先はそれだけにとどまることなく、PCR法によるDNA型鑑定にも向けられた。またもや、鑑定結果そのものにではなく、三機関のうちで最初にDNA型鑑定を受け持ったロサンゼルス市警法科学研究所のPCR法使用に対するずさんな体勢が突かれたのである。

「PCR法によるDNA型鑑定では、もし証拠物件の中に、何かほかの生物由来のものが、どんなに微量でも混ざると、そのDNAも本来の証拠物件と一緒に増幅されて、DNA型を現すようになります。この法科学研究所のDNA型鑑定室は十分そのような混入の危険性を大きくはらんでいます」と、リーは証言した。彼が証拠調べの段階で何度もその研究室を訪れた経験からの印象だった。「シンプソンの血液という対照資料は証拠物件を取扱うのとは別の部屋でなすべきです。同じ部屋で全部の証拠物件を処理し、手袋も交換しなかったというではありませんか。これでは、シンプソンの流動性の血液がこぼれて証拠物件に混入したとしてもなんの不思議もないし、混入するまでに至らなくとも接触することは容易に推定できます。ほかの二つの機関のＰＣＲ法によるＤＮＡ型鑑定結果が、ロサンゼルス市警の法科学研究所の結果と一致したからといって、それが必ずしも正しいものであると結論できないでしょう」。このときリーはのちのちまで語り草となる言葉を発している。「ロサンゼルスでいったん汚れてしまった証拠物件を、つぎの鑑定場所で鑑定しても同じ鑑定結果が出るのはなんの不思議もありません。ゴミからはゴミしか出ないのです」。証拠物件の汚染、混合というＰＣＲ法にとって致命的な言葉を陪審員にわかりやすく証言した。

リーはさらに続けた。「バナター捜査官は、犯行現場で採取した血痕スワッチを七時間以上も車の中に放置しています。高温の車内にそんなに長く放置すれば、血痕中のＤＮＡが壊れてしまう可能性が十分に見込まれます。スワッチをすり替えたか、鑑定室内で混ざったかははっきりわかりませんが、壊れていないシンプソンのＤＮＡ型だけが検出されたとしても、それはなんの不思議もないのです」

この鑑定を最初に行ったヤマウチは激しく怒った。検察官クラークはヤマウチの鑑定人証言を求めた。「対照資料であるシンプソンの血液と証拠物件の取扱いは確かに同じ部屋で行いましたが、血液をこぼしたり、はねさせたりすることはなく、一つ一つの証拠物件について、そのたびごとに手袋を替えています。ＰＣＲ増幅もシンプソンの血液と証拠物件とを別々に分けてやることは常識の範囲内のことです。ＤＮＡ型鑑定に携わる法科学者ならだれでも知っているように、ＦＢＩのバドール氏らのグループがなした有効性評価研究で、たった一日ぐらい車内に放置したぐらいでＤＮＡ型が検出されないほどに壊れることはないと、はっきり報告されています。弁護側の証人リー氏もこのことはよ

く ご承知のはずと思います」。ヤマウチは心の内でリーに対抗心を燃やした。

ここで、弁護側の専門家証人、ガーディスが証言台に立って、PCR法を証拠物件のDNA型鑑定に利用する危険性を強く証言した。「新鮮な血液を使用して、特定の遺伝子を探る研究には格好の方法ではあるにしても、いろいろなものと接触し、時間がたって古くなっている証拠物件に使用するのはたいへん危険です。特に、ロサンゼルス市警の法科学研究所のような、資料どうしが混ざり合ったり、接触したりする危険性をはらむような場所で使うのは危険どころか、やめるべきと考えます。この研究所はそういう意味で汚れきっているのです」。DNA型鑑定の中味にはほとんど触れずに、証拠物件の純正さが失われていることだけに証言を集中させたようである。

ガーディスの証言を苦々しく思った検察官ハーモンはガーディスに唐突な質問を投げた。「いったい、DNAは空を、空気中を飛びまわりますかね」。ガーディスは「いや飛ばないはずです」と、まじめに答えた。このとき、鑑定室の汚れた印象にとらわれていた陪審員の心は、ほんの少しハーモンに傾いたようにみえた。なるほど、DNAというものは空中を飛ばないのだと、感心したのであろう。弁護側は証拠物件の汚染戦術を少し修正する必要を感じて、PCR法の開発者であり、ノーベル賞受賞者のマリスに証言を頼むように考えた。この急場をしのぐにはもってこいの人物と思ったのである。しかし、それは実現しなかった。弁護側の切り札としての専門家証人にと頼んだマリスが、女性とサーフィンならまだしも法の規制に触れるLSDの常習者となると陪審員の受けが悪くなるのは目に見えているからである。ちなみに米国では一九七〇年にLSDの販売・使用などを禁じる法律が制定されたが、八八年になって規制が緩められ、個人使用の範囲の量で使用が認められるようになった。

検察官ハーモンは弁護側の混入説に、ヤマウチの血液型とＰＧＭ１酵素型の鑑定結果を引き合いに出して反論した。「血液型や酵素型では、もし混合した証拠物件であれば、混合したそれぞれの資料から血液型や酵素型が検出されるはずです。玄関に続く通路の血痕からはシンプソンと同じ血液型と酵素型だけが検出されています。もし何かの原因で、鑑定室内の証拠物件にほかの人物の血液混入が起こったとすれば、その人物の血液の血液型と酵素型も一緒に検出されてもよいはずです。検出されたのはシンプソンの型だけです。ＰＣＲ増幅法で鑑定した証拠物件のどれも鑑定室内でほかのものに汚染され、混合したことにはならないと思います」

さらに、検察官クラークがガーディスに質問した。これも唐突な質問である。「ＡＢＯ式血液型を検出するための血清学的方法をどのように考えていますか」。「自分はＰＣＲ法の問題に限ってこの専門家証人を引き受けたので、その質問にはお答えできません」と、ガーディスは体をかわしてから、再びＰＣＲ法について証言を追加した。「証拠物件となると外から異物の混入があるのがふつうです。ＰＣＲ法は異物の混入にあまりにも敏感に応答するから証拠物件に適用してＤＮＡ型を検出したところで、それはなんの意味もありません」と、少し語気強く答えている。

クラークもＦＢＩの有効性評価研究のデータを盾に尋問を続けた。「証拠物件の中にほかの人の血液の混入が気にかかったとすれば、ＤＮＡ型鑑定の前の血液型や酵素型の鑑定結果がどんなものか知りたいと思いませんでしたか、あるいは実際にそれらの結果を見ましたか」。ガーディスはこの尋問に対して、言ってはならないことを口にした。「私は血清学には興味も、さほどの知識もありません」

ＤＮＡ型鑑定が世に出たからといって、伝統的な個人識別方法である血清学的検査を無視できないことは、法科学者はもちろんのこと、刑事裁判に携わる法曹の人々はよく知っている。ガーディスの言葉を聞いたクラークはいくぶん安堵感を覚えながら彼に対する尋問を終えた。しかし、そのクラークの気持ちが陪審員にも共通していたかどうかは不明であった。

## 8　靴下の血痕の化学分析

検察はなんとしても弁護側の証拠ねつ造説を振り払う必要があった。ガーディスにはうまく対応できたけれども、ニコール宅の裏門の扉の血痕、靴下の血痕、ブロンコ車内の血痕のように、だれがねつ造証拠と考えても不思議はない後出し証拠物件があるからである。

検察側の専門家証人でＦＢＩのバドールはねつ造説を振り払えるかもしれない科学的方法を提案した。「注射筒で血液を採取するときに、血液が固まらないようにＥＤＴＡ（エチレンジアミン四酢酸）を使うはずです。もし、靴下の血痕からＥＤＴＡが検出されれば、それは確かにシンプソンの血液を故意に靴下にたらしたことを証明するでしょう。もし、靴下の血痕からＥＤＴＡが検出されないときは、注射筒で採取したシンプソンの血液を使ったという証拠ねつ造の疑いを科学的に晴らすことになります」

検察はＦＢＩの犯罪科学研究所に靴下を送った。毒物研究室のマーツが質量分析装置を使ってＥＤＴＡを探った。ちなみに質量分析装置は、一つの化学分子全体をつくっている部分的な分子をその質量の大きさごとに分ける装置で、各部分の構造を知ることによって分子全体の構造が明かされる。

マーツは三日と経たないうちに分析結果を出した。新たな証拠の内容は検察にも、弁護側にもわかりにくいものだった。マーツの証言によれば、「たいへん微量ですがＥＤＴＡが検出されたと言ってもよいかもしれません」ということである。はっきり検出されたと言っているようには思えない。

この新たな証拠に対し、弁護側は専門家証人として全米で毒物学の権威者として名高いリーダスを立てた。彼はマーツの分析結果である質量分析のスペクトルチャートを示しながら証言した。かなり専門的な話しから始まった。「ＥＤＴＡの全体の分子イオン（親イオン）の質量数は二九二で、それは一六〇と一三二の二つの娘イオンの質量数とからできています（図９・４参照）。ＥＤＴＡは、食料保存のために使われることが多いので、そのような食品を摂取した人からも検出されるかもしれません。靴下の血痕に入っていたとしても、それはふつうにだれにも含まれている程度のＥＤＴＡではないかと考えます」

このＥＤＴＡ証言は検察に少し有利に働いたようにみえた。それでも弁護側は再度マーツにに質問した。「靴下の血痕からＥＤＴＡの検出をしたとき、リーダスの証言で示されたように、ふつうの人にどれぐらい

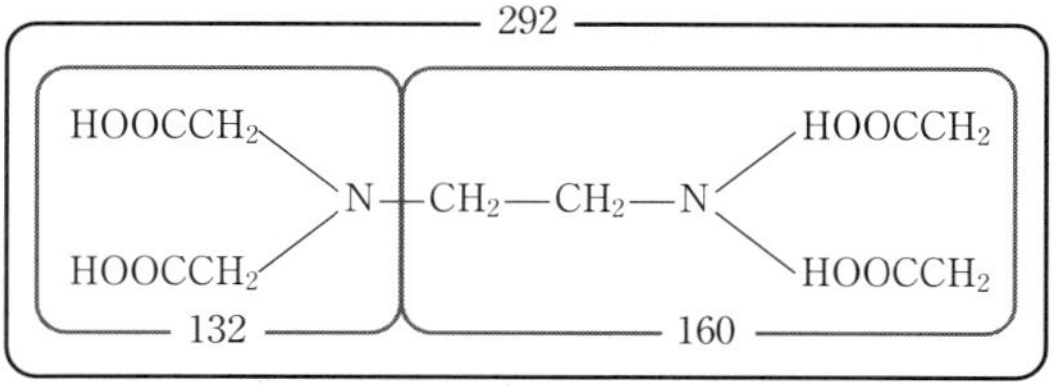


・質量分析はマススペクトロメトリーともよばれ，MS と略記される分析法．化学分子の分子量・分子構造を明らかにする
・292： 分子イオン（親イオン）の質量数； 160, 132：フラグメントイオン（娘イオン）の質量数．親と娘の両方のイオンの検出で EDTA が確認される

図 9・4　エチレンジアミン四酢酸（EDTA）の質量分析による検出

のEDTAが含まれているかを同時に調べる対照資料を使っていると思いますが、そのデータをお示しください」

「もちろん、対照資料として自分の血液を使いました。しかし、そのデータを私自身が確認したあと、コンピューターの容量の関係からすでに消去しました。証拠物件の分析結果はチャートに示したとおりですので、対照資料は添付する必要を感じませんでした」。リーダスがEDTAの含有を断定できないかもしれないと証言して、検察にいくぶんともなびいた陪審員の心は、マーツの対照資料データの隠ぺいともとられかれない言葉で一気に、証拠ねつ造の可能性を訴える弁護側に傾いた。

ここでも、質量分析という科学的分析のデータが、鑑定結果の解釈・評価をないがしろにしたために効果を出さずじまいになった。このあと、EDTAの血中検出開発者バドールとマーツの間に激しいいさかいのあったことをポリス・アカデミーで直接、耳にした。

## 9　世紀の裁判、無罪評決に

DNA型鑑定証拠のほかにも、O・J・シンプソンをニコールとゴールドマンの二重殺人現場に結びつける証拠はいろいろあった。その中でも、裁判が開始された一九九五年一月二十四日から五カ月ほどたって、日本の警察庁の協力で提出された靴底鑑定証拠はシンプソンの犯行を立証する重要な間接証拠となるのに違いない。それに加えて、ニットの帽子、ニコールの遺体のそばにあった左手用手袋とシンプソン邸の裏庭で発見された右手用手袋もある。この右手用手袋には二人の被害者ニコールとゴールドマンの血液さらにシンプソンの血液が付いていると鑑定されている。シンプソンの犯行を立証する有力どころか確定的証拠とも言える。

この右手袋は事件発生の翌日の六月十三日の午後に、ファーマン捜査官が発見、採取している。彼は証拠調べの時点で、手袋に付いている血液がべとべとしていたと証言している。弁護側はその証言を突いた。裁判では、「事件発生後十二時間以上も経って発見されたのであれば血液はすっかり乾いているはずです。十五箇所にもわたってべとべとしていたのであるとすると、発見の少し前に、ニコール、ゴールドマン、それにシンプソンの血液を付けて発見場所に置いた可能性が十分に考えられます」。ファーマンはこの時点で三人の血液を手に入れていたのである。弁護側は証拠の仕掛け説を強力に展開した。それはリーのPCR法における汚染、混合説と靴下の証拠仕掛け説と相まって、陪審員の頭からDNA型鑑定証拠を完全に追い出しているようにみえた。

このような状況に追い打ちをかける、検察にとって最大に不利となる事態が発生した。この手袋について、製造元とわかったアイソトナー社の重役ルービンが、「発見された左手用と右手用は完全に一対をなすものです。さらに、手袋をはめたシンプソンの以前の写真を指さしながら、この手袋は発見されたものと同じものです」と証言していた。黒人検察官ダーデンはそれを有力な証言とみて、陪審法廷の場で実際に証拠の手袋をシンプソンの手にはめさせる検証を要請した。

テレビの放列の中、シンプソンは自分の右手にはめようとした。どうしても手の大きさに合わない。手袋が小さすぎるのを陪審員は自分の目で確かめた。ダーデンは真っ青になった。クラーク検事はダーデンをひどくなじった。「手袋からは三人のDNA型もはっきり検出されている重要な証拠です。

陪審の前でシンプソンの手にはめさせる検証は、前もって結果を予測してなされるべきものです」。しかし、すでに遅い。シンプソンの手に入ることのない場面は全国に放映されてしまった。それでもクラークは手に入らなかった合理的理由を探し出し、血液が乾くとともに手袋が縮んだのだと主張した。その主張は陪審の心をむなしくすり抜けるだけだった。もちろん、ＰＣＲ法もＶＮＴＲ法もどこかに吹き飛んでいたようにみえる。

世紀の裁判といわれたＯ・Ｊ・シンプソン被告の評決の日、全米で人々はテレビの前にくぎ付けとなった。一九九五年十月三日のことで、ＡＢＣ、ＣＢＳ、ＮＢＣ、ＣＮＮなど各ネットワークは三日朝から特別番組を組み、法廷の様子を生中継で流した。午後一時すぎに評決が出た。陪審員に黒人が入っていることもあって、おおかたのところ無罪になるのではとの見方がごく一般的だった。そのとおり、無罪の評決となった。

本来であれば犯罪事実の真相を科学的合理性に基づいて解き明かすはずのＤＮＡ型鑑定結果が、弁護団の巧妙な反対尋問作戦の前でもろくも崩れ去った。弁護側はＤＮＡ型鑑定そのものに触れるよりは、証拠物件の収集、保管、使用などの管理連鎖に目を向け、証拠物件のでっち上げ説をことさら陪審員に植えつけることに成功したといえる。それに加えて、初動捜査にあたったロサンゼルス警察のバナターとファーマンの二人が過激な黒人差別主義者であることが、法廷の場での証人証言によりつぎつぎと暴かれたことも、Ｏ・Ｊ・シンプソン無罪評決につながったという人は多くいる。

かくして、この世紀の裁判は、Ｏ・Ｊ・シンプソンの事件からＤＮＡ型鑑定証拠に何も語らせぬまま終わりを告げた。

# 第十章　ミトコンドリアDNA型

## 1　ニコライ二世一家の惨殺

帝政ロシア・ロマノフ朝の最後の皇帝（ツァーリ）、ニコライ二世（一八六八―一九一八）は二十六歳の若さで即位した。その後、ドイツ中央部ヘッセンのダルムシュタット公の娘アリクスと結婚した。彼女は皇后としてアレクサンドラ・フョードロバナと名乗った。もともと温和で善良な皇帝はたいへん教養の深い人だったが、その一方で意志が弱く皇帝にふさわしくないともいわれていた。皇帝と妻アレクサンドラの間には、長女のオリガをはじめにタチヤナ、マリア、アナスタシアの四人の娘と長男アレクセイの五人の子供がいる。アレクセイは年少で、祖先のビクトリア女王から受け継いだ遺伝子のため血友病にかかっている。そんなこともあって、皇后アレクサンドラがしげく政治の前面に出た。第一次大戦に巻き込まれてからの皇帝はことごとく皇后を頼るようになり、それに乗じてラスプーチンが皇后に接近するようになった。だんだん、人目に愛人関係を疑われるほどになり、ロマノフ朝の威信と伝統を重んじる皇族は右翼の力を借りてラスプーチンを暗殺した。

このころ、帝政は疲弊の色を濃くし、労働者、農民、一部の兵士の社会主義の渇望のもとに十月革命が勃発《ぼっぱつ》した。皇帝一家は首都から遠く離れた中央ウラル山脈のエカテリンブルグ（現在、スペルドロフスク）の小宮殿に幽閉された。そしてすぐに、イパチェフという牧師の所有する、石壁の厚い、半地下室をもつ家に移された。半地下の家は一家の惨殺の近いことを暗示していた。

一九一八年七月十六日、この家の警備司令ユローフスキーはエカテリンブルグ中央委員会と全露中央執行委員会から、ニコライ二世とその家族の処刑に関する決定承認の電報を待ちわびていた。そして、その電報を十七日の早暁に受けとった。

ユーロフスキーは二階に起居する皇帝一家と、付添っている医師二名、料理人、女性の従者の計十一名を半地下室に集めた。皇帝はアレクセイを抱いて地下室に入った。二人とも詰め襟の軍服に威儀を正していた。皇后と四人の娘たちは上衣を着けていない。窓のある壁際に、中央に皇帝、その両隣に皇后とアレクセイが座りその背後に四人の娘が立った。医師らの四人はその周りに立った。

ユーロフスキーは皇帝に向かって、文書を読み上げた。「ニコライ・アレクサンドロビッチ、あなたの親戚たちはあなたの奪還をはかったが失敗した。いまわれわれは中央委員会の命令によってあなたとあなたの家族を銃殺する」。ユーロフスキーが宣告し終わるのと同時に、入口に三重に並んだコマンドの銃が矢継ぎ早に火を吹いた。ニコライはあまりの銃弾の多さにもんどり打つようにあおむけに倒れた。それが終わるとほかの人々に銃弾が飛んだ。叫び声、悲鳴は部厚い石の壁にさえぎられて外にとどかないようだった。コマンドは全員が倒れたのを見てから死を確認した。少しでも生存の息を感じると、銃剣でとどめを刺した。

二階の部屋のシーツでくるまれた遺体を積み込んで、車はいずかたとなく走り去った。

## 2　ニコライ二世一家の遺骨の発見

一九八九年四月、モスクワ・ニュース社は、映画制作者リアボフとの独占インタビューを記事にした。リアボフが地質学者アブドーニンと協力して、十年前におそらくニコライ二世一家の遺体の遺棄場所と思われるところから三個の頭蓋骨を発掘したが、しばらくしてから元の場所に戻したという内容だった。なんとなく、うさんくさい記事だったが、一九九一年、ロシア共和国大統領に就任したエリツィンは、そのまま放っておくわけにもいかず真相の究明を命じた。早速、リアボフが突きとめたその場所が、ロシア連邦検死局長の指揮のもと、数名の法科学者の手で発掘された。

直径数メートルほどの大きな円形状をした場所を掘り下げていくと、大小の骨がうず高く折り重なっている場所にたどりついた。一つずつに分断して離れ離れになっている骨は千個ほどを数えた。人の頭蓋骨とはっきりわかるものが九個だけ発掘されている。

発掘した法科学者は、皇帝一家と従者の四名を合わせると十一個なければならないはずと、この発掘した遺体が皇帝一家のものかどうか即断しかねていた。法科学の常道として、発掘した遺体を白骨死体鑑定の手順に従って調査した。

性別、年齢、死後経過年数、身長、歯の種別や治療状況、病気による所見など、骨の状況から調べられるものはなんでも逃がさずに記録した。いくつかの頭蓋骨の歯には、金、プラチナ、ポーセライのような当時としては高級な歯科材料が使われていた。どうやら、皇帝一家の遺体かもしれないことが推測された。

幸い、皇帝一家の顔写真が保存されていることから、頭蓋骨と顔写真とが一致するかどうかを決めるスーパーインポーズ法による鑑定が計画された。この鑑定にはロシアの法科学者と交流のあった米国フロリダ大学のメープルが協力した。彼は千個ほどにわたる骨を詳しく調べて、遺体は九体分であり、四体の男性と五体の女性に分類できると、まず報告した。銃殺されたのは十一人であるので、ニコライ二世一家の遺体としては二体が足りないのではと、メープルも指摘した。二体はどこか別の場所に埋められたのだろうか。処刑のコマンド、ユーロフスキーの証言によれば、遺体を埋めるときに硫酸をかけたそうである。実際に発掘の場所で硫酸を入れたかめの破片もしっかりと発見されている。そんなことから二体は融解、消失したと考える人もいた。さらに、二人はどこかに助けられたというフィクションめいた話も出ることになる。

行方不明の二人がだれであるかについて、スーパーインポーズ法で鑑定したメープルは、長男のアレクセイと四女のアナスタシアと報告した。しかし、ロシアの法科学者はアレクセイと三女のマリアであると主張した。そんないくらかの違いはあったものの、ニコライ二世、アレクサンドラ、三人の娘を頭蓋骨から識別できたのは大きな収穫だった。しかし、スーパーインポーズ法による個人識別では、比較するものどうし、よほどの形状特徴点に一致が認められないかぎり、おたがいに同一人であると確実に言うことはできない。

当時、ロシア科学アカデミーの附属研究施設である分子生物学研究所では、イワノフがミトコンドリアDNAの多型性について研究していた。英国のジルや米国のバドールなどと機会をとらえて技術交流を深めている。さらにもう一人、メリーランド州の米軍病理学研究所に附属するDNA型個人識別研究所（Armed Forces DNA Identification Laboratory）のホランドとは、特に骨のミトコンドリアDNAの分析技術について緊密な情報交換を続けている。この研究所はベトナム戦争のあと、戦場に散った多くの兵士の遺骨の身元確認に必要な技術開発に専心してきた。次節で述べるアンダーソンやグリーンベルの研究発表をきっかけに、ミトコンドリアDNA型こそ遺骨の身元を確認する技術として最も適切であると、その技術導入に力を入れている。

そんなイワノフの研究活動を知ったロシア連邦検死局は、ニコライ二世一家のものと思われる遺骨の身元を確実な科学的証拠に基づいてはっきりさせるために、イワノフに鑑定を依頼した。もちろん、イワノフは快諾した。しかし、彼には鑑定の資料が埋葬された遺骨であることに一抹の不安もないわけではなかった。分子生物学者としてDNAの抽出や精製、PCR増幅、電気泳動法によるPCR増幅産物の分離などの技術にたけてはいたが、「汚染し、破壊しているかもしれない遺骨に果たして十分対応できるだろうか。自分にはそのような証拠物件の分析に手慣れている友人がいる」。そう思った彼はすぐに英国のジルに連絡した。「ニコライ二世一家の遺体のことなので、慎重な鑑定を期したい。ぜひとも今回の発掘遺体のDNA型鑑定をやってほしい」と伝えた。ジルは快くひき受けた。

一九九二年九月十五日、イワノフは英国BBCの協力を得て、発掘した遺体とともにヒースロー空港に降りた。ロマノフ朝の皇帝一家を迎えるために、準国葬なみの葬儀車が空港に配された。ニコライ二世とは縁浅からぬ英国王室の思いからでもあったようである。

ジルのDNA型鑑定に入る前にミトコンドリアDNA型鑑定法のあらましをのぞくことにする。

## 3　ミトコンドリアのＤＮＡ

ミトコンドリアは細胞質の中にある細胞内小器官の一つで、細胞核とは別の独立したＤＮＡをもっている。どうして、細胞核とミトコンドリアの両方にＤＮＡがあるのか少し触れてみる。

三十億年ほども前の大昔、それまで酸素なしで生きながらえてきたバクテリアの世界に大きな環境の変化が訪れた。シアノバクテリアという炭酸ガスを使って光合成する生物が突然、地球上に出現し、光合成でつくった酸素を地球上にどんどん放出した。大気中に酸素が充満するにつれて活性酸素も増えて生物を破壊する。その危機から脱するために、酸素なしで生きる嫌気性バクテリアは、酸素を使って生きる好気性バクテリアを自分の体内に取込んだ。やがて、嫌気性バクテリアも酸素を使いこなせるものに変わった。そのような生態系の変化に長いあいだ順応するなかで、十五億年ほど前に新しい生命が誕生したといえる。それはヒトの細胞の起源といわれる。取込まれた好気性バクテリアは、のちにヒトの細胞内のミトコンドリアとなり酸素を利用する小器官になっている。ヒトの細胞は嫌気性、好気性の両バクテリアの共生体ともいえる。嫌気性バクテリアの方は自分のもつＤＮＡを膜（核膜）の中に包み込んで核ＤＮＡとして細胞質から分離し、好気性バクテリアの方はそれ自体が、やはり膜（外膜）で包まれたミトコンドリアとなり、その中に独自のミトコンドリアＤＮＡ（ｍｔＤＮＡ）をもつことになった。

いまでは、細胞内の小器官としてのミトコンドリアのおもな役割は、好気的酸化とよぶ酸素を使う

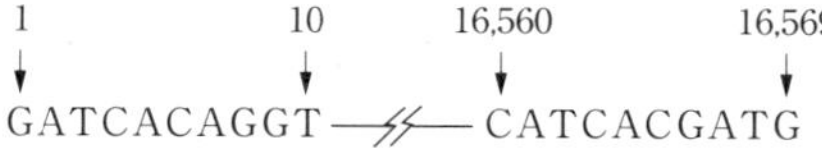


図 10・1　アンダーソンのミトコンドリアDNA塩基配列（抜粋）．塩基配列はH（heavy）鎖と対合するL（light）鎖の塩基で書かれている

酸化的リン酸化によるＡＴＰの産生という過程で、体の活動エネルギーを産み出すことにある。

一九八一年、カリフォルニア大学のアンダーソンは環状ミトコンドリアＤＮＡの全容を明かす論文を『ネイチャー』誌に発表した。ＤＮＡ全体の塩基配列の大きさは一六、五六九塩基対を数え、そのうちの九十三パーセントは遺伝子ＤＮＡで、残りの七パーセントは非遺伝子ＤＮＡであるとした。

環状ＤＮＡは外側の塩基配列と、それに相補的に結合する内側の塩基配列との二重鎖でできている。ちなみに、外側のものはＨ鎖（Heavy chain）とよばれ、プリン塩基のグアニン（Ｇ）に富み、内側のものはＬ鎖（Light chain）とよばれ、ピリミジン塩基のシトシン（Ｃ）に富んでいる。アンダーソンが『ネイチャー』誌上で一番から一六、五六九番までの塩基を一つ一つ書き並べているものはＬ鎖の塩基配列についてのデータである（図10・1参照）。アンダーソンのミトコンドリアＤＮＡ標準配列は、ミトコンドリアＤＮＡの個人差を表記するのに重要な役割を果たすことになる。

アンダーソンの発表のあと二年たった一九八三年、ノースカロライナ大学のグリーンベルは、ミトコンドリアＤＮＡの塩基配列のうち、特に非遺伝子ＤＮＡに焦点を絞る研究論文を『ジーン（遺伝子）』誌上に発表した。ミトコンドリアＤＮＡは、細胞核のＤＮＡと違って、ヒストンタンパク質に保護されることもなく単独

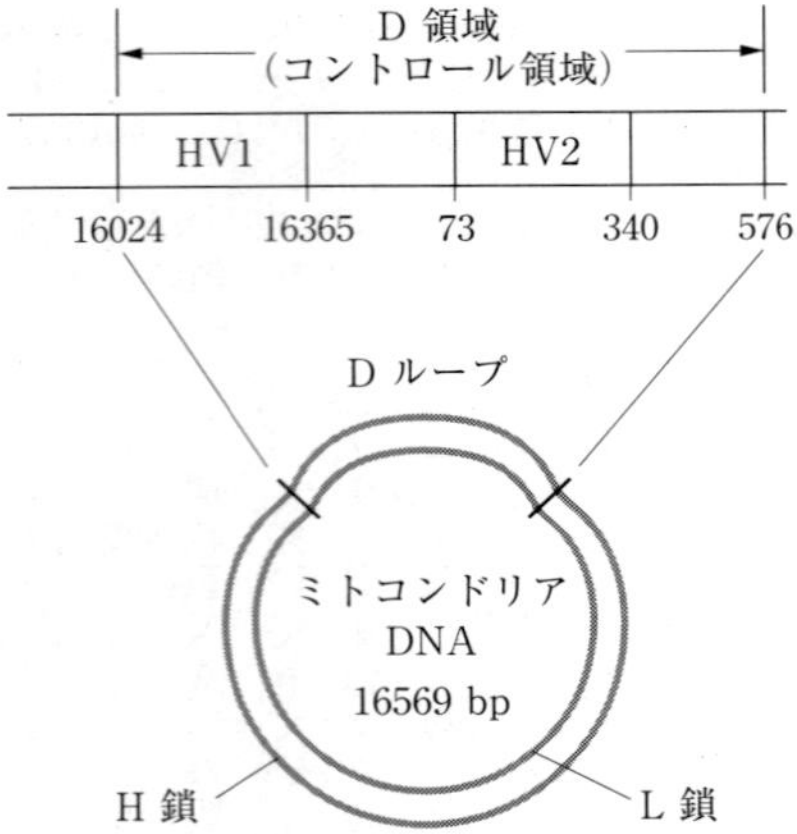


- 16024～576 番の塩基配列は塩基置換が頻繁に起こるところから，置換（displacement）を意味するD 領域とよばれる．D 領域はミトコンドリアDNA の中で，タンパク質合成を指令することのない非遺伝子DNA 配列からできている
- D 領域の両端はミトコンドリアDNA の複製開始点に一致する．この点はDNA 複製を制御する役目をもつことから，D 領域はコントロール領域（control region）ともよばれる
- 環状ミトコンドリアDNA の外側はアデニンやグアニンなどのプリン塩基に富むH 鎖（重鎖，Heary chain），内側はチミンやシトシンなどのピリミジン塩基に富むL 鎖（軽鎖，Light chain）とよばれる
- D 領域のうちでも，特にHV1 とHV2 領域は塩基置換の最も多く見れらる部分である．HV はhyper variable（高変異性）を意味する

図 10・2　ミトコンドリアDNA のD 領域

で存在していることや、ミトコンドリアを囲む外膜は細胞膜に比べて脆弱《ぜいじゃく》なこともあって、さまざまな外からの攻撃、たとえば活性酸素のような刺激を受けやすい状況にある。特に、非遺伝子ＤＮＡの塩基配列部分はそのような刺激に影響され、塩基の置換が起こりやすい。このことからグリーンベルはこの領域をＤ領域（置換領域、Displacement region）と名づけている（図10・2参照）。

塩基置換の起こる状況は個人と個人との間に違いがある。そのために、Ｄ領域の塩基の構成を調べてみると高度の変異性、すなわち個人によって塩基の配列を違える塩基配列多型性が認められる。

グリーンベルはこのＤ領域をさらに詳しく調べた。特に、Ｄ領域の中にあっても個人と個人の間に塩基配列の違いを見せる二つの部分を指摘した。アンダーソンの標準配列で一六、〇二四番から一六、三六五番までの三四二塩基対からなるＨＶ１領域、七三番から三四〇番までの二六八塩基対からなるＨＶ２領域の二つである。ちなみに、ＨＶは高変異性（Hyper Variable）を意味する（図10・2参照）。

これらの部分の塩基配列の違い方に少し触れてみる。その主要なものは塩基の置換(displacement）だが、そのほかにも挿入（insertion）とか欠失（deletion）などがある。塩基の置換には転移（transition）と転換（transversion）

表 10・1　ミトコンドリアDNA塩基置換表記例

| HV1 | HV2 |
|---|---|
| 16172C †1 | 73G |
| 16187T | 182T |
| 16214T | 186D |
| 16241G | 263G |
| 16278D †2 | 315.1C †3 |
| 16319A | 316A |

†1　16172C：アンダーソン標準配列16,172番の塩基(T)がCに置換したことを意味する.

†2　16278D：16,278番の塩基(C)が欠出．DはDeficiency(欠出)を意味する.

†3　315.1C：315番目のつぎにCが1個挿入.

の二種類がある。転移は、AがGに（A→G）とかCがTに（C→T）のようにプリン塩基どうし、あるいはピリミジン塩基どうしの置換である。転換はCがG（C→G）AがT（A→T）のようにプリン塩基とピリミジン塩基の相互の置換である。挿入と欠失は文字どおり、塩基配列に余分に加えられたり、逆に消失したりすることを意味する。一般的に、塩基置換のうち、転移が最も頻繁で、転換はまれにしか起こらないとみられている。

このような塩基置換の状況を表記するために、アンダーソンの標準配列が使われた（表10・1参照）。アンダーソンとグリーンベルの研究は、証拠物件DNA型鑑定に新しい技術的戦略を提供することになる。

## 4　ミトコンドリアDNA型鑑定

一九九〇年の七月、英国内務省法科学研究所のジルは、ほとんど白骨化した死体の鑑定に携わった。頭蓋骨や骨盤が体幹から離れ、四肢骨も一つ一つばらばらになった、かなり分解程度の強い死体が山林で発見されたのである。頭蓋骨の左側頭線に沿ってほんのわずかの、乾固した茶黒色の皮膚小片が付いていた。死体の身元を探る所見はほとんど残されていない。それでも、頭蓋骨や骨盤、大腿骨・脛骨・腓骨などの下肢骨の形状から四十五歳ぐらいの男性と推定された。頭蓋骨に残っていた二十五本の歯の種別や治療所見をまとめたデンタルチャートを頼りに死体に該当する人物を探した。しばらくして、歯科医師の通報により該当人物にたどりついた。その人物の妹の協力を得て、死体の身元確認が進められた。

そのころ、ジルはミトコンドリアDNAを証拠物件のDNA型鑑定に応用する実験を着々と進めていた。「DNAコピーの少ない骨・歯・毛髪などから、なんとかして個人識別に有効なDNA型を検出したい。核DNAの数千倍にも及ぶDNAコピーをもつミトコンドリアDNAであれば、微量のDNAしかもたないものや、時間が経過してDNAが分解しているかもしれないものからでも、DNA型の鑑定に耐えられるDNAが抽出できるだろう」

幸い、アンダーソンやグリーンベルらの研究で、ミトコンドリアの全塩基配列は解明されているし、どの部分に高い多型性が認められるかもすでに判明している。彼は個人識別への応用を目的に、D領域の両端に結合するプライマーをつくった。アンダーソンの研究により、前もって塩基配列がわかっているのでその作業はたいへん簡単なものだった。首尾よくD領域がプライマーで切り出された。つぎにPCR増幅したD領域のHV1とHV2の二つの高度変異部分を別々に選択してPCR増幅した。彼はこの方法を二段階ネステッドPCR増幅法（nested PCR）と名づけた。ちなみにネステッドとは箱などを大きなものから小さなものへ順に重ねて組入れることを意味する。

こうしてまずD領域全体を、つづいてHV1とHV2領域を選択的にPCR増幅する二段階PCR法（two round PCR）がミトコンドリアDNA型に導入された。第一段階のD領域の全体を首尾よくPCR増幅できれば、その間に位置するHV1とHV2の両方とも壊れていないことをあらかじめ知ることができるし、DNAの量も多くなる。また、ミトコンドリアDNA型は一つ一つの塩基の解析に基づいているため、あらかじめ個人差の現れやすい部分に的を絞って塩基を解析する方が、より省力的な作業となるし、個人差を探すのにたいへんわかりやすい結果を提供するはずである。このような二段階ネステッドPCR増幅法は、現代のミトコンドリアDNA型鑑定に引き継がれている。

ところで、ミトコンドリアDNAが母系遺伝（maternal interitance）の方式で祖先から母親、子孫にと伝えられることを、アンダーソンが全塩基配列を明らかにした前の年の一九八〇年に、米国アトランタ、エモリー大学のギルスが『米国科学アカデミー紀要』誌に論文発表した。卵子と精子が接合（接合生殖）するときは、精子の頭部だけが卵子の中に入り、尾部は切り離されて接合しない。尾部の上方の中節とよぶ部分には、ミトコンドリアが円筒状に集まったミトコンドリア鞘が入っている。その中節は卵子に入らないので受精卵は卵子のミトコンドリアだけをもつことになる。そのために、母親のミトコンドリアDNAがそっくりそのまますべての息子や娘に伝えられる。

ジルは白骨死体の皮膚小片と腓骨片、妹と思われる血液からDNAを抽出した。ちなみに、皮膚小片と腓骨片の両方の証拠物は液体窒素の中に入れて凍結し、粉砕機で粉末にしてからDNAを抽出した。

DNAの塩基配列の解析は、一九七七年に英国ケンブリッジ大学のサンガーが『米国科学アカデミー紀要』誌に発表した、チェイン・ターミネーター法（dideoxy chain termination method）に基づいてなされるのが一般的である。ちなみにターミネーターは阻止物質を意味し、これを塩基配列に取込むと、そこから先はPCR増幅が阻止される。ターミネーターはA・T・G・Cに対応して四種がそろえられ、その取込まれた位置ごとのDNA断片を電気泳動で分析することによって、塩基の並び方を知ることができる（図10・3参照）。

プライマー(Pr)　ATTGCTACCGCCT

| 反応 1(ddA) | 反応 2(ddT) |
|---|---|
| Pr—T—ddA (2)<br>Pr—TA—ddA (3)<br>Pr—TAACG—ddA (6)<br>Pr—TAACGATGGCGG—ddA (13) | Pr—ddT (1)<br>Pr—TAACGA—ddT (7) |
| **反応 3(ddC)** | **反応 4(ddG)** |
| Pr—TAA—ddC (4)<br>Pr—TAACGATGG—ddC (10) | Pr—TAAC—ddG (5)<br>Pr—TAACGAT—ddG (8)<br>Pr—TAACGATG—ddG (9)<br>Pr—TAACGATGGC—ddG (11)<br>Pr—TAACGATGGCG—ddG (12) |

- 反応1～4に分けてPCR増幅する
- 反応1～4には共通してDNA合成酵素，増幅原料となる4種のデオキシリボヌクレオシド三リン酸(dATP, dTTP, dCTP, dGTP)が含まれている
- 反応1～4にはそれぞれに対応するターミネーター(ddA, ddT, ddC, ddG)が加えられる．ddはdideoxyを意味し，リボースの2′と3′の位置で酸素を欠いている．
- たとえば，解析したいDNA塩基配列中の塩基TにddAが相補的に結合すると，塩基の伸長に必要な3′部位のヒドロキシ基がないのでそれより先に伸長しない

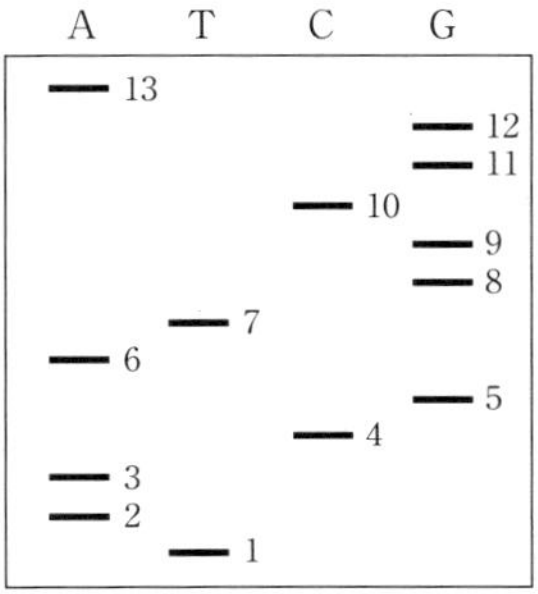


- ターミネーターで止められたDNA PCR増幅断片は個々のターミネーターに標識された4種の蛍光色素の発光色調の違いから各レーンごとに読みとれる

図 10・3　サンガー (1977) による塩基配列解析法模式
(チェイン・ターミネーター法)

さらに一九八六年、米国のカリフォルニア技術研究所のスミスが、四種の蛍光色素で色分けしたA・T・C・Gのクロマトグラムから自動的に塩基配列を解析する方法を発表した。サンガーとスミスの方法が合体して、今日の塩基配列自動解析装置につながっている。それを利用したミトコンドリアDNAの塩基配列解析の例を図10・4に示す。

ジルはそのような塩基配列自動解析装置を用いて、今回の白骨死体を鑑定した。皮膚小片と腓骨片とから二段階ネステッドPCR増幅法でミトコンドリアDNA領域のHV1とHV2のDNAを増幅した。そのどちらのミトコンドリ

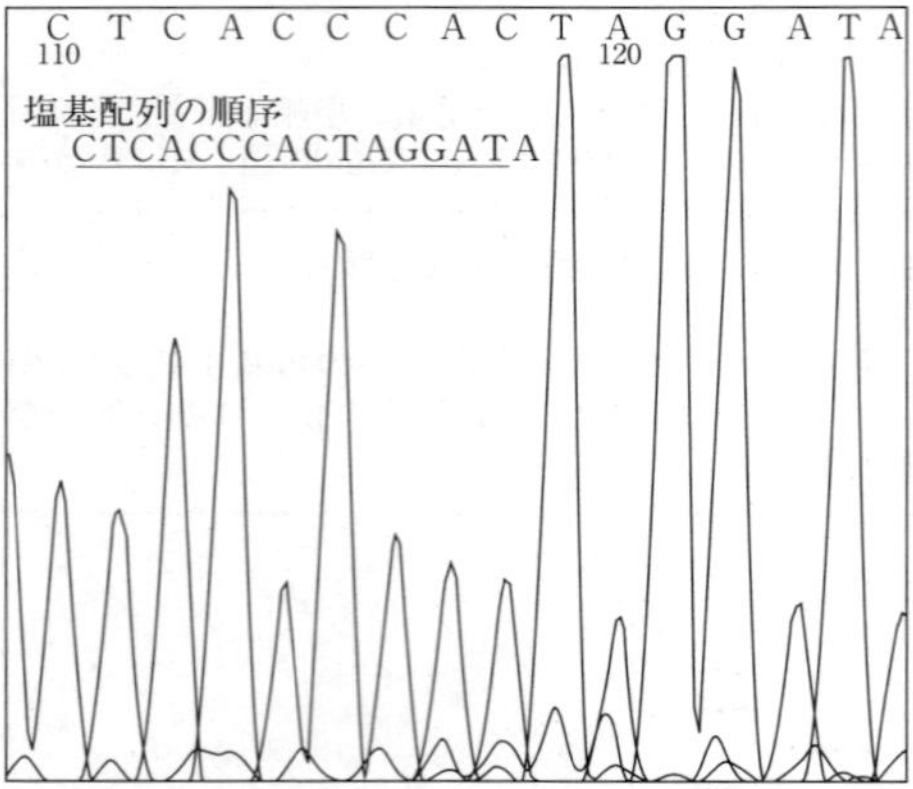


・4種の異なる蛍光色素で標識したターミネーターを用いることによって，4種のPCR産物を一緒にして電気泳動(co-electrophoresis)することができる．細管式電気泳動法(キャピラリー電気泳動法)により1塩基ごとに識別される
・塩基の配列順序は，レーザー光線で励起した4種の異なる蛍光色のクロマトグラムとして表される
・図は1本の頭毛のHV1領域の一部のクロマトグラフィー

図 10・4　蛍光色素標識ターミネーター反応による塩基配列自動解析例

ADNA型も、妹と思われる人の血液のミトコンドリアDNA型と一致した。対照資料の分析者自身の血液の型とははっきり違っていた（表10・2参照）。これで白骨死体ははっきりと身元が確認された。ジルはこのミトコンドリアDNA型鑑定の一部始終を一九九二年の『国際法医学ジャーナル』誌に発表した。さらに同じ年、精液はん痕や頭毛毛幹部のミトコンドリアDNA型鑑定についても、『バイオ・テクニックス』誌に論文発表している。これらの論文をきっかけに、証拠物件のミトコンドリアDNA型鑑定の研究が盛んとなった。

表10・2　白骨死体の身元確認とミトコンドリアDNA型

| | HV1 | | | | HV2 | | |
|---|---|---|---|---|---|---|---|
| アンダーソン標準配列 | 16100 | 16224 | 16304 | 16311 | 71 | 112 | 183 |
| | A | T | T | T | G | C | A |
| 白骨死体†1 | | | | | | | |
| 皮膚小片 | G | C | C | C | A | T | G |
| 腓骨片 | G | C | C | C | A | T | G |
| 妹の血液 | G | C | C | C | A | T | G |
| 分析者の血液†2 | | | C | | A | | |

†1　白骨死体の塩基置換は姉と同じ．対照資料の分析者とは違っている．
†2　ミトコンドリアDNA型の鑑定では，一般的に分析者自身の血液を合わせて分析することにより，鑑定結果の純正を保つようにする．

## 5　ニコライ二世一家の遺骨のDNA型鑑定

ロシアのイワノフからニコライ二世一家の遺骨を手にしたときは、ジルが白骨死体のミトコンドリアDNA型鑑定をまさに終えたところである。まだ日の浅いミトコンドリアDNA型鑑定法を駆使し

表 10・3　ニコライ二世一家のものと思われる遺骨の短鎖 DNA 型鑑定

| 鑑定資料＼DNA 型(染色体番号) | vWA (12) | THO1 (11) | F13A1 (6) | FES (15) | ACTBP (5) |
|---|---|---|---|---|---|
| ニコライ二世 | 15, 16 | 7, 10 | 7, 7 | 12, 12 | 11, 32 |
| アレクサンドラ | 15, 16 | 8, 8 | 3, 5 | 12, 13 | 32, 36 |
| 子 1 | 15, 16 | 8, 10 | 5, 7 | 12, 13 | 11, 32 |
| 子 2 | 15, 16 | 7, 8 | 5, 7 | 12, 13 | 11, 36 |
| 子 3 | 15, 16 | 8, 10 | 3, 7 | 12, 13 | 32, 36 |
| 医師 1 | 17, 17 | 6, 10 | 5, 7 | 10, 11 | 11, 30 |
| 医師 2 | 14, 20 | 9, 10 | 6, 16 | 10, 11 | 検出不能 |
| 料理人 | 15, 17 | 6, 9 | 5, 7 | 8, 10 | 検出不能 |
| 従者(女性) | 16, 17 | 6, 6 | 6, 7 | 11, 12 | 検出不能 |

てみたいと、いささかの自信を胸にしながら遺骨を受け取った。

彼はいきなりミトコンドリアDNA型鑑定に入ることはせずに、まずこれまでの単鎖DNA型から鑑定に入った。彼はミトコンドリアDNA型の鑑定結果に、いろいろな生物に由来する汚染によるミトコンドリアDNA型が混ざってしまう可能性のあることをよく知っている。特に、埋葬されていたような遺体では、汚染に注意を払う必要がある。

彼は五種類の短鎖DNA型を検出した（表10・3参照）。第11染色体のTH01DNA型ではニコライ二世は7—10型、妻アレクサンドラは8—8のホモタイプ型で、三人の子供は7—8、8—10、8—10などの型で、それぞれが父と母の片方ずつを受け継いだDNA型になっている。たまたま第12染色体のvWADNA型は父と母のどちらも15—16型で、その子供たちもすべて15—16型となっている。医師ら四人のDNA型はニコライ二世一家の遺骨のDNA型とは全く違った型を示した。これらの結果はニコライ二世一家の遺骨である可能性がたいへん大きいことを示している。さらに、ニコライ二世と妻アレクサンドラの女系血族を探して、ミトコンドリアＤＮＡ型から確認することにした。

イワノフとジルが中心となって一家の系図を探した。まずニコライ二世について、叔母のひ孫のスコットランドのファイフ公と姉のひ孫のセニアの二人の生存者がみつかった（図10・5参照）。ニコライ二世の弟は二十九歳の若さで、肺結核をわずらい死亡している。ロシア政府に遺体発掘の許可を願い、イタリア製の大理石の墓石の下から彼の遺骨の一部を採取した。

妻アレクサンドラの母系血族をたどる中で、現英女王エリザベス二世の夫君、エディンバラ公にいきあたった（図10・6参照）。アレクサンドラの姉のヘッセン公妃の孫にあたる。

生存者のだれもが快く血液を提供した。

ところで、イワノフはこのミトコンドリア鑑定に慎重に対応した。世間では発掘された一家の遺体を偽物とするうわさがしきりであった。ジルに相談した。「貴兄を信用しないというわけでないが、ほかの機関にも同じ鑑定を同時にやってもらい鑑定結果の正しさを世間に示したい」と。ジルは反対する理由もなく、むしろそれは正しいやり方だともろ手を挙げて賛成した。イワノフが告げる前に、ジルはその機関を、「米国、メリーランド州の米軍病理学研究所のＤＮＡ型個人識別研究所ですね」と、すぐに言い当てた。

ほぼ一年を過ぎるころ、鑑定結果が両方そろって提出された（表10・4参照）。結果を見たイワノフは少し驚くと同時にたいへん喜んだ。両方の結果がよく一致していたのである。

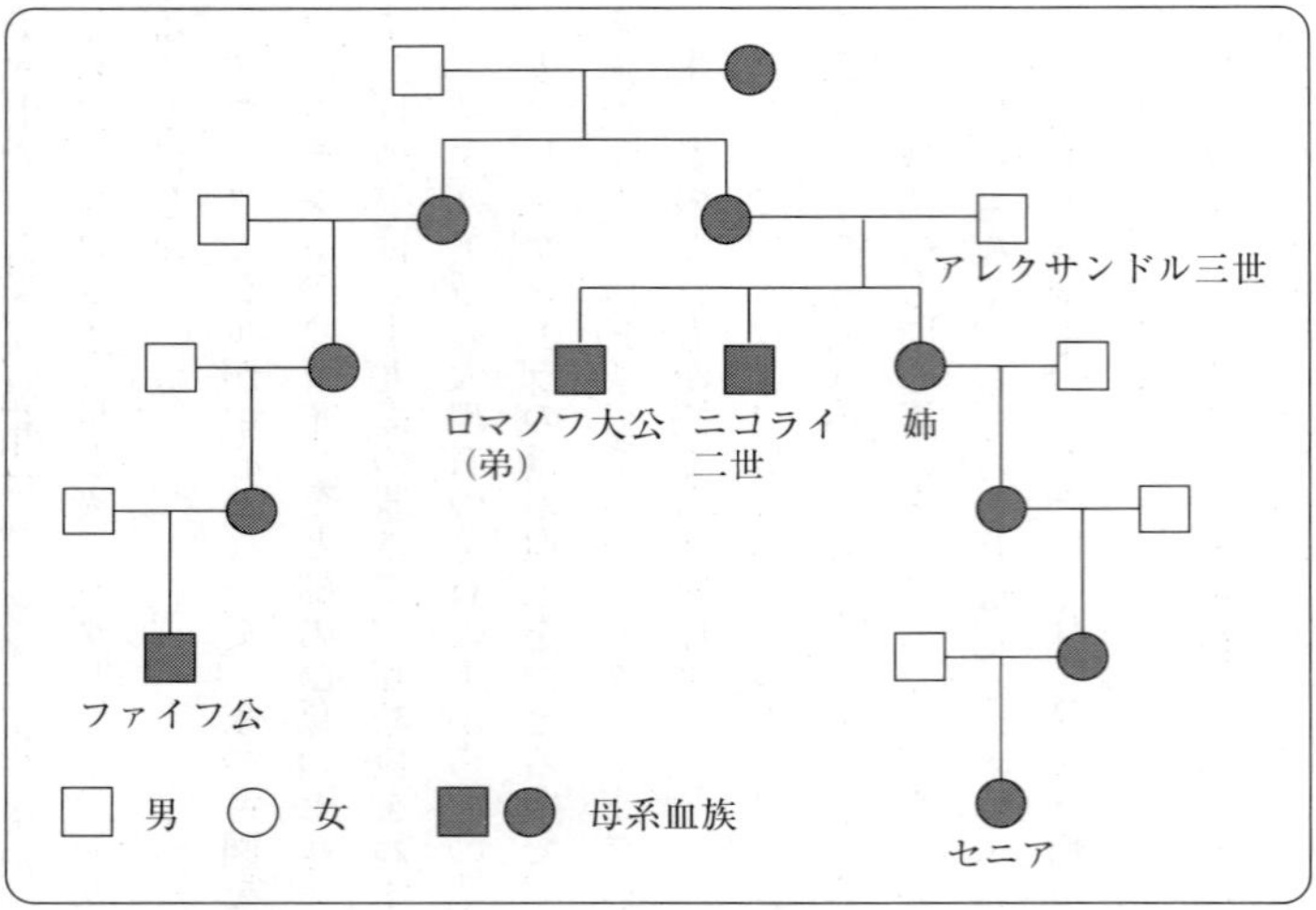


図 10・5　ニコライ二世の母系血族

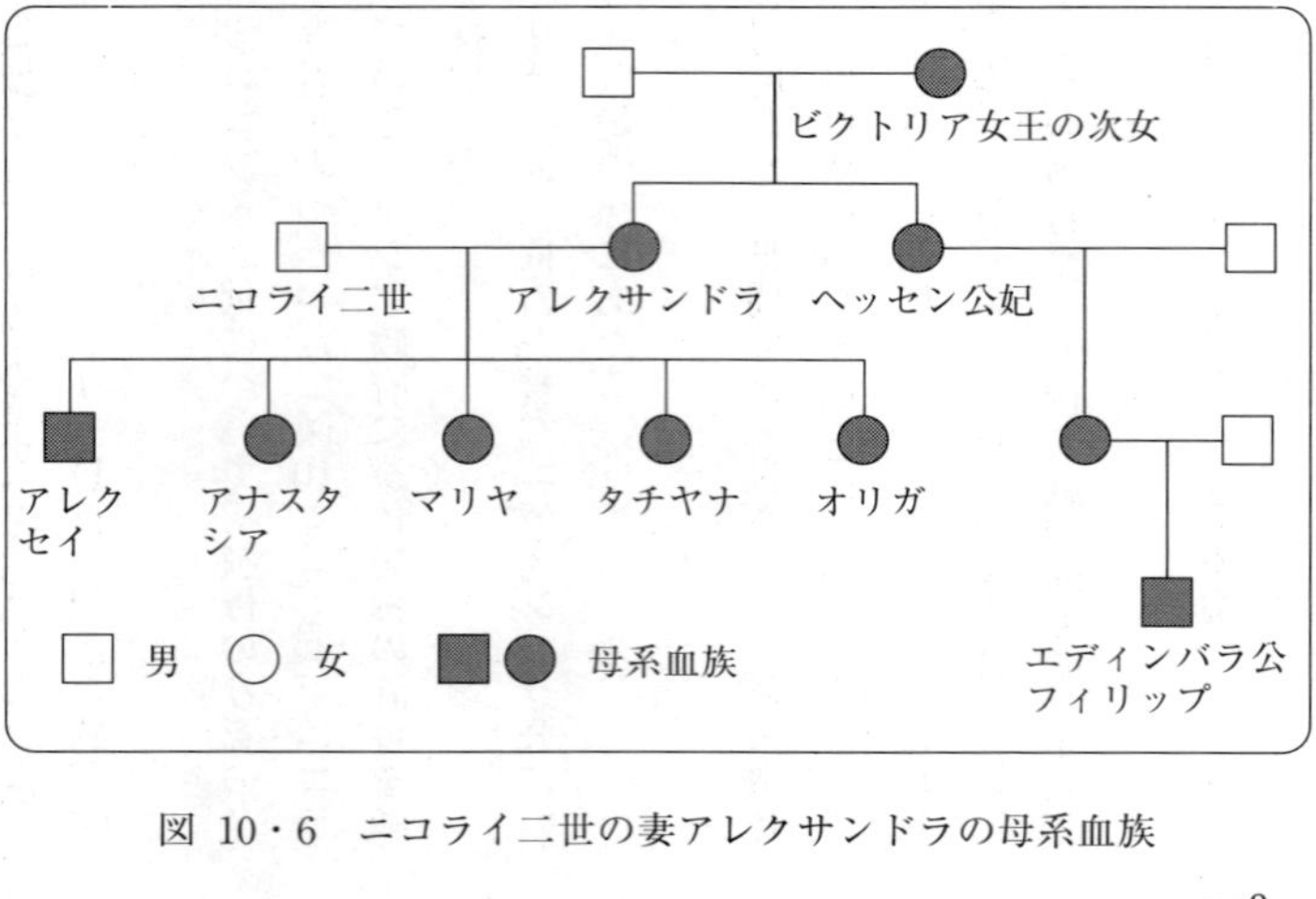


図 10・6　ニコライ二世の妻アレクサンドラの母系血族

表 10・4　ニコライ二世一家の白骨死体のミトコンドリア DNA 型分析

| 鑑定資料＼アンダーソンの標準塩基[†1] | | 16111 C | 16126 T | 16169 C | 16261 C | 16624 C | 16278 C | 16293 A | 16294 C | 16296 C | 16304 T | 16311 T | 16357 T | 73 A | 164 T | 195 T | 263 A |
|---|---|---|---|---|---|---|---|---|---|---|---|---|---|---|---|---|---|
| アレクサンドラ(?) | 大腿骨 | T | | | | | | | | | | | C | | | | G |
| 子1(?) | 大腿骨 | T | | | | | | | | | | | C | | | | G |
| 子1(?) | 大腿骨 | T | | | | | | | | | | | C | | | | G |
| 子1(?) | 大腿骨 | T | | | | | | | | | | | C | | | | G |
| エディンバラ公 | 血　液 | T | | | | | | | | | | | C | | | | G |
| ニコライ二世(?) | 大腿骨(4) | | C | Y[†2] | | | | | T | T | | | | G | | | G |
| ロマノフ大公 | 大腿骨 | | C | Y | | | | | T | T | | | | G | | | G |
| ロマノフ大公 | 脛　骨 | | C | Y | | | | | T | T | | | | G | | | G |
| ファイフ公 | 血　液 | | C | T | | | | | T | T | | | | G | | | G |
| セニア | 血　液 | | C | T | | | | | T | T | | | | G | | | G |
| 医師(?) | 大腿骨(4) | | | | | T | | | | | | | | | C | | G |
| 従者(女性)(?) | 大腿骨 | | | | T | | T | G | | | | C | | | | C | |

†1　数字はミトコンドリア DNA の配列順番の番号. 73A は 73 番目の塩基が A であることを示し，ニコライ二世の母系血族はすべてその A が G に置き換わっていることを表す．ほかもすべて同じように解釈する．

†2　Y：C と T の混合(ヘテロプラスミー)

まず、ニコライ二世と弟のロマノフ大公、さらにファイフ公とセニアの四人のミトコンドリアDNA型はそろってよく一致している。その型には一つ特徴的な所見もみられた。ニコライ二世とロマノフ大公の16169番の型がCとTの混合したヘテロプラスミーを示していることである。ヘテロプラスミーは突然変異によって生じるとされている。数世代を経るとどちらか一方の塩基に固定する。その理由は、受精にあずかる卵細胞のミトコンドリアの数が絞り込まれるというボトルネック効果（瓶首効果）によるとされている。確かに、ニコライ二世の母から数世代を隔てたセニアやファイフ公の型はCとTのヘテロプラスミーからTに固定している。

一九九四年、ジルはイワノフとの共著で、「DNA分析によるロマノフ家の遺骨の鑑定」と題した論文を『ネイチャー・ゲネティックス』誌に発表した。ロシアのイワノフはヘテロプラスミーに強くひかれ、ジルの論文のあと二年たった一九九六年、自分の名前を筆頭に米軍DNA型個人識別研究所

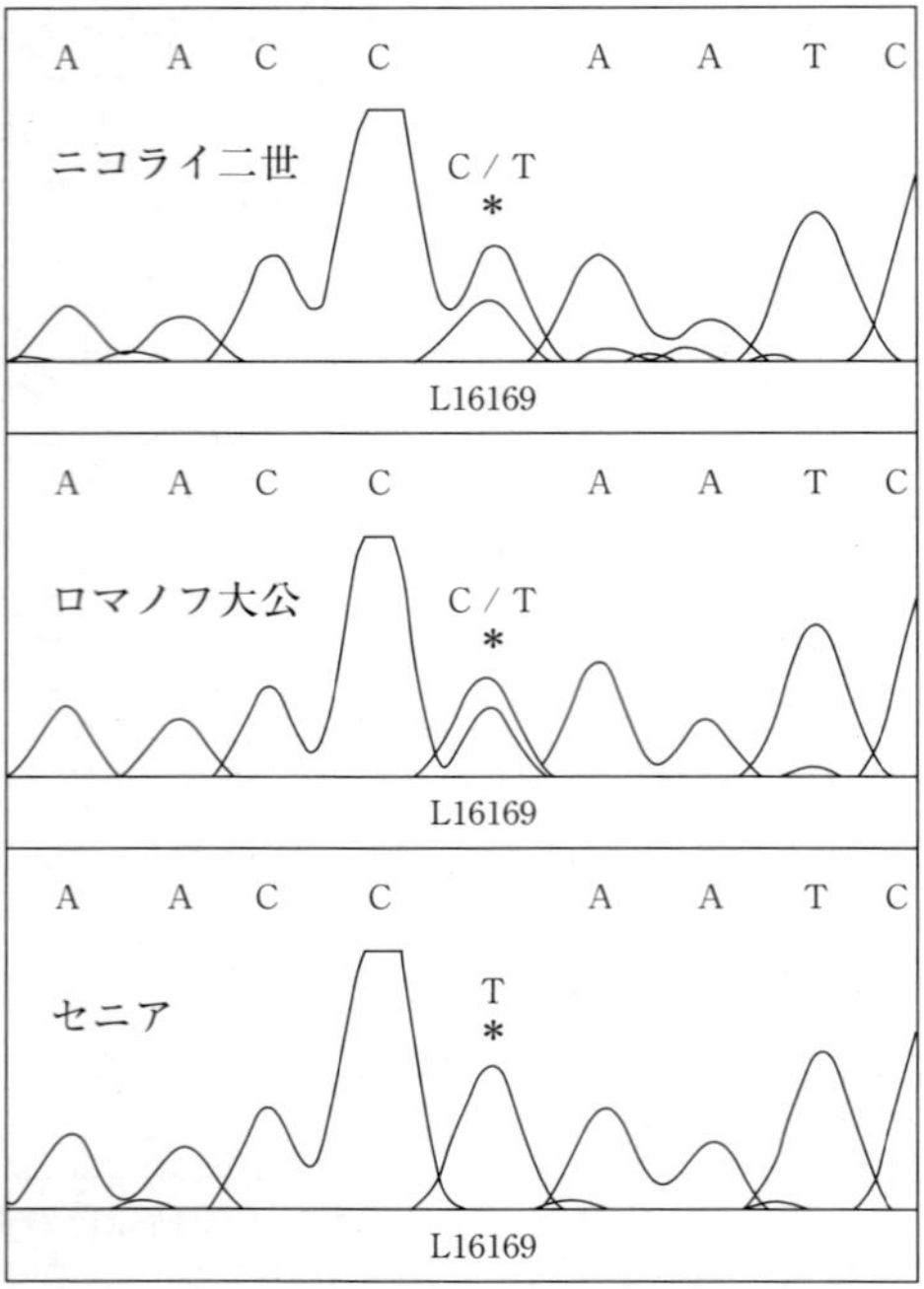


・ロマノフ大公：ニコライ二世の実弟
　セニア：ニコライ二世の母から4代目
・ニコライ二世とロマノフ大公はともにCとTのヘテロプラスミー，セニアはTのみの均一化を示す
・塩基配列自動解析装置による分析
・L16169はアンダーソンのL鎖の16169番を意味する

図 10・7　ニコライ二世と思われる遺骨のミトコンドリアDNA型鑑定（L16169番のヘテロプラスミー）［P.L. Ivanov, M.M. Holland, *et al.*, *Nature Genetics*, **12**, 418（1996）による］

のホランドとの連名で、『ネイチャー・ゲネティックス』誌に少し長々しい題名の論文を発表した。その題名は「ロマノフ大公のミトコンドリアDNA型のヘテロプラスミーがニコライ二世一家の遺骨の身元を確定した」となっていた。かくして、一六一六九番にみられたミトコンドリアDNA型ヘテロプラスミーは、世界中に知れわたった（図10・7参照）。ロシアと米国の研究者が連名で論文を発表したことも驚きと安堵を与えたようだった。

すべての鑑定結果に満足したロシア政府は一九九八年、ニコライ二世一家の遺骨を改めてサンクトペテルブルクの大聖堂の一隅に葬った。アナスタシアの遺骨がその中にあるかどうかは知る由もない。

## 6　もろ刃の剣か、証拠物件ミトコンドリアDNA型鑑定

一個の細胞の中には、ミトコンドリアDNAが核のDNAに比べて数百、数千倍にも及ぶコピー数で含まれている。この特徴を生かして、DNAの量がもともと少ない、DNAを抽出しにくい、さまざまな外的環境にさらされてDNAが破壊されていると見込まれるなどのような証拠物件のDNA型鑑定に利用されている。なかでも、犯罪現場で採取される毛幹部しかもたない頭毛や殺人遺棄白骨化死体の骨や歯などのような証拠物件にはしばしばミトコンドリアDNA型鑑定がなされてきた。実際のところ、それらの証拠物件に短鎖DNA型鑑定法を応用しても、DNA型が検出されないような事例に出合うことはそんなに珍しいことではない。その理由は、核のDNAとミトコンドリアDNAのコピー数の圧倒的な違いによっているのだろう。

ミトコンドリアＤＮＡ型のもう一つの特徴は、それが母系遺伝で先祖から子孫に同じ型が伝わることである。この特徴が行方不明者や殺人遺棄白骨死体の身元の確認によく生かされることを、ニコライ二世一家の鑑定事例がはっきりと物語っている。

ところで、ミトコンドリアＤＮＡ型は、母と息子と娘、祖母の兄弟姉妹、娘の子供たちというように、母系血族を同じＤＮＡ型という一本の糸で先祖から子孫へとつなげることになる。そんなことから、しかるべき縁故者の資料さえ手に入れれば、証拠物件のミトコンドリアＤＮＡ型鑑定の結果から、その身元を確認できる。しかし、その一方でミトコンドリアＤＮＡ型が母親という片方だけのＤＮＡ型を伝える遺伝方式である（half-sibling）ことで、はてしなく血縁が広がる社会の中に、同じミトコンドリアＤＮＡ型をもつ人の数の多いことは簡単に予測できる。ミトコンドリアＤＮＡ型の個人識別力は核のＤＮＡ型に比べると劣っているといえる。そんなところから、証拠物件の量にもよるが、ミトコンドリアＤＮＡ型鑑定だけでなく短鎖ＤＮＡ型をも一緒に鑑定するのが証拠物件ＤＮＡ型鑑定の日常的手段となっている。ニコライ二世一家と思われる白骨死体の鑑定にあたった英国のジルは、まさにこの日常的手段に忠実にのっとり短鎖ＤＮＡ型をも合わせて鑑定した。結論的に、ミトコンドリアＤＮＡ型は証拠物件から家族関係を明かすのにきわめて有効なＤＮＡ型鑑定法といえる。

ところで、そのような大きな利点の裏には、一つの重要な問題が潜んでいる。

証拠物件のミトコンドリアＤＮＡ型鑑定では、証拠物件からいかに純粋なＤＮＡを抽出するかがその鑑定結果の品質の良し悪しを大きく左右している。純粋なＤＮＡとは、証拠物件だけに由来するＤＮＡを意味する。

いつも人の手に触れられやすい頭毛や外部の環境に長い間さらされる殺人遺棄死体などにはいずれのものともわからない別のDNAが付く可能性のあることが十分に推測できる。証拠物件に、それとは気づかずに落とす皮膚角化上皮の離脱片やだ液・汗などの体液痕跡などは、純粋DNAを妨害するDNAの代表とされる。不用意に証拠物件に素手で触れる接触痕跡は、ミトコンドリアDNA型鑑定結果に重大な影響を与える。これらはすべて、証拠物件に残される汚染（コンタミネーション）物質として一くくりにされるが、ミトコンドリアDNA型鑑定結果を合理的に解釈するうえで、汚染の有無に細心の注意をはらう必要がある。

一九九二年に英国のジルは、ミトコンドリアDNA型を検出する戦略的技術として二段階ネステッドPCR増幅法を開発した。どんなに少ないDNA量でもこの二段階ネステッドPCR増幅法によりミトコンドリアDNA型を検出できる可能性が高くなった。

しかし、この二段階ネステッドPCR増幅法は証拠物件の側からみると、一つの問題をかかえていた。実験研究の試料のように、あらかじめその実体が研究者に明かされているのとは違って、証拠物件の実体は分析者に明かされることは決してない。汚染物が肉眼で見えたり、顕微鏡でその実体の一部でも解明できたりする例は多くない。たいていは証拠物件に吸着され、奥深く浸透している。その汚染を完ぺきなまでに洗い流さないと、証拠物件のDNAと同じように、汚染物からのDNAも抽出されることになる。それらがいったん二段階ネステッドPCR増幅法にかかると、目に見えなかった汚染DNAは、塩基の構成を知らせるクロマトグラム上にその姿を現すことになる。

米国、FBIのバドールはジルと連絡をとりつつ二段階ネステッドPCR増幅法を実際の証拠物件に応用するための検証研究に入った。彼は米軍のDNA型個人識別研究所のホランドとも技術的連携を密にする仲で、検証研究は一気かせいに仕上げられた。一九九三年十月、「ミトコンドリアDNA塩基解析の法科学応用のための指針（ガイドライン）」が、FBIの『犯罪科学研究所紀要』誌に掲載された。その内容の一部について触れてみる。

「証拠物件のミトコンドリアDNA型鑑定にあたっては、その有効性と限界をよく見極め、よく理解しなければならない。日常の証拠物件鑑定には、短鎖DNA型やHLADQA1型のような核DNAの鑑定をミトコンドリアDNAの鑑定に優先すべきである。核DNAのDNA型であれば、その出現頻度のデータも整っているうえに、なによりもミトコンドリアDNA型鑑定では、どうしても汚染混入の被害から逃れにくいという問題があるからである。頭毛や白骨死体の骨からミトコンドリアDNA型を検出するときは十分に汚染痕跡を流し去る方策を駆使しなければならない」。指針にみられるミトコンドリアDNA型鑑定における汚染痕跡の問題は今日なお心すべき問題である。

バドールに協力したホランドはこの指針が発表されたあと、白骨死体のミトコンドリアDNA型鑑定における二段階ネステッドPCR増幅法についての詳しい検証成績を、一九九五年の十月、「白骨死体骨片のミトコンドリアDNA塩基解析」と題して、指針が発表されたと同じFBIの『犯罪科学研究所紀要』誌に発表した。のちに、彼はロシアのイワノフと共同で、米国でのニコライ二世一家の遺体の骨のミトコンドリアDNA型鑑定を行うことになる。彼はこの検証研究の中で、ことさら汚染の問題に注目している。「皮膚の最表面にある角化上皮、だ液や汗などを、気づかずに、証拠物件に付けるかもしれない。花粉が風に運ばれるように、DNA分析研究室の骨粉塵（airborne bone dust）

までも汚染痕跡の原因の一つに見込まれる」。研究室の中を実際に骨粉塵がさまようわけでもないだろうが、二段階ネステッドPCR増幅法が証拠物件ミトコンドリアDNA型鑑定において、いかに汚染痕跡をDNA塩基という姿にしてしまうかを強調したのである。

米国は検証研究の成果をふまえて、一九九六年の四月、凶悪犯罪に関連する証拠物件についてミトコンドリアDNA型鑑定をFBI研究所だけが実施することをFBIの『犯罪科学研究所紀要』誌で、「FBI研究所のミトコンドリアDNA型鑑定政策」の題名のもとに全米の法科学研究所に知らせた。この中でも証拠物件の汚染痕跡には、鑑定依頼人に十分な注意を促している。鑑定の依頼にあたっては、前もって証拠物件の肉眼的、顕微鏡的検査を慎重に行い、その検査結果を評価し、記録することを義務づけている。ミトコンドリアDNA型鑑定における汚染の問題に並々ならう配慮をしたうえでの米国におけるミトコンドリアDNA型鑑定の出発となった。

ミトコンドリアDNA型鑑定は、DNA量の少ない証拠物件からでもDNA型鑑定が可能とされる一方で、証拠物件の汚染によって不確実な鑑定結果を生みだしやすい欠点をはらむことで、まさに、もろ刃の剣といえる。

一九九九年に、アンダーソンの標準配列のほんの小部分だけを改変した、ケンブリッジ標準配列（CRS、Cambridge Reference Sequence）が発表された。たとえば、アンダーソンの一四、七六六番のTは誤りでCに変えられている。そのような箇所が一六、五六九個のうち九箇所で見つかった。しかし、これらの変更が一個人のミトコンドリアDNA型鑑定に及ぼす影響はほとんどなく、標準配列をアンダーソンにするか、CRSにするかの違いにとどまるだけである。

# 第十一章　証拠物件DNA型鑑定の現状と未来

## 1　多座位短鎖DNA型マルチプレックスPCR増幅キット

マリスのPCR法が世に出るに及んで、これを利用するさまざまなDNA型鑑定法が開発されてきた。そんな中で、制限酵素を使うDNA指紋法はもちろんのこと、シングルローカスVNTR法も犯罪現場の証拠物件の世界からいつのまにか姿を消した。PCR法を使うMCT118DNA型という優れた鑑定法も、その高い個人識別力とは裏腹に、時間の経過した古い証拠物件やDNA量がきわめて少ないか、抽出しにくい頭毛の毛幹や骨などの証拠物件に対応できない場合もある。もちろん、さまざまな短鎖DNA型はそのような状況に十分、こたえてくれるが、個人識別の能力に劣るという欠点がある。そのために、いくつかの短鎖DNA型を組合わせて、個人識別力を高める方策がとられてきたが、それでも証拠物件と容疑者の同一由来性を証明するのに十分とはいえない。

犯罪の捜査でどうしても避けなければならないのは、犯人でない人を犯人にしてしまうことである。科学捜査という見方からすれば、問題とされる証拠物件が間違いなく容疑者と同一由来性をもつことが絶対的といえるほどに、あるいはあらゆる科学的、合理的疑いを越えるほどに証明されなくてはならないのである。もしそうでなければ、ラテン語の格言として有名な“*In dubio pro reo*”が適用されるはずである。「疑い（dubitum）あるときは被告人（reus）に有利に」とうたっている。そのために、DNA型鑑定結果は限りなく高い一致の重要度を提供しなければならない。それは、真の犯人を犯人とする以上に、犯人でない者を犯人の嫌疑から救済するのに大切なことなのである。

さまざまな状態の証拠物件に対応できて、かつ高い個人識別力をもつDNA型鑑定法を、一九九六年ごろより、米国FBIのバドールと英国法科学研究所のジルの二人が協力しながら探しはじめた。彼らには、裁判審理に高い個人識別能力をもつDNA型鑑定証拠を提供することと、世界の法執行機関が等しく実施できるDNA型鑑定法を共有することの、二つの願いがあった。やがて、十種類もの短鎖DNA（STR、Short Tandem Repeat）型を組合わせた、多座位短鎖DNA型鑑定法にたどりついた。その十種類の中には、男性か女性かを決めることのできるDNA型も含まれている。それは、第二十三番目の性染色体、XとYに位置している、それぞれ男女性に特有のDNA型の塩基対サイズの違いに基づいている。ちなみに、このDNA型は、XとY染色体のエナメル質の成分のアメロゲニンを指令する遺伝子に隣接する部分に位置するところから、アメロゲニンとよばれ、その塩基対サイズはXが一〇七、Yは一一三となっている。男性は女性よりも六塩基対だけ大きいため、男女性の違いが判定できる。これで、証拠物件DNA型鑑定は個人を特定できるほどの一致の重要度に達した。

このDNA型鑑定法を完成するために、いくつかの工夫が考えられている。

十種の短鎖DNA型の標的になるDNA型塩基対サイズは、いちばん小さいX染色体の一〇七から、いちばん大きい三一七までにわたっている。そのわずか二百ばかりの塩基対の中に十種類もの短鎖

ＤＮＡ型を識別しなければならない。もちろん、一塩基対の違いをも逃さずに識別できる細管式電気泳動法を使っているが、それぞれがどのＤＮＡ型のものなのかを読み取る必要がある。そのために、ＤＮＡ塩基配列自動解析方法（第十章参照）で使ったクロマトグラムにならって、十種の短鎖ＤＮＡ型部分を増幅するそれぞれのプライマーを蛍光色素で標識した。すなわち、短鎖ＤＮＡ型の塩基対サイズ範囲が重ならないものどうしを一グループとして三分類し、そのグループごとのプライマーを三種（青・緑・黄）の蛍光色素で色分けしたのである。たとえば、第五染色体（Ｄ５、一三五―一七一）、第十三染色体（Ｄ13、二〇六―二三四）、第七染色体（Ｄ７、二五八―二九四）を黄色いグループとすると、（　）内に記した塩基対サイズの範囲はお互いに違いがあるので、それぞれのＤＮＡ型を読みとれる。この黄色のグループに、プライマーを緑色に着色した第十一染色体の

表 11・1　多座位短鎖DNA型マルチプレックスPCR増幅キット[†1]

| 染色体 | DNA型呼称 | 塩基対サイズ | アレル型(反復数) | 蛍光着色 |
|---|---|---|---|---|
| 3 | D3S1358 | 114～142 | 8(12～19) | 青 |
| 12 | vWA | 157～197 | 11(11～21) | |
| 4 | FGA | 219～267 | 14(18～30) | |
| 23 | アメロゲニン | X：107<br>Y：113 | XX：女<br>XY：男 | 緑 |
| 11 | TH01 | 169～189 | 7(5～10)[†2] | |
| 2 | TPOX | 218～242 | 8(6～13) | |
| 5 | CSFIPO | 281～317 | 10(6～15) | |
| 5 | D5S818 | 135～171 | 10(7～16) | 黄 |
| 13 | D13S317 | 206～234 | 8(8～15) | |
| 7 | D7S820 | 258～294 | 10(6～15) | |

†1　使用キットはProfiler Kitとして市販されているもの.
†2　TH01 DNA型のうち10回繰返し型は$10^{-1}$と10の2種類があるので，アレル型の数は7種類になる.

ＴＨ01ＤＮＡ型（一六九―一八九）が入り込んだとしても、クロマトグラムの黄と緑の違いから、同じ塩基範囲のものどうしでも識別できることになる（表11・1、図11・1参照）。

バドールとジルはこの多座位短鎖ＤＮＡ型の証拠物件鑑定に対する有効性を協同で検証した。彼は犯罪現場で起こるかもしれないさまざまな状況に擬した証拠物件をそろえた。そして、十分な有効性を確認し、一九九八年にその検証の成績を『電気泳動学』誌に論文発表した。

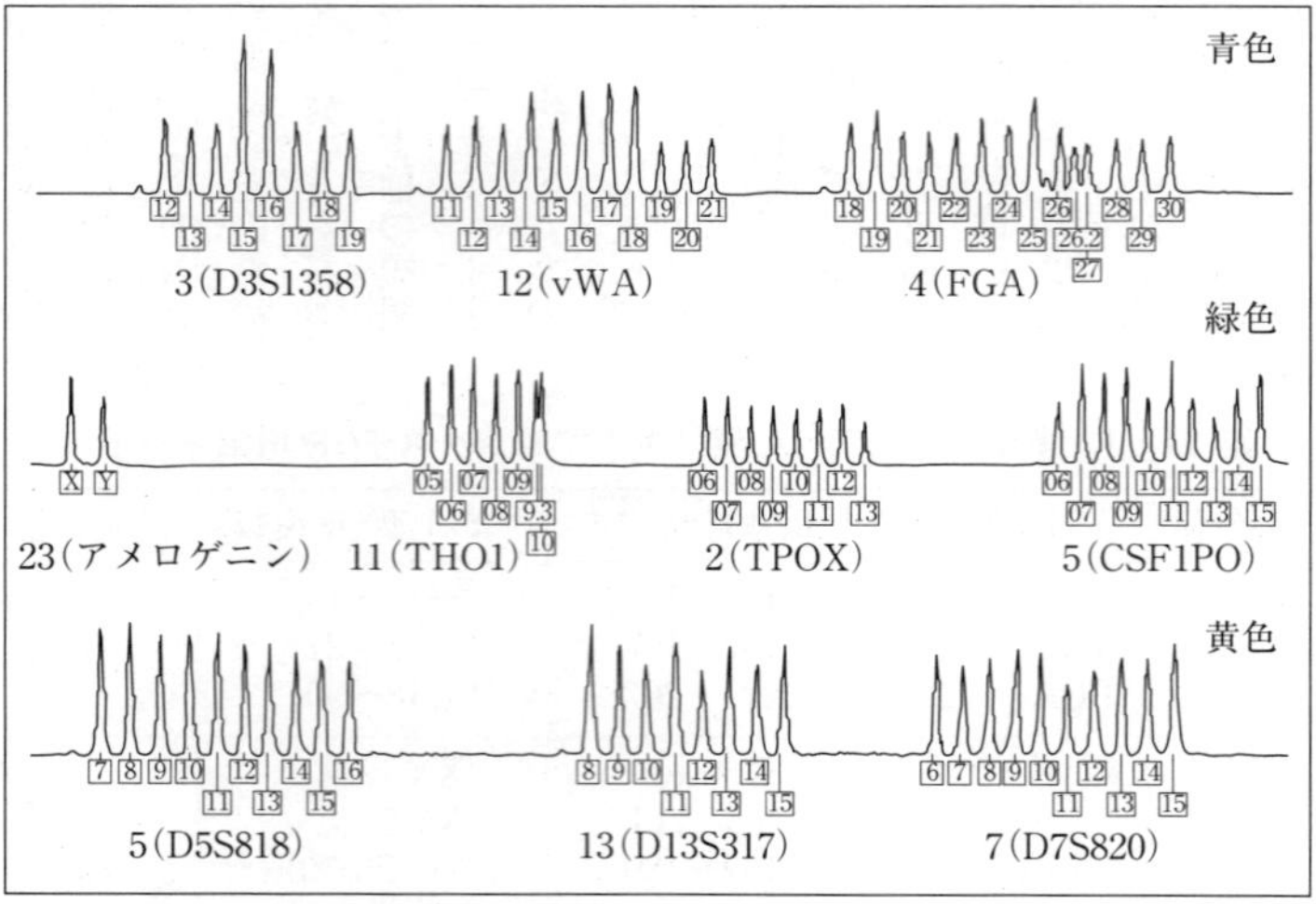


・細管式電気泳動法と塩基配列自動解析装置による分析
・□ 内数字はそれぞれの短鎖DNA型の反復数(アレル型)を示す
・同色のクロマトグラム内では塩基対数の大きさにオーバーラップはないので，それぞれのアレル型を区別できる．異なったDNA型で塩基対数のオーバーラップするアレル型どうしは蛍光色調の違いから区別される

図 11・1　多座位短鎖DNA型マルチプレックスPCR増幅キットによるクロマトグラム

やがて、この多座位短鎖DNA型鑑定は米国のパーキンエルマー社に属するアプライド・バイオシステム社から「STRプロファイラー・PCR増幅キット」として販売され、世界の法執行機関が共有した。九種類の短鎖DNA型とアメロゲニンDNA型を一本の試験管内で同時にPCR増幅(simultaneous amplification)できる．証拠物件への有効性が保障されていること、これまでにない空前絶後の（unprecedented）個人識別精度をもつこと、などを販売のうたい文句にしていた。ちなみに、個人識別精度について、検出されるDNA型によって人により違いがあるが、平均すると八十二ビリオン（82 billions、八百二十億）中の一人にまで個人を絞り込めるという途方もない確率、一致の重要度が得られるともうたっている。

発売直後から二〇〇〇年ごろまでに、世界の法執行機関の法科学研究所はこぞってこのキットの有効性評価研究を実施した。そして現在、多くの国々がこのキットを共通して使うまでになった。もちろん、日本の証拠物件DNA型鑑定もMCT118DNA型に加えて二〇〇三年よりこのキットの使用を開始した。

このキットが販売される少し前から、塩基配列のさらに短い短鎖DNA型をつくる研究がなされていた。その結果、短鎖DNA反復配列部分にできるだけ密着した位置にプライマーを結合させたミニサイズの短鎖DNAPCR増幅産物を切り出す「ミニSTRsキット（mini STRs kit）」が編み出された。その詳細は二〇〇三年、米国の国立標準技術研究所のバトラーの論文に見ることができる。これまでのSTRsキットとミニSTRsキットのPCR増幅産物の大きさを比較してみた（表11・2参照）。

ミニＳＴＲｓキットでは最大でも二八一塩基対の増幅産物である。バトラーはこれまでのＳＴＲｓキットで検出できなかった短鎖ＤＮＡ型でも検出できる可能性が大きいと述べている。また、いつも汚染を気にかけながら実施するミトコンドリアＤＮＡ型鑑定の代替的鑑定法として効果を発揮するだろうともつけ加えている。

これまでに述べたように、ミニＳＴＲｓキットが、ＤＮＡ量の少ない、分解し、汚染しているかもしれない証拠物件のさまざまな状況に対応できることが大いに期待できる。なお、このキットがＤＮＡ型鑑定の前線で活躍する前に、証拠物件に対する有効性評価研究が十分に必要とされることは、ほかの新しい鑑定法とも共通することであり、それは法科学研究の常道となっている。

表 11・2 "ミニSTRs" キットのPCR増幅産物サイズ†1

| 染色体 | DNA型呼称 | STRs 塩基対サイズ†2 | ミニSTRs 塩基対サイズ | 塩基対サイズ減少 |
|---|---|---|---|---|
| 5 | CSF1PO | 280～320 | 89～129 | 191 |
| 4 | FGA | 196～352 | 125～281 | 71 |
| 11 | THO1 | 160～204 | 51～ 99 | 105 |
| 2 | TPOX | 213～249 | 65～101 | 148 |
| 12 | vWA | 152～212 | 88～148 | 64 |
| 3 | D3S1358 | 97～145 | 72～120 | 25 |
| 5 | D5S818 | 134～170 | 81～117 | 53 |
| 7 | D7S820 | 253～293 | 136～176 | 117 |
| 8 | D8S1179 | 123～171 | 86～134 | 37 |
| 13 | D13S317 | 193～237 | 88～132 | 105 |

†1 J.M. Butler *et al.*, *J. Forensic Sci.*, **48**, 1055 (2003) による.
†2 Profiler PlusまたはCofilerとして市販されているキットを使用している. 表11・1の塩基対サイズとわずかに違っている.

## 2　Y染色体短鎖DNAハプロタイプ型

多座位短鎖DNA型の検出は証拠物件のDNA型鑑定をほぼ万全なものに仕立てあげたようにみえた。しかし、いくぶんその鑑定効力に物足りなさを感じた人もいないわけではない。性犯罪の実行犯に複数の人物がかかわった疑いのあるとき、一人一人の人物を特定しなければならない。常染色体のDNA型では、同じアレル型をもつホモタイプあるいは異なるアレル型をもつヘテロタイプが混ざり合うと何人分のDNA型を含んでいるかをはっきりさせられない場合に出合うのはそんなに珍しいことではない。複数の人物の精液が混ざったとしても、一人一人をまぎらわしくなく、確実に識別できるDNA型鑑定法が性犯罪の捜査では強く要望される。

証拠物件DNA型鑑定の戦略は性犯罪とともに編み出されてきたといっても過言ではない。英国のジルが編み出した、膣液・精液分別抽出法は性犯罪の犯人を特定するのにずいぶんと役立ってはきたが、やはり犯人が複数となると分別抽出に手間がかかったり、犯人の特定が難しいこともある。さらに、証拠物件が古くなったり、きわめて微量であるような場合に、多座位短鎖DNA型に組入れられているすべてのDNA型がいつも検出されるとはかぎらないこともある。このような実際の証拠物件の状況は、複数犯人の一人ずつを確実に特定することに影響する場合がある。

このような不安を解消するかもしれない研究論文を、ドイツのロベールが一九九二年の『人類遺伝学』誌に発表した。その論文は、ヒトの常染色体のDNA型に勝るとも劣らない、Y染色体の短鎖

DNA反復配列を発見したという内容だった。その反復配列はDYS19と名づけられ、TAGAの四塩基をモチーフとして、個人により十回から十九回繰返す短鎖DNA型であった。この研究発表をきっかけに一九九六年までの四年間で、さまざまな研究者が二十種類にわたるY染色体短鎖DNA型を発見した。そのほとんどは四塩基をモチーフとする反復配列からできている（表11・3、図11・2参照）。ちなみに、二〇〇三年までには、Y染色体のさまざまな座位に位置する六十種類にも及ぶ短鎖DNA配列が発見された。

一九九六年の秋にはドイツ、ベルリンでY染色体遺伝子に関する国際研究集会が開催された。この会議には多くの法科学者も参加している。Y染色体の分析による個人差が話題の一つに加えられていた。

Y染色体のDNA塩基対の数は全部でおよそ五千九百万であり、二十二対の常染色体の一本当

表 11・3　Y染色体短鎖DNA型の抜粋[†1〜†3]

| Y染色体座位 | 反復モチーフ | 反復数 |
|---|---|---|
| DYS19 | TAGA | 10〜19 |
| DYS389Ⅰ | TCTG | 9〜17 |
| DYS389Ⅱ | TCTG | 24〜34 |
| DYS390 | TCTA | 17〜28 |
| DYS391 | TCTA | 6〜14 |
| DYS392 | TAT | 6〜17 |
| DYS393 | AGAT | 9〜17 |
| DYS385 | GAA | 7〜28 |

†1　DY：Y染色体，S：座位登録番号
†2　各座位の短鎖DNA型（反復数）は一緒にまとまったハプロタイプとして，息子にそっくり伝えられる．
†3　上記の短鎖DNA型によるハプロタイプ表記例〔15 - 13 - 28 - 19 - 10 - 15 - 16 - 20〕

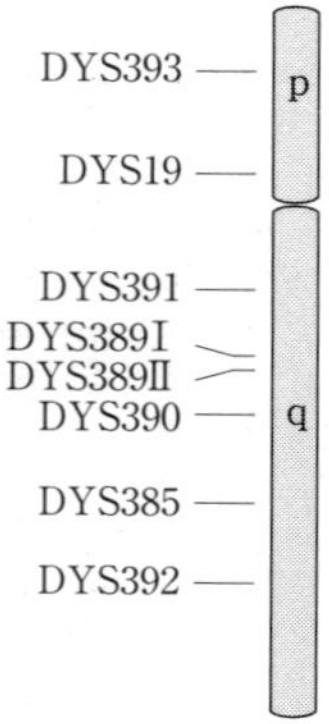


図 11・2　Y染色体でハプロタイプ遺伝する短鎖DNA型座位の例（p：小腕，q：大腕）

たりの平均塩基対数が一億三千万ぐらいであるのに比べると、たいへん小さいものになっている。常染色体と違って、性染色体はXとYの間にほとんど組換えが起こらず、Y染色体のDNAはそっくりそのまま父親から息子に伝えられる。一対の染色体の片方に位置している対立遺伝子型、すなわちアレル型が一隻の船に乗っかるように、そっくりそのまま父親から子に伝えられる遺伝子を、一般にハプロタイプ（haplotype）遺伝子とよんでいる。父親のY染色体のあちこちの座位に乗っているさまざまな短鎖DNAの反復配列の回数（反復数）、すなわち短鎖DNA型は連なって息子に伝わる。これを、Y染色体短鎖DNAハプロタイプ型（Y—STRsハプロタイプ型、Y-Short Tandem Repeats Haplotype）とよび、反復数、すなわちDNA型(アレル型)の数字を連番式に並べたもので表現される。

このようなY—STRsハプロタイプ型は、祖父から父とその息子、さらにその息子にと何世代にもわたって受け継がれる父系遺伝のDNA型として、父子鑑定や女性を除く男系の家族や縁者を探るのに格好の鑑定方法であることが確認された。

ベルリンの集会では、Y—STRsハプロタイプ型が父系血族を探るのに確定的証拠を提供することが強調され、父子の鑑定はこれまでの血液型鑑定や短鎖DNA型鑑定に上まわる直接的証拠として有効性を発揮することが示された。

ベルリンでの研究集会の翌年、一九九七年にはドイツのカイザーとロベールの二人が主宰する総勢二十六名の研究グループが、多くのY—STR部位から十三種を、特に父子鑑定に適したものとして『国際法医学ジャーナル』誌に発表した。その十三種のどれもがプライマー結合部位を含めて一〇〇から三八〇塩基対ほどの大きさでしかない。まさに短鎖DNA型にふさわしいものだった。しかし、この発表の中では、犯罪の証拠物件への応用について多くは語られていなかった。

英国のジルと米国のバドールはY―STRsハプロタイプ型を父子鑑定だけでなく、犯罪の証拠物件の鑑定に応用することを強く望んだ。そして、「Y―STRsの法科学的応用に関する指針」と題する論文を二〇〇一年の『国際法医学ジャーナル』誌に発表した。この論文の中で特に、ハプロタイプ型誤判定の原因となる証拠物件の汚染問題にふれた。その原因の一つとして、鑑定に携わる分析者が不注意に証拠物件に接触することをあげた。鑑定結果を正しく評価するためには、少なくとも鑑定に携わる分析者のY―STRsハプロタイプ型をデータベースの一つとして蓄積する必要があると述べた。この論文をきっかけに、Y―STRsハプロタイプ型を犯罪捜査に利用する気運が高まった。

複数犯による性犯罪が絶えることのない米国では、特にこのY―STRsハプロタイプ型鑑定法を犯罪捜査に早急に取入れる必要があった。そのような状況にこたえるように、米国だけでなく世界のDNA関連企業は証拠物件に適した鑑定キットの完成にしのぎを削った。この鑑定法の先駆けとなったドイツのセラック社と米国のレライア・ジーン社、プロメガ社、アプライド・バイオシステム社などが加わっている。その中で、プロメガ社は、一九九七年、ロベールらが提唱した十三種類の短鎖DNA型のうち、十二種を組入れたプロメガ・パワーPLEXをY―STRsハプロタイプ型の原型(prototype)として二〇〇二年、他社に先駆けて発売した。

このとき、バドールはレライア・ジーン社と協力して、証拠物件の実体に対応できる鑑定法を目指し、その有効性の評価研究をほぼ終えていた。彼は、十一種の短鎖DNA型を六種と五種のグループ

表 11・4　Y 染色体短鎖 DNA 型マルチプレックスキット†1～†4

| 6種（Y-PLEX6） | | | 5種（Y-PLEX5） | | |
|---|---|---|---|---|---|
| 座　位 | 塩基対サイズ | 色　調 | 座　位 | 塩基対サイズ | 色　調 |
| DYS393 | 112～136 | 青 | DYS389Ⅰ | 243～260 | 青 |
| DYS19 | 181～205 | 青 | DYS389Ⅱ | 361～385 | 青 |
| DYS389Ⅱ | 286～318 | 青 | DYS439 | 238～254 | 緑 |
| DYS390 | 178～206 | 黄 | DYS438 | 131～158 | 黄 |
| DYS391 | 241～257 | 黄 | DYS392 | 247～262 | 黄 |
| DYS385 | 345～393 | 黄 | | | |

†1　S.K. Sinha, B. Budowle, *et al.*, *J. For. Sci.*, **48**, 988（2003）による．
†2　同一色の短鎖 DNA 型は塩基の大きさで識別できる．
†3　塩基のオーバーラップは色の違いで識別できる．
†4　5，6 座位を一緒に PCR 増幅したのち，細管式電気泳動法により塩基の大きさごとに分離する．

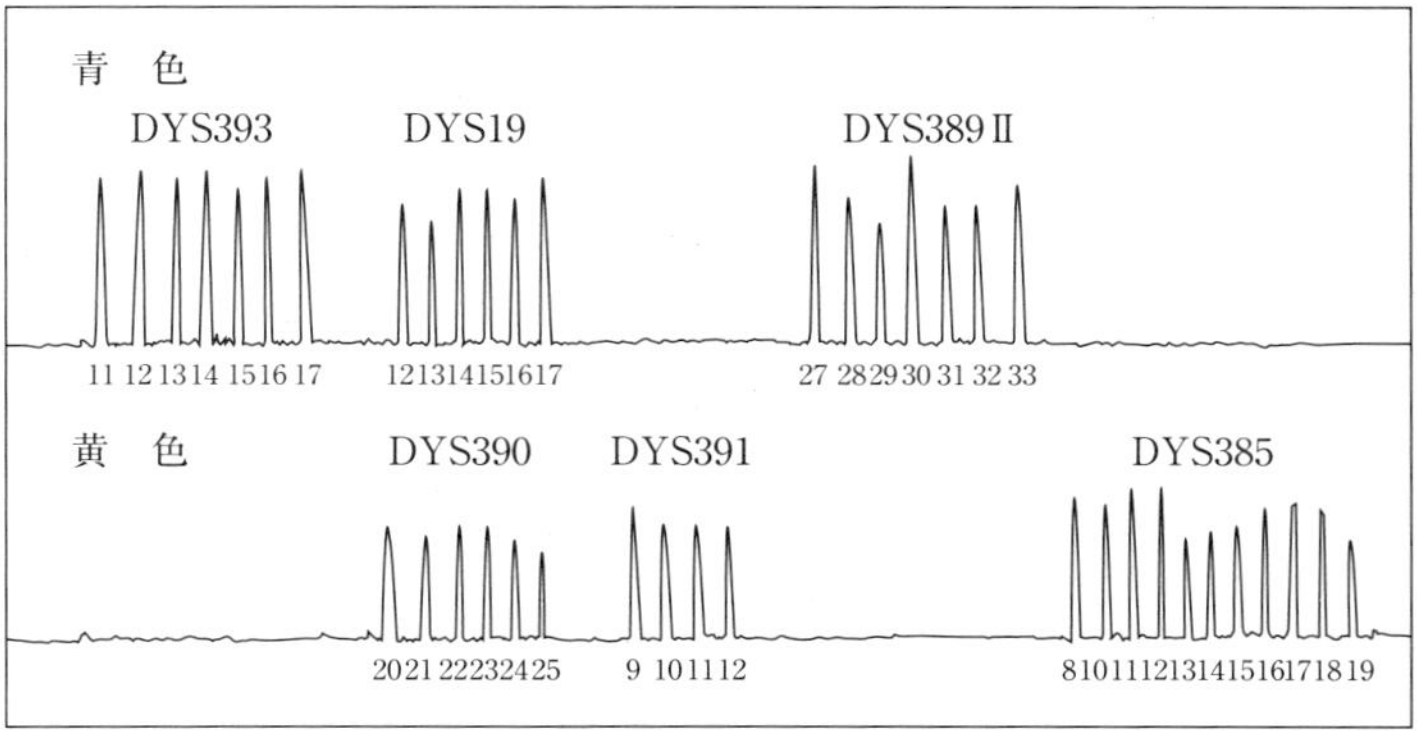


・数字は反復数によるアレル型を示す
・DYS385 はアレル 9 を欠く
・塩基対サイズが重なる DYS19（180～200）と DYS390（170～200）は色の違いから区別できる

図 11・3　Y-PLEX6 のクロマトグラム（模式図）

に分けて、それぞれのグループごとのマルチプレックスキット、Y―PLEX6（表11・4、図11・3参照）とY―PLEX5（表11・4、図11・4参照）の二つのキットを完成させた。十数種類ものDNA型を取り入れるよりは、数の少ないキットの方がハロタイプ型を正確に読み取れるはずであり、両方のキットを使うことにより十三種を組み入れたキットと同じ程度の個人識別力を期待できると考えた。しかし、この二つが発売されるまでに少し時間がかかった。それらの鑑定法を実際の犯罪捜査に使用する前に、証拠物件に対する有効性をさらに厳しく評価しなければならなかったのである。バドールは米国の州法科学研究所の法科学者と協同してその評価研究にあたった。総勢十八名の研究チームとなった。

　彼は証拠物件にさまざまな状況をつくった。温度・湿度・太陽光など環境条件、証拠物件にいつもつきまとう混合・汚染などの影響が詳しく検証された。検証実験の結果の一つに触れてみる。

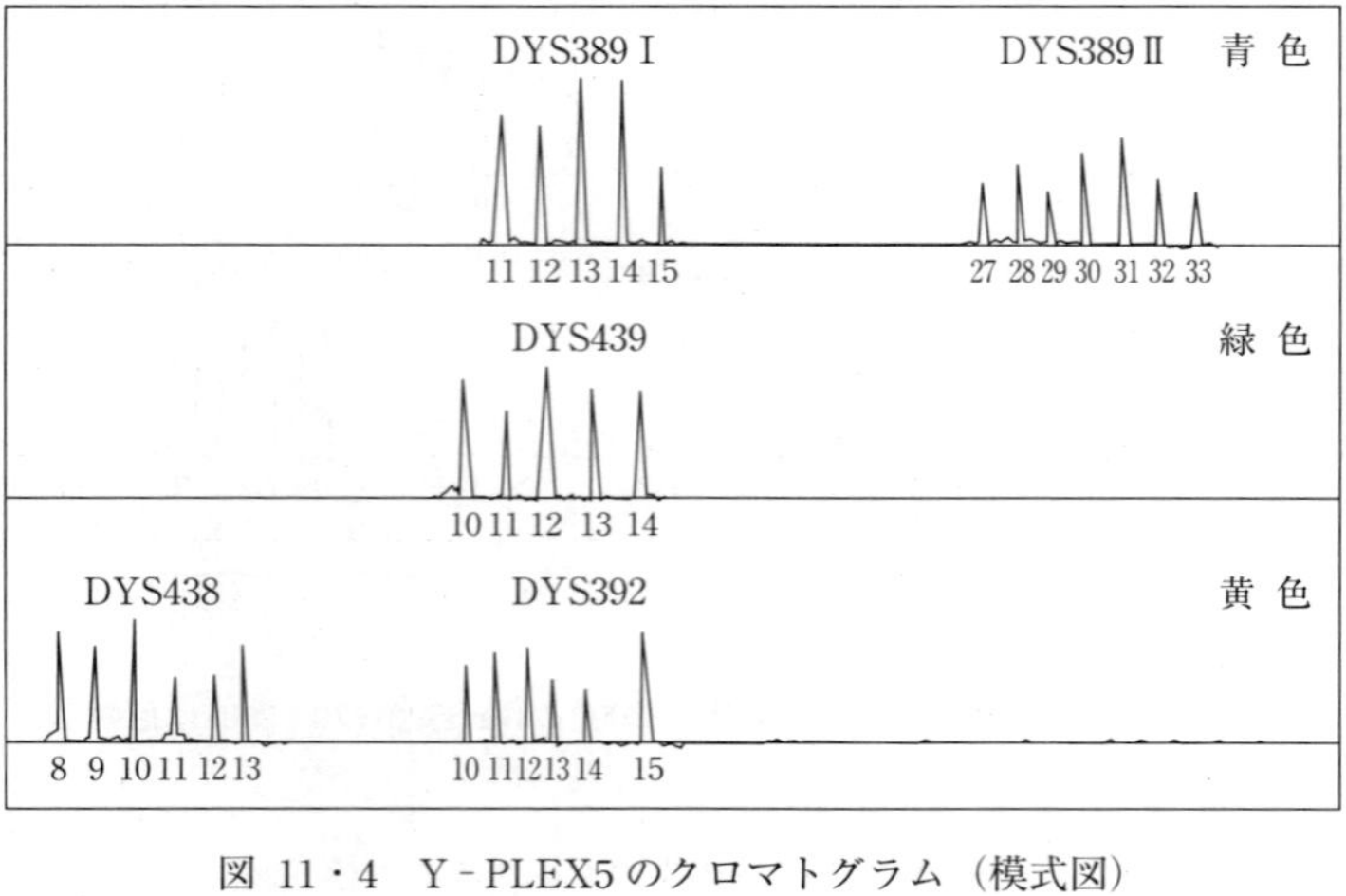


図 11・4　Y‐PLEX5のクロマトグラム（模式図）

バドールらは、AとBの二人の男性のDNAをいろいろと異なった比率で混合した試料のY—PLEX5ハプロタイプ型検出状況を検討した。男性AについてはBとの混合比率が一対五まで、BについてはAとの混合比率が一対十まで五種の短鎖DNA型の全部を含む完全ハプロタイプ型が検出された（表11・5参照）。複数の男性が関係する混合した証拠物件のY—STRsハプロタイプ型検出の有効性と限界がはっきりと示された。

その一方でバドールらはY—STRsハプロタイプ型鑑定法の欠点を述べることも忘れなかった。その遺伝の形式を考えれば、祖父、父親、息子、父親の兄、その息子などはすべて同じハプロタイプ型をもつわけである。したがって常染色体の短鎖DNA型に比べると個人識別の

表 11・5　2人の男性の混合 DNA Y-PLEX5 ハプロタイプ型の検出[†1]

| 男A：男B[†2] DNA混合比 | DYS389 I | | DYS389 II | | DYS439 | | DYS438 | | DYS392 | |
|---|---|---|---|---|---|---|---|---|---|---|
| | A | B | A | B | A | B | A | B | A | B |
| 1：1 | 221[†3] | 257 | 128 | 160 | 124 | 256 | 223 | 391 | 406 | 196 |
| 1：5 | 131 | 1778 | 80 | 1241 | 197 | 1676 | 274 | 2024 | 374 | 2131 |
| 1：10 | 171 | 2716 | –[†4] | 1476 | 168 | 4139 | 276 | 4077 | 157 | 3360 |
| 1：20 | 158 | 2902 | – | 1239 | 155 | 4957 | 80 | 5149 | 78 | 3309 |
| 2：1 | 811 | 306 | 522 | 182 | 646 | 90 | 478 | 164 | 1151 | 186 |
| 5：1 | 1602 | 223 | 1113 | 133 | 1423 | 310 | 1353 | 205 | 2187 | 230 |
| 10：1 | 2488 | 192 | 1420 | 97 | 2890 | 144 | 2510 | 243 | 3512 | 188 |
| 20：1 | 4417 | 149 | 2703 | – | 6047 | 348 | 4455 | 173 | 5500 | 87 |

†1　S. K. Sinha, B. Budowle, *et al.*, *J. For. Sci.*, **48**, 994 (2003) による.

†2　男Aと男BのY-PLEX5ハプロタイプ．A：12-28-14-8-11，B：14-30-12-12-13.

†3　検出結果を蛍光発色の相対強度で示した数値．男Aは1：5，男Bは10：1の混合比までそれぞれ完全ハプロタイプ（complete haplotype）が検出された．男Aは1：10，男Bは20：1の混合比から部分ハプロタイプ（partial haplotype）となった.

†4　–：検出不能

力は劣っている。それは母系遺伝するミトコンドリアDNA型も同じような状況にある。バドールは、家系的に関係していないアフリカ系アメリカ人五四三人、白色系アメリカ人五八一人から口腔細胞を集めてハプロタイプを調べた。その結果、アフリカ系の人では十三人、白色系では二十六人がそれぞれ同じハプロタイプをもっていることがわかった。この十三人と二十六人はハプロタイプの鑑定結果では同じ人物となり、個人として特定できないのである。バドールはこのようなこの鑑定法の有効性と限界をふまえながら、実際の証拠物件DNA型鑑定に使うべきであると主張した。そしてなお、いくつかの点をつけ加えた。「Y—STRsハプロタイプ型は、ミトコンドリアDNA型鑑定ではなし得なかった、祖先から子孫にわたる男系血族を一本の線につなげるのに最適の方法であり、性犯罪の捜査にはもちろんのこと、殺人死体、天変地異による災害死、列車や航空機などの事故死体などの身元確認に確定的証拠を提供するに違いない」。彼はこのような有効性評価研究の内容を、二〇〇三年の『法科学ジャーナル』誌の一月号にY—PLEX6を、九月号にはY—PLEX5、と二回に分けて論文発表した。そしてすぐに、レライア・ジーン社からこの両方が発売された。

## 3　Y—STRsハプロタイプ型と証拠物件鑑定

### 殺人遺棄死体の身元を明かす

一九九七年十一月、鈍器で殴られて死亡したと思われる死体が北ドイツ、ライプチヒの郊外で発見された。死体は列車の軌道内に放置され離断状態になっていた。この種の事件ではなによりもまず被害者の身元を明かさなければならない。

頭蓋《ずがい》には歯が残っている。臼歯《きゅうし》には金属冠による治療が施されている。その金属冠をX線マイクロアナライザーで分析したところ、鉄・ニッケル・クロムのアロイ（合金）で、その含有比率からロシアに特有のものとわかった。そのデータを一つの手がかりに捜査したところ、死体発見の二週間前にウクライナの男性が兄の捜索願いを出しているという情報に行き当たった。ライプチヒ警察はその弟から血液を採取し、死体との異同識別を実施した。ABO式血液型、常染色体の短鎖DNA型を調べた。幸い、Y—STRsハプロタイプ型を世界に先がけて調査したドイツでは独自のハプロタイプ型検出法を手にしていたところからこのハプロタイプ型も鑑定法に加えた。

鑑定結果は一カ月ほどしてから出された（表11・6参照）。ABO式血液型はともにO型、常染色体の四番、十一番、十二番の短鎖DNA型では両方とも片方のアレル型を共有していた。これだけでも両方が兄と弟の関係

表 11・6　身元不明死体の身元を明かすY染色体短鎖DNA型鑑定

| | ABO†1 | 11†1<br>THO1 | 12†1<br>vWA | 4†1<br>FGA |
|---|---|---|---|---|
| 身元不明死体 | O | 6 - 9.3 | 15 - 18 | 21 - 21 |
| 弟 | O | 9 - 9.3 | 15 - 16 | 18 - 21 |

| | DYS19 | DYS390 | DYS389I | DYS389II | DYS385†2 |
|---|---|---|---|---|---|
| 身元不明死体†3 | 16 | 26 | 13 | 29 | 10/14 |
| 弟†3 | 16 | 26 | 13 | 29 | 10/14 |

†1　ABOは血液型，11, 12, 4は常染色体番号.
†2　DYS385の部位にはaとbの二つのアレルが離れて位置している（マルチコピー）．そのために二つのアレルとして表現される.
†3　死体と弟のハプロタイプ型（16 - 26 - 13 - 29 - 10/14）は一致.

にあることが推測された。鑑定の結論はY―STRsハプロタイプ型の結果に期待した。両方とも五種類の短鎖DNA型が全く同じハプロタイプ型をもっていた。これで、ドイツで発見された死体はウクライナの男性の兄であることがはっきりと立証された。

## 性犯罪事件の真犯人を探る

二〇〇一年の春、ドイツ、ビスバーデンの郊外で十八歳の女性が強姦《ごうかん》殺人死体遺棄事件の被害者として発見された。幸運にも早目に目撃証言が手に入り容疑者が拘束された。

採取した被害者の膣《ちつ》スワブと容疑者の血液についてDNA型が調べられた。まず、常染色体の短鎖DNA型を調べた。化学的な予備検査で精液反応を調べたが全く反応がみられず、顕微鏡で調べても精子らしいものはみつからない。常染色体の短鎖DNA型も被害者の型しか検出できない。男女性を判定するアメロゲニンDNA型でも男性のピークを検出できない。とにかく、Y―STRsハプロタイプ型を検出してみよう。八種類のY―STRsを同時にPCR増幅するマルチプレックスキットを使った。心配をよそに、八種類からなるハプロタイプが検出された（表11・7参照）。まぎれもなく、犯人の精液が膣スワブに付いていた。

実際の事件例から、Y―STRsハプロタイプ型の検出は常染色体の短鎖DNA型よりもはるかに検出感度が優れていることが実感された。そのうえに、ハプロタイプ型はそれぞれの短鎖DNA型のほとんど全部が一つだけの型をもち、それらが連番としてつなげられる形で表されるので、個人と個人の間の異同性をなんのまぎらわしさもなく、客観的に理解できる情報を提供してくれる。鑑定の結果は被疑者がこの犯罪の真犯人であることを科学的に立証するものとなった。

つぎに述べる事件もやはりドイツ国内で起こった性犯罪事件である。

一九九九年の春、シュツットガルトの郊外に位置する小学校近く、もう夜もかなり更けたころ、所用のため遅くなった帰宅途中の女性がわき道から飛び出した男に突然羽交い絞めにされた。校舎の近くの暗やみに押し入れられ、のど元にナイフを押しつけられるまま犯行にさらされた。性犯罪行為のありふれたパターンであった。犯人が立ち去ったあと、被害者は気丈にも

表 11・7　膣スワブの常染色体短鎖 DNA 型および Y-STRs ハプロタイプ型鑑定

| 常染色体短鎖 DNA 型 | | | | | | | | |
|---|---|---|---|---|---|---|---|---|
| 常染色体 | D3 | vWA | D8 | D18 | THO1 | FGA | SE33 | アメロゲニン |
| 膣スワブ[†1] | 17-18 | 16-17 | 13-15 | 16-18 | 6-9.3 | 20-21 | 19-21 | X |
| 被害者 | 17-18 | 16-17 | 13-15 | 16-18 | 6-9.3 | 20-21 | 19-21 | X |
| 容疑者 | 16-18 | 14-16 | 12-15 | 14-15 | 9-9 | 22-22 | 21-25 | XY |
| **Y-STRs ハプロタイプ型** | | | | | | | | |
| Y染色体(DYS) | D3 | 393 | 392 | 391 | 390 | 389I | 389II | 385[†2] |
| 膣スワブ[†3] | 14 | 11 | 12 | 10 | 23 | 14 | 31 | 13/18 |
| 容疑者 | 14 | 11 | 12 | 10 | 23 | 14 | 31 | 13/18 |

†1　膣スワブの常染色体短鎖 DNA 型は被害者に由来する型だけを含んでいる．ただし，被害者と容疑者が共有する片方のアレル型が四つの染色体(D3, vWA, D8, SE33)で検出されている．

†2　DYS385 座位は二つの短鎖 DNA 型部分が4万塩基対ほどの距離で離れてなりたっている．これをマルチコピーとよび，二つの型が併記される．

†3　膣スワブのY染色体短鎖 DNA ハプロタイプ型は

14 - 11 - 12 - 10 - 23 - 14 - 31 - 13/18

となっている．それは容疑者のものと完全に一致している．

すぐに警察に通報した。病院で膣スワブが採取された。警察は犯人の犯行手口を頼りに、犯歴者リストを何枚もめくるうちに、有力な容疑者にたどりついた。やはり常習的性犯罪者だった。

容疑者はなんの証拠をも犯行現場に残したはずがないと確信していたようである。犯行の場所はとても暗く、被害者は容疑者の顔を識別できる状況ではない。容疑者は頑として犯行を認めない。捜査は容疑者の犯行の事実を証明する確定的証拠をつかむしかない。幸い、膣スワブが犯行後、比較的早い時間内に病院で採取されている。もちろん、膣スワブのDNA型鑑定の結果に大きな期待がかけられた。シュツットガルトの法科学研究所はすでに新しいY―STRsハプロタイプ型鑑定に通じていたことから、これを応用した。

容疑者からだ液が採取された。だ液の中には口腔粘膜をつくる上皮細胞がたくさん含まれている。また、被害者から事件当時身に着けていた下着も提出された。下着には擦過状の汚れが認められていた。

鑑定の手順として、真っ先にABO式血液型が調べられた。つぎに、常染色体短鎖DNA型にと移った。被害者はA型、容疑者のだ液は分泌型でB型だった。膣スワブからはA型しか検出されない。これだと、容疑者の関与は全く否定されてしまう。つぎの常染色体短鎖DNA型に期待をかけたが、これも被害者のDNA型しか検出されない。そのうえ、アメロゲニンの男性区分も検出されない。ここまでの鑑定結果では、状況証拠から容疑者が犯人であることを十分に推測できていたとしても、それを立証する確定的証拠がないわけだから、とても容疑者を真の犯人とするわけにはいかない。“*In dubio pro reo*”のラテン語格言はどこの国でも同じことである。

Y－STRsハプロタイプ型をいまだよく知らない捜査官はDNA型の鑑定結果に気落ちした。法科学研究所はそれをあまり気にかけずにハプロタイプ型の鑑定に入った。まず、容疑者のだ液からはっきりしたハプロタイプ型が検出された。ところが、膣スワブからはいずれのY染色体短鎖DNA型も検出されなかった。ますます、容疑者の犯行を否定する結果である。最後に残されたのは被害者から提出された下着にみられる擦過状汚はんである。その汚はんから、二つの短鎖DNA型を欠いてはいたものの、容疑者のだ液に一致すると判断できる六種の短鎖DNAからなるハプロタイプ型が検出された（表11・8参照）。二つの型を欠いたのは、下着に擦過状に付いた、きわめて微量な汚はんのせいであろうと説明された。完全なハプロタイプではないにしても、容疑者の供述内容に一致する鑑定結果であった。確かに、性行為に及んだ

表 11・8　常染色体短鎖DNA型とY-STRsハプロタイプ型の鑑定

| 常染色体短鎖DNA型 | | | | | | |
|---|---|---|---|---|---|---|
| 常染色体 | SE33 | D5S818 | D7S820 | THO1 | vWA | アメロゲニン |
| 容疑者のだ液 | 12 - 18 | 9 - 11 | 8 - 11 | 6 - 7 | 16 - 17 | XY |
| 被害者の血液 | 21 - 32 | 11 - 13 | 9 - 12 | 8 - 9 | 17 - 19 | XX |
| 膣スワブ | 21 - 32 | 11 - 13 | 9 - 12 | 8 - 9 | 17 - 19 | XX |

| Y-STRsハプロタイプ型 | | | | | | | | |
|---|---|---|---|---|---|---|---|---|
| Y染色体(DYS) | 19 | 389I | 389II | 390 | 391 | 392 | 393 | 385 |
| 容疑者のだ液[†1] | 16 | 13 | 29 | 25 | 10 | 11 | 13 | 13, 17 |
| 被害者の下着[†1] | 16 | 13 | 29 | －[†2] | 10 | 11 | 13 | －[†2] |

†1　容疑者のだ液のハプロタイプ型(16-13-29-25-10-11-13-13/17)は被害者の下着に着いた汚はん痕跡のハプロタイプ型に，二つの座位を除いて一致している．

†2　－：検出不能

が、射精するに至らなかった。そのあとで、被害者の下着で自分の陰部をぬぐったとの内容であった。おそらく、容疑者に由来する汗成分、皮膚組織成分が擦過されて下着に移行したと推測された。

裁判審理で、このY―STRsハプロタイプ型鑑定結果の有効性が認められ、容疑者は有罪と評決された。

## トーマス・ジェファーソンの子認知事件

一八〇一年に米国の第三代大統領に就任したトーマス・ジェファーソンは、晩年になって経済的に苦しみ娘や孫たちにずいぶんと心配をかけたことにひどく悩みつづけながら、一八二六年七月四日にこの世を去っている。その日はくしくも米国独立宣言の日からちょうど五十年目にあたっていた。そんな彼に、大統領就任の翌年、とんでもない問題が持ち上がった。彼はもともと奴隷制度反対を強く叫んでいたところではあったが、ほかならぬ自分が奴隷としていた女性、サリー・ヘミングスから子の認知を求める訴訟が起こされたのである。当時はさしたる鑑定法もなく、その真相は明かされずじまいに、諸説紛々の中で今日に至った。一九九六年のベルリンで開催されたY―STRsハプロタイプ型に関する国際研究集会は、まさにジェファーソン大統領の子認知事件を解決に導くまたとない手段を提供した。

ジェファーソン史家の一人でもあった米国、バージニア州の病理学者フォスターは、いまこそ認知事件の真相を明かすその時が来たと考えた。ベルリンの国際研究集会に参加した、DNA指紋法を開発したことで知られるレスター大学のヨブリングに連絡をとり、Y―STRsハプロタイプ型鑑定による真相解明にこぎつけた。

サリーは五人の子を生んでいる。そのうち、長男のトーマス・ウッドソンと三男のエストン・ヘミングスの二人が大統領の実子であると主張した。

なにしろ、二百年ほども前に起こされた認知事件である。父系でつながる男性の生存者を探さなければならない。残念なことに大統領には血のつながる男の孫が生存していなかった。しかし、大統領の実兄、フィールド・ジェファーソンの二人の息子の五人の男性子孫が生存していた。問題のトーマス・ウッドソンには二人の息子の男性子孫五人も生存しており、エストン・ヘミングスにも一人の男性子孫が生存していた。

探しあてたそれらの男性子孫どうしのY―STRsハプロタイプ型は三世代をさかのぼって父と子の関係を明かすであろう。十一種類の短鎖DNA型を組合わせたハプロタイプ型が検出された（表11・9参照）。

大統領の実兄、フィールドの五人の子孫のうち四人は全く同じハプロタイプ型をもっていた。一人の子孫もほとんど同じハプロタイプ型をもっていたが、ただ一つだけほかの四人と違っていた。レスター大学のヨブリングは、この一つの違いはたまたま突然変異によって生じたものであり、五人とも大統領を先祖とする子孫に違いないと説明した。

エストンの子孫はどうかというと、フィールドの四人の孫にハプロタイプ型は一致した。まさしく、トーマス・ジェファーソン大統領の血をそのまま受け継いだ子孫であることが立証された。ウッドソンの子孫五人のうち四人は同じハプロタイプ型をもっていた。しかし、フィールドの五人の子孫とは違っている。この結果はウッドソンが大統領の実子でないことをはっきりと説明した。なお、ウッドソンのもう一人の子孫は、ほかの四人とかなり違ったものになっている。ウッドソンの家系のどこかの世代で別の男性の関与がうかがい知れた（表11・9参照）。

二百年ほども前のトーマス・ジェファーソンの子認知事件の真相はY—STRsハプロタイプ型の鑑定結果に基づいて科学的に明かされた。フォスターとヨブリングらはその科学的究明の一部始終を論文にまとめ、一九九八年十一月号の『ネイチャー』誌に発表した。

奴隷制度に強く反対したトーマス・ジェファーソンがその奴隷自身に示した愛情のあかしに違いないと人々に思

表 11・9　トーマス・ジェファーソン大統領の子認知事件における Y‐STRs ハプロタイプ型鑑定[†1]

| 祖　先 | 男性子孫 | Y 染色体短鎖 DNA 座位（DYS[†2]） | | | | | | | | | | |
|---|---|---|---|---|---|---|---|---|---|---|---|---|
| | | 1 | 2 | 3 | 4 | 5 | 6 | 7 | 8 | 9 | 10 | 11 |
| フィールド・ジェファーソン（ジェファーソン大統領実兄） | 1〜4 | 15 | 12 | 4 | 11 | 3 | 9 | 11 | 10 | 15 | 13 | 7 |
| | 5 | 15 | 12 | 4 | 11 | 3 | 9 | 11 | 10 | **16**[†3] | 13 | 7 |
| トーマス・ウッドソン（サリーの長男） | 1〜4 | 14 | 12 | 5 | 11 | 3 | 10 | 11 | 13 | 13 | 13 | 7 |
| | 5 | 17 | 12 | 6 | 11 | 3 | 11 | 8 | 10 | 11 | 14 | 6 |
| エストン・ヘミングス・ジェファーソン（サリーの三男） | 1 | 15 | 12 | 4 | 11 | 3 | 9 | 11 | 10 | 15 | 13 | 7 |

†1　E.A.Foster *et al.*, *Nature* (London), **396**, 27（1998）による.
†2　DYS：1から11の順に19‐388‐389A‐389B‐389C‐389D‐390‐391‐392‐393‐156Y
†3　突然変異を示す.

わしめた事例である。しかし、『ネイチャー』誌上の論文をつぶさに見たメディアは、この出来事を「サリーゲート事件」とよんだ。

## 4　一塩基多型を個人識別に
### ――ミトコンドリアDNAのSNPsハプロタイプ型

ここ数年来、「テーラーメード医療」という言葉がしばしば新聞紙上で目に止まるようになった。われわれの体型は一人一人少しずつ違っている。着る人の体型に合った服をオーダメードするのと同じように、患者一人一人の体質に合った治療法や薬を選ぶような医療を完成させようとする研究がさかんになったのである。そのようなテーラーメード医療は次世代の高品質医療として大きな期待が寄せられている。

二〇〇二年十月二十九日、個人の体質を探るのに役に立ち、個人差のかぎを握るともいわれる「DNAハプロタイプ」を解析する計画が日・米・英・中・カナダの五カ国の共同で立ち上がった。この計画はまさにテーラーメード医療に現実的に近づく研究の一つである。特定の遺伝子の近くに位置する塩基配列に、個人の間でたった一個だけの塩基の違いに基づく、一塩基多型（SNP、Single Nucleotide Polymorphism）を探しだすことである（図11・5参照）。ちなみに、三〇億塩基対の文字列の中に千文字に一回ぐらいの頻度でSNPが存在するといわれている。ゲノム全体では計算上、三百万箇所にSNP部位が存在していることになる。

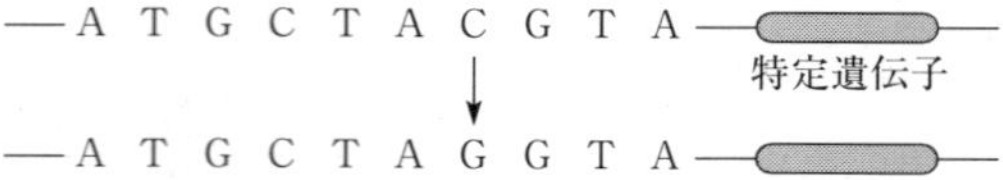


図 11・5　一塩基多型（SNP）の模式

つい最近、Ⅱ型糖尿病（インスリンが十分に生産されているにもかかわらず発生するインスリン非依存性糖尿病で、高脂血症、過食、肥満などが強力な発症因子とされている）にかかりやすいかどうかを、SNP分析から推測しようとする研究が報告された。もちろん、このような研究は実際に糖尿病にかかっている多数の患者と、健常者との間で、この病気の発生にかかわる遺伝子の近くのSNPを比べることで進められる。もし、健常者がCであるところが、発症者ではGに代わっていたとすれば、Gをもつ人はⅡ型糖尿病にかかりやすい体質をもっているものと推測する。SNPが健常者と発症者との体質すなわち罹病性《りびょうせい》の違いにかかわっていると判断するわけである。さらに、SNPは薬がある人には効果があるが、別の人には効果がないとか、副作用が現れるとかのような薬剤感受性の違いを知る手がかりをも提供してくれるといわれる。

証拠物件DNA型鑑定の点から考えると、全DNAの中で三百万個にも及ぶSNPから複数個のSNPを探しだしてそれらのSNPを一列に並べれば、それは個人のSNPハプロタイプの特徴となる。同一の染色体上のSNPは一緒になって遺伝するところからSNPsハプロタイプ型とよばれる。ちょうど、Y染色体のハプロタイプ型と同じで、個々に独立して遺伝しないで、一つにまとまって遺伝するという非メンデル遺伝形式をとる。

ところで、どの染色体のどの位置にSNPがあるのかの全容が明かされているわけではない。特定の遺伝子探索と関連して、ショットガン方式にそのありかが探されている。ちなみに、ショットガン方式とは、目的の遺伝子を探すために、目当てを決めずに制限酵素で切断し種々のDNA断片をつくることを意味している。現在のところは、この染色体SNPsハプロタイプ型を証拠物件のDNA型鑑定に使うためには、どの染色体のどの位置にSNPがあるかについて、データを蓄積しなければならない。

それでは、ミトコンドリアDNAではどうだろうか。実際のところ、ミトコンドリアDNA型はすでにSNPsハプロタイプ型を使っていることになる。ミトコンドリアDNA型は、アンダーソンの標準配列とは違った塩基をミトコンドリアDNAの位置番号の順番に従って一つずつつなげたものであり、それらはまとまって親から子にと伝えられるまさにSNPsハプロタイプ型である。いま、このハプロタイプ型をD領域だけでなく、遺伝暗号を担う遺伝子部分にまで広げてSNPを検出しようとする新しい研究が進められている。第十章で述べたように、ミトコンドリアDNAは、そのコピー数の多いことから古くなって分解した証拠物件からでもDNA型鑑定ができる。その一方で、母系遺伝するところからミトコンドリアDNA型が個人識別力に劣っているという弱点もある。D領域に限らずに幅の広いミトコンドリアSNPsハプロタイプ型を検出する研究はこれまでのミトコンドリアDNA型の個人識別力を高めることを一つの目的にしている。幸い、一六、五六九個のミトコンドリアDNAの全塩基配列が解明されていること、SNPの存在が予測されるDNA断片を切りだすプライマーをつくりやすいことなどから、離ればなれに存在するSNPを同時に検出しやすい状況にある。

二〇〇四年、これまでに遺骨のミトコンドリアDNA型鑑定に深くかかわってきた米軍のDNA型個人識別研究所と、分析法一般の標準化をめざす米国の国立標準技術研究所（ニスト、National

Institute of Standards and Technology, NIST）とが、共同して携わった研究の成果を「ミトコンドリア全DNAに散在する個人識別上有効な一塩基多型部分を増幅するマルチプレックスプライマーによる分析」と題して『国際法医学ジャーナル』誌に発表した。SNP部位として十一箇所を調べることによって、個人のSNPsハプロタイプ型の特徴が記録される（表11・10参照）。SNP部位をPCR法で増幅するときには、できるかぎりPCR増幅産物の塩基対サイズ範囲を小さくするように配慮している。証拠物件が古くなってもSNP部位を検出できる可能性を高くしているのである。この論文ではそのサイズが一二二から一八三塩基対の範囲になっていて、短鎖DNAマルチプレックスキットに含まれている塩基対数の小さい方に属している。かなり古くなった証拠物件にも十分に対応できることがうかがえる。

ところで、ミトコンドリアDNAのSNPsハプロタイプ型について、日本の法執行機関の法科学者ワタナベは、ニストのSNP検出法とはいくぶん違うやり方では

表 11・10　ミトコンドリアDNAにおけるSNPs ハプロタイプ型の一例†1

| CRS†2 位置番号 | 477 | 3010 | 4580 | 4793 | 5004 | 7028 | 7202 | 10211 | 12858 | 14470 | 16519 |
|---|---|---|---|---|---|---|---|---|---|---|---|
| 標準塩基 | T | G | G | A | T | C | A | C | C | T | T |
| SNPsハプロタイプ型†3 | C | A | A | G | C | T | G | T | T | A | C |

†1　P.M. Vallon *et al.*, *Int. J. Leg. Med.*, **118**, 148 (2004) による.

†2　CRS：ケンブリッジ標準配列

†3　SNPsハプロタイプ型：置換部位の塩基を連続的に並べたもの (C-A-A-G-C-T-G-T-T-A-C). このハプロタイプ型は母親から息子や娘にそのまま受け継がれる.

あるが、ミトコンドリアの非遺伝子領域であるD領域と遺伝子領域の両方にわたる十一部位のSNPを同時にPCR増幅して、SNPsハプロタイプ型を検出する方法を編みだした。その詳細を「ミトコンドリアのSNPs分析によるハプロタイプ型判定」と題して、二〇〇四年『日本法医学会誌』に発表した。十一部位のSNPのうち、一部位だけがニストの部位と同じで、ほかの十部位は異なっている。ニストが白色米国人を、ワタナベは日本人を分析対象としていることから、ミトコンドリアSNPsハプロタイプ型の人種差がうかがえるところである。

ワタナベの方法におけるPCR増幅産物の塩基対サイズは三十四から九十二と、ニストのものより驚くほどに小さくなっている。彼は、この方法が短時間で多数の証拠物件を処理でき、ミトコンドリアDNA型の個人識別力を高めると述べている。特に、短鎖DNA型さえもなかなか検出しにくい毛幹部にも応用できることは数百、数千という多数の犠牲者が出るかもしれない大量災害・事故の発生時の遺体の身元確認にたいへん役立つことも指摘している。ミトコンドリアSNPsハプロタイプ型は、証拠物件のDNA型鑑定の一つの手段として今後の活躍が期待されている。

## 5　大惨事発生に対応する
### ――マス・ディザスター事件犠牲者の身元確認

天変地異にしろ、事故や事件であるにしろ、それらに巻き込まれて多くの人々が同時に犠牲となる大量死（mass fatality）を招く大惨事をマス・ディザスター（mass disaster）とよんでいる。いったんマス・ディザスターが起これば、なによりも先に生存者を救出し、犠牲となった遺体の身元を迅速に、正確に確認しなければならない。

マス・ディザスターの発生に際し、大量遺体の身元をDNA型鑑定で確認した最初の事例を、一九九三年四月に米国テキサス州ウェーコ（WACO）で起こった武装新興集団の七十名の集団自殺事件にみることができる。FBIのテロリズム犯罪タスク・フォース・チーム（Task Force Team,特別捜査隊）との銃撃戦のあと、建物内に隠しもっていた爆発物に点火し七十名全員が死亡した。

FBIは焼け焦げた遺体の身元確認のため、英国のジルに協力を求めた。一九九三年は、彼が四種の短鎖DNAマルチプレックスPCR増幅キットを完成したときであった。米国と英国との協力態勢のもとに、遺体のDNA型鑑定が進められた。七十名のうち、六十一名が身元確認された。その協力鑑定の詳細は、一九九五年の『国際法科学』誌に「マス・ディザスター犠牲者の身元確認に関する協力鑑定」と題して論文発表された。

それから八年ほどたった二〇〇一年九月十一日、ニューヨークの世界貿易センター（WTC、World Trade Center）が暴力的テロリスト集団の攻撃を受け炎上、倒壊した。この「9・11WTCアタック」では三千人にも及ぶ犠牲者が出た。強大なビル倒壊の破壊力は想像を絶するほどにすさまじく、長時間にわたる火災と放水で犠牲者の体はウェーコの犠牲者の何十倍もひどく離断し、骨片と化した。遺体の身元確認を目的に9・11WTCアタック鑑定プロジェクトチームが編成された。FBIのバドールが総指揮の任にあたった。米軍のホランドや、もっぱら犯罪現場の証拠物件のDNA型鑑定を業とする民間のボーデ技術グループもこのプロジェクトチームに加わった。

プロジェクトチームは、川底をさらうがごとく遺体を一センチメートルの骨片も見逃すことなく収集した。遺骨は最終的に一二、八四九個を数えるまでになった。それらは破損し、焼け焦げ、汚染したものばかりであった。一瞬何をしたらよいかわからなくなった。しかし、身元確認の手だてとしてはＤＮＡ型鑑定しかない。自分の家族・親類を探し求める人が六千人ほどにも達した。彼らは血液を提供した。

ＤＮＡ型鑑定には短鎖ＤＮＡ型マルチプレックスＰＣＲ増幅キットによるＤＮＡ型検出を実施した。これまでの経験から、いま前にしているひどく焼損し、汚染している資料から首尾よくすべてのＤＮＡ型を検出することはできないだろうと予測した。そこで二つの戦略を考えた。一つはこれだけの多数資料を全く同じやり方でＤＮＡ型を検出しなければならないことから、それぞれの遺骨片からなるべくきれいなＤＮＡを迅速に取出すことであった。骨の表面をまずメスでこそげ取り、そのあと遺骨を何回となく洗い流し、きれいなドリルの先端を骨の内部に進入させてできた骨粉の二〇―二五ミリグラムをＤＮＡ型鑑定資料とした。このやり方ですべての遺骨から骨粉を集めた。

もう一つの戦略は、なんとしても焼損し、汚染した資料から一つでも多くのＤＮＡ型を検出するためのものだった。骨は二、三年ぐらい古くなると、短鎖ＤＮＡ型マルチプレックスＰＣＲ増幅キットに含まれるすべてのＤＮＡ型が、全部検出されるとは限らない。その理由の一つは、骨が古くなるにしたがって、ＤＮＡが分解してくるのはもちろんであるが、さまざまなきょう雑物が増えるために、骨のＤＮＡのＰＣＲ増幅が阻害されるからである。さらに、ＤＮＡがからみついているタンパク質がなんらかの理由で分離が悪くなり、きょう雑物と同じような作用をすることも考えられる。この鑑定

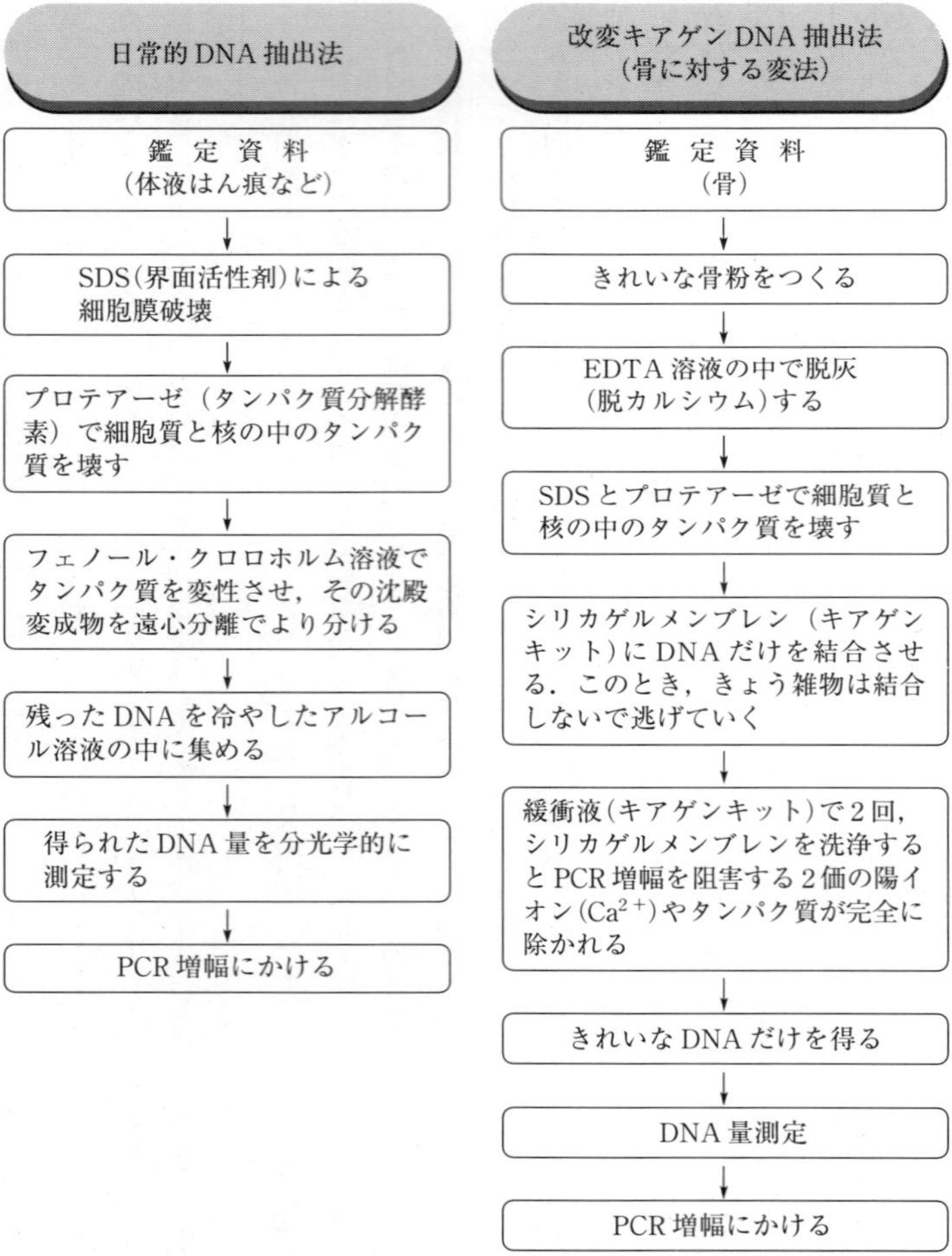
日常的 DNA 抽出法
鑑 定 資 料
（体液はん痕など）
SDS（界面活性剤）による
細胞膜破壊
プロテアーゼ（タンパク質分解酵
素）で細胞質と核の中のタンパク
質を壊す
フェノール・クロロホルム溶液で
タンパク質を変性させ，その沈殿
変成物を遠心分離でより分ける
残った DNA を冷やしたアルコー
ル溶液の中に集める
得られた DNA 量を分光学的に
測定する
PCR 増幅にかける
改変キアゲン DNA 抽出法
（骨に対する変法）
鑑 定 資 料
（骨）
きれいな骨粉をつくる
EDTA 溶液の中で脱灰
（脱カルシウム）する
SDS とプロテアーゼで細胞質と
核の中のタンパク質を壊す
シリカゲルメンブレン（キアゲン
キット）に DNA だけを結合させ
る．このとき，きょう雑物は結合
しないで逃げていく
緩衝液（キアゲンキット）で 2 回，
シリカゲルメンブレンを洗浄する
と PCR 増幅を阻害する 2 価の陽イ
オン（$Ca^{2+}$）やタンパク質が完全に
除かれる
きれいな DNA だけを得る
DNA 量測定
PCR 増幅にかける

図 11・6　日常的 DNA 抽出法，およびキアゲン社の DNA 抽出法の比較．キアゲンキット（QIAamp DNA Mini Kit）はタンパク質変性のためのフェノール・クロロホルム溶液を使わずに，シリカゲル膜に DNA だけを結合させる特徴をもつ

プロジェクトチームは、WTCアタック現場の遺骨片のDNA型鑑定でそのような事態の発生することをあらかじめ予測した。この事件の起こる二年ほど前に、DNAのPCR増幅を阻害する原因物質を除外するDNA抽出キットが、ドイツのキアゲン社（QIAGEN）から販売されている。グループはこのDNA抽出キットを使うことにした。しかし、その前にその有効性を検証研究で確かめなければならない。検証結果から、このDNAキットの使い方をいくぶん改変することで、遺骨から短鎖DNA型をうまく検出できることを確信した（図11・6参照）。

プロジェクトチームはミニ短鎖DNA型や一塩基多型（SNP）DNA型など、状態に応じて可能である方法を何でも使用した。血族関係の資料は新鮮な血液なのでそこからはどんなDNA型でも正しく検出できる。

キアゲン抽出法は遺骨の個人識別に大きな効果を示したようである。小さな遺骨片を多数の血族関係者に手渡すことができた。しかし、残念なことに千名ほどの人が身元確認されないままになってしまった。キアゲン法を駆使しても、身元確認に役立つほどのDNA型が検出されなかったものや、DNAをほとんど抽出できなかったものなどがあった。

プロジェクトチームは事件後三年たってから、このDNA抽出法に焦点を絞った「WTCアタック事件犠牲者の身元確認に活用した遺骨からの新しいDNA抽出法」と題する論文を、二〇〇四年の『国際学会シリーズ』誌に発表した。この抽出法の効果の一部を図11・7に示した。

証拠物件の科学分析を主要テーマとする法科学は、どうすれば証拠物件から分析目的の物質だけをきれいに取出すことができるか、証拠物件からの物質抽出技術の改良や開発を、研究の中心に据えているといっても過言ではない。問題の物質の検出を妨害する物質(interference substance)や検出結果をまぎらわしくさせる疑似物質(spurious materials)を排除してこそ、証拠物件の分析結果を正しく解釈し、評価できることになる。WTCアタック事件で収集された多くの遺体の身元が確認されたのは、そのような法科学研究の基本的な考えが証拠物件の分析にいみじくも生かされた事例といえる。

ところで最近、手の中に入れて持ち運びできるほどの小さなマイクロチップDNA分析装置(microfabrication)の開発が進められている。大がかりな研究室や

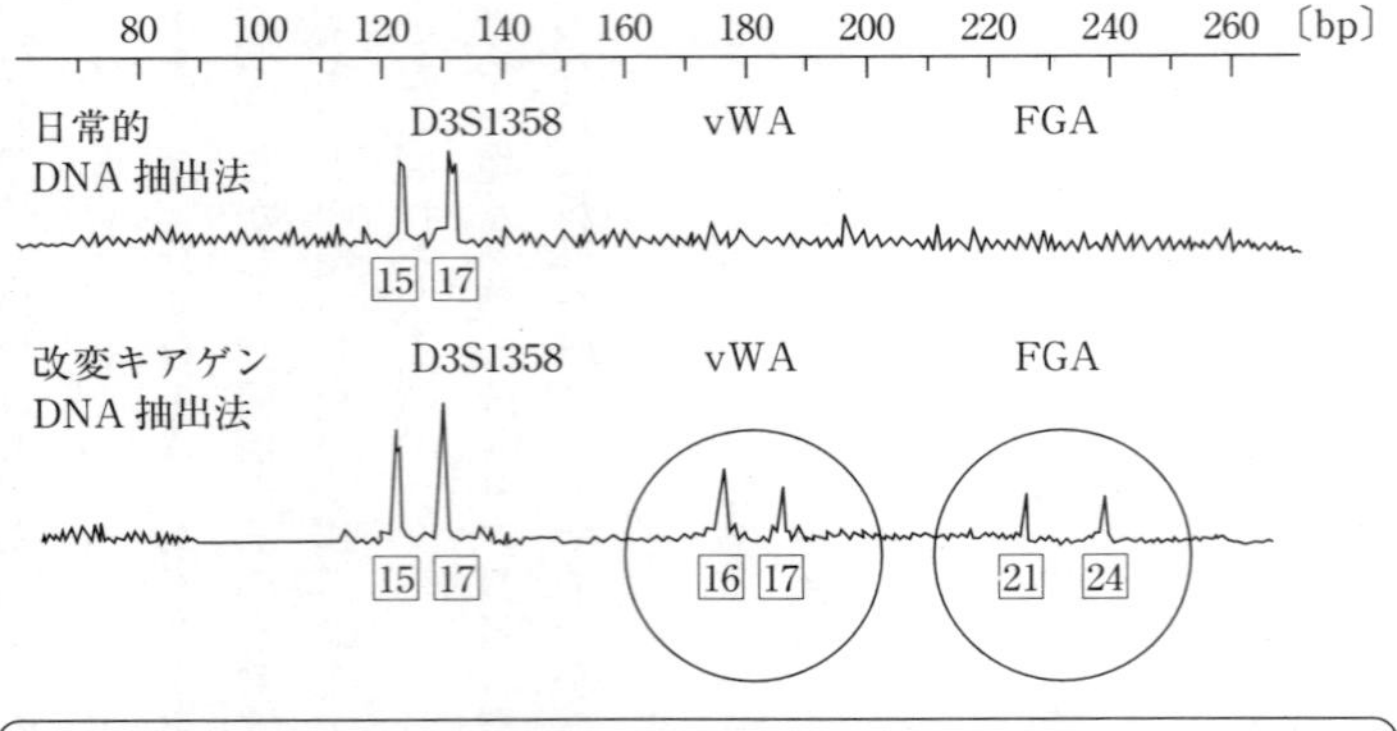


・D3S1358，vWA，FGAの塩基対の範囲は，この順に114〜142，157〜197，219〜267であり日常的DNA抽出法ではいちばん小さいD3アレル型が検出されただけであるが，改変キアゲンDNA抽出法では，D3より塩基対数の大きいvWAとFGAのアレル型が検出された(円内に示した)．ベースラインのバックグラウンド強度も低下した
・bp は塩基対

図 11・7　9.11 WTC アタック事件における遺骨片の DNA 型鑑定．改変キアゲン DNA 抽出法の効果の一例［T. Bill, M.M. Holland, *et al.*, *Int. Congress Series*, **1261**, 554 (2004) による］

巧妙な機器を使わずに多数の試料を短時間で分析できる効果（highthroughput effect）をうたっている。「極小チップでDNA解析」という見出しのもとに、テーラーメード医療に果たす役割の大きいことが新聞で報じられている。そのような多試料を簡易に、迅速に分析できるマイクロチップの特徴を、マス・ディザスターの発生現場で多数遺体の身元確認に生かすことを目的に、マイクロチップ方式を取入れたDNA型鑑定装置の開発も進められている。

日本の法執行機関もDNA型の簡易判定法として、一塩基多型（SNP）を分析の対象とするDNA型鑑定のマイクロチップ方式を取入れた簡易装置の開発を開始したことが、二〇〇五年一月の新聞で報道された。マス・ディザスターの発生を視野に犠牲となった大量遺体の迅速、正確な身元確認に役立たせたいとの目的である。

マイクロチップは一個の基板の表面や内部に多くの回路素子を一体として結合できる、集積化した電子回路（integrated platform）なので、一つ一つの回路素子は証拠物件からのDNA抽出と精製、PCR増幅、DNAのアレル型の判定などのそれぞれの機能を組込めるはずである。とはいえ、新鮮な血液なら問題はないものの、さまざまな態様をもつ証拠物件からのDNAの抽出と精製にマイクロチップ方式がどこまで対応できるかについて今のところ深く検討されていない。

米国マサチューセッツのゲーデックは短鎖DNAマルチプレックスPCR増幅キットで得られた十三種類の短鎖DNA型のアレルの一つ一つを検出できる超小型電気泳動装置を作製し、DNA型鑑定のマイクロチップ化の可能性を『電気泳動学』誌に論文発表した。いまのところ、マイクロチップ方式はそのような超小型電気泳動装置の開発にとどまっているようである。

英国のジルは、マイクロチップの証拠物件応用について「空想科学小説（sci-fi vision）」の段階であるとし、これが現実となるには多くの研究と検証のために長い時間がかかるはずだと、二〇〇四年の『ネイチャー・レビュー・ゲネティックス』の中で述べている。

現在、電気泳動やDNA型判定などの機能のマイクロチップ化はほぼ実現化されたかにみえる。もし証拠物件からのDNA抽出と精製機能をうまく取込むマイクロチップが実現すれば、証拠物件のマイクロチップによるDNA型鑑定も空想科学小説の世界からほんの少し現実の世界に近づくかもしれない。



## 6　DNA型データベースへの期待

DNA指紋法開発の地、英国レスターシャー州、レスターの小さな町ナーバラで、二回にわたり発生した連続強姦殺人事件の犯人を特定するために、この町に住む十七歳から三十五歳までの男性住民の血液が収集されDNA指紋が検出された（第二章参照）。被害者の体内から検出した犯人由来のDNA指紋と照合するためである。今にいうDNA型データベースのはしりともいえる。

全く同じような事態が二〇〇五年一月、米国マサチューセッツ州の東端に位置する釣り針の形をしたケープコッド半島の小さな町トルロに起こった。トルロの町は人口二千人ほどで、美しい海岸線に恵まれ、夏になると画家や作家などが集まる芸術の町としても知られている。二〇〇五年の一月、この町に住む十八歳以上の男性、約八百人全員からDNAを集める計画を警察が発表した。いまだ未解決のままになっている三年前に起こった殺人事件の犯人になんとしてもたどりつくためである。

二〇〇二年一月六日、トルロの町に二歳の娘と一緒に住む四十六歳の母親が何者かによって何回も凶器で刺され、死亡した。二歳の娘の眼前であった。被害者は事件の二年ほど前に生まれたばかりの娘と一緒に、ニューヨークから自分の母親の住むこのトルロの町に移り住んでいた。

捜査は綿密を極めたが、容疑者にたどりつく確たる手がかりを得ることなく三年の月日が流れてしまった。それでも、死体の検死時に犯人に由来する精液が採取されていた。強姦殺人事件と断定されている。最近のこのような凶悪犯罪では、犯人につながる遺留品や指紋などが残されることは皆無といえるほどに少なくなっている。被害者の体内に残された精液だけが犯人にたどりつけるたった一つの頼みの綱かもしれない。しかし、その綱もどこかのだれかとつながっていなければ何の役にも立たない。どうしてもトルロの町に住む男性のＤＮＡ型を集めたい。三年前に起きた陰惨なこの殺人事件が、快く提供してくれた百人ほどのＤＮＡ型だけで解決されるはずもなく、いまだ未解決のままとなっている。

ＤＮＡ型データベースは、犯罪現場に残された生体由来の証拠物件から犯人を絞り込んだり、時間や時期を異にして発生した犯罪が同一人による犯行か、逮捕された犯人に余罪はあるか、などについて重要な手掛かりを提供してくれる。犯罪の捜査官に適切な捜査方針を打ち出してもくれるのである。すでに、世界の国々の犯罪捜査に取り入れられている指紋データベースと全く同じ役割を果たすはずである。しかし、トルロの町では一般の住民からＤＮＡを集めることに議論がもち上がり、八百人のうち百人のＤＮＡしか集まらなかった。なにがしかの法的な要請によらないかぎり、一般の人々を含めたDNA資料を集めることの難しさがはっきりと現われている。

一九八五年にDNA指紋法が世に出された当初から、DNA型データベースをつくることにさまざまな意見がだされてきた。警察という法執行側からすれば、指紋と同じように犯罪現場に残された証拠物件から犯人にたどりつけると考える一方で、たとえなにがしかの法的な枠組みの範囲でDNA型データベースをつくっても、DNAがもつ個人の身体的特徴が白日のもとにさらされかねないという危ぐを抱く人も多くいる。個人の私的内容（privacy）と人権（human right）を侵害する恐れを憂える人もあり、もっと広く、人としての道を踏みあやまらない倫理（ethics）の問題にまでわたって議論がなされてきた。

そのようなDNA型データベースをつくることに対するさまざまな意見は、社会的抗議（public outcry）として世界の国々に普遍的なものになっている。それにもかかわらず現在、自国の状況によく対応したDNA型データベース（national database）をもつ国は四十を上まわるほどになった。どの国でも凶悪犯罪の犯人に少しでも早くたどりつきたいとの願いを強くもっている。いま、世界で短鎖DNA型マルチプレックスPCR増幅キットが共有されるようになった。そのどのDNA型も個人の体質を探るような、いわゆる個人の情報にまで踏みいるものでないことがよく理解されている。しかし、DNA型データベースに組入れるために採取された資料がDNA型データベースとは関係しないDNA遺伝情報部分にまで立ち入って検査されてしまうのを心配する意見もある。そのような危ぐを払いのけるために、DNA型データベースはさまざまの国々で、法制化という枠組みの中で組立てられ、犯罪捜査への利用がなされているといえる。

ここではDNA型データベースをなるべく科学的な問題に絞って、その未来の姿を眺めてみる。

一九九〇年、FBIは、アリゾナ、カリフォルニア、フロリダ、イリノイなどを含む十州にわたる法科学研究所が州ごとに組立てたDNA型データベースを、集中して管理するコディスシステム（CODISシステム、Combined DNA Index System）を立ち上げた。このシステムを完成させるためには、DNA型鑑定者に対する厳しい資質管理が大前提となった。米国ではFBIのバドールを中心としたDNA型鑑定技術作業グループを編成して、各州の研究者に資質認容プログラムのもとに鑑定技術の完成と資質認容試験を実施した。データベースであるからには、ベースを生みだす技術は一点のほころびもない完全無欠なものでなくてはならない。証拠の量、分解したDNA、さまざまな物体に付着したはん痕、混合した証拠、データの解釈と評価能力など、数え上げたらきりがないほどの項目について実習と試験がなされた。最終的には、ブラインド資質検定（brind proficiency test）とよぶ、鑑定人には前もって実体を明かさないさまざまな未知証拠物件を与えてその鑑定結果の正当性を論じさせる試験が課せられた。このように、米国でCODISが組織化される前には、過酷といえるほどの資質認容プログラムによる教育があったのである。それは、なによりもデータベースが普遍的な科学的真理を担うべきものであることを願ったからであろう。

ちなみに、日本のDNA型鑑定資質認容プログラムをみてみると、FBIのそれに勝るとも劣らないほどの厳正さがあるといえる。日本の法執行機関のサトウは実際の犯罪現場状況にシュミレートさせたさまざまな種類の証拠物件（simulated case sample）を最終的なブラインド資質認容試験にとりそろえた。その中心は、時間の経過した物件、DNAが分解している物件、混合した物件、一本の毛幹、PCR増幅を妨害するきょう雑物を含む物件など、受験者にその状況をあらかじめ明かすことのない物件からDNA型を正しく検出し、その検出結果を正しく判定することに向けられた。分子生物学や遺伝統計学、PCR技術などの学科試験と相まって、今日のDNA型鑑定技術は堅固なものになっているといえる。

サトウはこれら資質認容者に対する技術管理も忘れなかった。日本全国にわたる法科学研究所の認容者に対して継続的な資質管理プログラムをつくり、DNA型鑑定者の資質維持と向上をはかった。二十六研究機関の鑑定者がブラインド方式で分析したDNA型バンドから正しいDNA型を判定するためのDNAバンド位置の閾値を決定したことをその一つに上げることができる。

米国のCODISは、現在の世界のDNA型データベースの模範ともなっている。その制定当時はまだ短鎖DNA型は完全なシステムとはなっていなかったことから、YNH24を代表とするシングルローカスVNTR法によるDNA型がデータベースに取込まれた。その活躍の一端を紹介してみる。

一九九三年の四月、イリノイ州のある町の一軒家で事件は起こった。ベルの音にドアを開けた主人が相手の顔を見る間もなく射殺された。部屋に押し入った男はその家の妻に性的暴行を加え、そのあと射殺した。

スプリングフィールドの州警察法科学研究所は被害者の膣スワブから犯人のDNA型を検出した。早速、CODISデータベースとの照合検索が行われたところ、イリノイ州から取込まれたわずか五百人ほどの前歴者データベースの中の一人にヒットした。他の銃器弾丸の証拠とも連鎖して、二人を殺害したこの凶悪犯の犯行を立証した。「DNA型データベースがなければ、目撃者が現れないでいたこの一軒家に起こった狂気ともいえる凶悪犯にたどりつくことはなかった」と、スプリングフィールドの警察はDNA型データベースの計り知れない威力を賞讃した。

時を経て、CODISのDNA型データベースに取込むDNA型はシングルローカスVNTRDNA型から短鎖DNA型に取って代わられることになる。DNA市場に出現したさまざまな短鎖DNA型キットを実際の犯罪現場に残される証拠物件に応用するために、米国の作業グループはその検証研究を積み重ねた。人種のるつぼといわれる米国のさまざまな人種や民族におけるそれぞれのDNA型の出現頻度の調査を終えた一九九九年、米国は十三種類のDNA型をCODISDNA型データベースとして、全州にわたる国家的DNA型データベースに決めた。現在、このCODISDNA型データベースは米国全土の犯罪捜査で活躍しているが、そのデータベースへのアクセスは真に犯罪捜査目的だけに強く制限され、その違反者には厳しい刑罰が科せられるという法律のもとで使われている。

ところで米国のCODISシステムに遅れをとった英国だったが、短鎖DNA型をDNA型データベースに取入れることでは米国に先んじた。英国内務省、法科学研究所のジルを中心とするヨーロッパDNAプロファイリンググループは、一九九五年に刑事司法DNA型データベース（Criminal Justice DNA Data-base）を組立てた。このデータベースには当初、六種類の短鎖DNA型が組入れられた。そして一九九八年、DNA型データベースに関する新しい法制度のもとに、十種類の短鎖DNA型を組入れた英国DNA型データベース（NDNAD、National DNA Data-base）に変えられ、これが英国の国家的データベースとして犯罪の捜査に活躍している。

現在、米英独の三国がＤＮＡ型データベースに組入れている短鎖ＤＮＡ型の種類を、表11・11で比較した。あわせて、日本が現在の証拠物件ＤＮＡ型鑑定に取入れている短鎖ＤＮＡ型の種類も記載した。

それぞれの国のＤＮＡ型データベースに取込まれる短鎖ＤＮＡ型の数には少しの違いがあるが、その種類は大同小異であるといえる。いま、国際刑事警察機構（ＩＣＰＯ、International Criminal Police Organization）は国々の枠組みを越えたＤＮＡ型データベース（Cross-border DNA Data-base）づくりを推し進めている。通称インターポールとして知られるこの機関は、情報交換や捜査協力などによって国際犯罪の防止や解決を目指している。一九二三年に成立したこの機関には、日本も一九五二年に加盟している。各国のＤＮＡ型データベースを相互に交換できる足場をつくることは、国際協力のもとに国際犯罪を解決しようとするＩＣＰＯの精神によく符合している。

ＩＣＰＯには一九八五年ごろから法科学組織委員会が編成され、証拠物件鑑定技術の国際的交換の場となってきた。犯罪捜査でＤＮＡ型鑑定の重要性が高まるなかで、この委員会に設置されていたＤＮＡプロファイリング作業グループは一九九九年、国際的ＤＮＡ型データベースづくりを焦点に据えた、ＤＮＡプロファイル制御専門家グループ（ＤＮＡＭＥＧ、Interpol DNA Profile Monitoring Expert Group）と改称された。それぞれの国からＤＮＡ型データベースを集めて蓄積し、国際的犯罪の解決のために、各国からのＤＮＡ型照合検索に応じることを目的にしている。このグループは表11・11に示した十五種の短鎖ＤＮＡ型とアメロゲニンＤＮＡ型を加えた十六種のＤＮＡ型をＤＮＡ型データベースに取入れる計画になっているようである。

表 11・11　DNA 型データベースに組入れられている短鎖 DNA 型（米英独）†1, †2

| 染色体 | DNA型呼称 | PCR産物<br>塩基対サイズ | 人の分類数 | 国 別 |
|---|---|---|---|---|
| 5 | CSF1PO | 281～317 | 10 | 米日 |
| 4 | FGA | 219～267 | 28 | 米英独日 |
| 11 | THO1 | 169～189 | 10 | 米英独日 |
| 2 | TPOX | 218～242 | 8 | 米日 |
| 12 | VWA | 157～197 | 14 | 米英独日 |
| 3 | D3S1358 | 114～142 | 8 | 米英独日 |
| 5 | D5S818 | 135～171 | 10 | 米日 |
| 7 | D7S820 | 258～294 | 10 | 米日 |
| 8 | D8S1179 | 128～168 | 12 | 米英独 |
| 13 | D13S317 | 206～234 | 8 | 米日 |
| 16 | D16S539 | 234～274 | 9 | 米英 |
| 18 | D18S51 | 273～341 | 23 | 米英独 |
| 21 | D21S11 | 189～243 | 14 | 米英独 |
| 2 | D21338 | 289～341 | 14 | 英 |
| 19 | D19S433 | 106～140 | 15 | 英 |
| X, Y | アメロゲニン | X: 107, Y: 113 | 男：女 | 米英独日 |

†1　米国 13，英国 10，独 7 種類の短鎖 DNA 型を DNA 型データベースにそれぞれ組入れているとみなせる．各国に共通して性別を判定するアメロゲニン DNA 型を含む．

†2　日本は現在，9 種類の短鎖 DNA 型とアメロゲニン DNA 型を DNA 型鑑定に使っている．2005 年 9 月 1 日に発表された DNA 型データベースはこれらに加えて MCT118 DNA 型を組入れている．

そのようなICPOの計画はいま、世界の法科学研究者が共通したDNA型鑑定法を共有できるようになったことで実現されるのである。国内の枠を越えて発生する同一犯人による殺人事件、覚せい剤や麻薬にからむ密輸犯罪や暴力的テロリズム犯罪などの犯人の特定はもちろんのこと、そのような犯罪を未然に防止するプロアクティブ捜査とよぶ先行的捜査に果たす役割が大きく期待されている。

さて二〇〇五年九月一日、日本の法執行機関はDNA型データベースを犯罪捜査に活用することを発表した。データベースに取入れるDNA型は表11・1で示した九種の短鎖DNA型をアメロゲニンDNA型の計十種とMCT118DNA型とされた。そのデータベースは約八百件の犯罪現場採取物件と約二千人の容疑者のDNA型を含むという。ちなみに、英国や米国のデータベースをみると、犯罪現場採取物件について英国は約三十万件、英国は約六万七千件、容疑者について英国は約二百五十万人、米国は百六十万人のDNA型をそれぞれ含んでいる。DNA型データベースが犯罪の捜査に威力を発揮するためにはデータベースは大きなものになっていなければならない。年ごとにデータベースが拡大することを強く期待する。

このような新たにつくられるDNA型データベースは、指紋自動識別システムに劣らず、犯罪の捜査に大きなはたらきをなすはずである。そして、犯罪事実の立証に客観的で合理的な証拠を提供することでも、このDNA型データベースのはたらきは大きいといえるであろう。

ところで、多くの法科学者は犯罪現場の証拠物件を手にしたとき、肉眼、光学顕微鏡、必要があれば電子顕微鏡までも使ってその細部にわたって観察し記録する。つぎに、血液型や酵素型を検出する。このような検査はただその型を知ることだけでなく、DNA型の検出に先がけて、混合したものか、古さはどれぐらいかなどのような証拠物件の実体の一部を伝えてくれることもある。ＤＮＡ型鑑定を実施する前のそのような検査結果は証拠物件のＤＮＡ型鑑定結果を正しく評価するのにたいへん重要なのである。

ＤＮＡ型鑑定結果をＤＮＡ型データベースに取込むためには、その結果について精密な吟味（scrutiny）を経なければならないであろう。犯罪現場に遺留された証拠物件からのＤＮＡ型をＤＮＡ型データベースに取入れるためには、証拠物件科学を土台にした厳格なデータ評価を必要とするはずである。

なお、鑑定現状として、短鎖ＤＮＡ型マルチプレックスＰＣＲ増幅法、ミトコンドリアＤＮＡ型、Ｙ染色体短鎖ＤＮＡハプロタイプ型の三つがＤＮＡ型鑑定に使われている。そのうちどの方法を使うかは証拠物件の質と量、鑑定の目的などを考慮して鑑定者の適切な判断にまかせられる。

少し前にさかのぼるが一九九一年、米国の下院議員のホートンが提案した「一九九一年ＤＮＡ型鑑定の資質検定に関する法案」（ＨＲ３３９、Horton Bill）の中に盛りこまれた内容の一部に、「ＦＢＩが米国各州の法科学研究所で使用するＤＮＡ型鑑定法の標準化を規定するのに適正、妥当な機関とは思われない」というような一文があった。おそらく、そのような検定は国立標準・技術研究所のような純然たる研究機関でなされるべきであると考えたようだ。ＦＢＩポリスアカデミー、法科学研究・教育センターのブラウンやバドールらは、ホートンの文に対する感想を一九九一年七月号のＦＢＩ『研究所紀要』誌に載せた。ちなみにその一部を英文で記してみる。“By definition, professional standards are established by the profession itself, generally via its recognized professional societies.”

カリフォルニア大学バークリー校で分子生物学に、ポリスアカデミーで証拠物件科学に専念したバドールならではの内容だった。DNA型鑑定は、伝統的な自然科学に厳密にのっとる中で、証拠物件という千変万化の実態をよく解明できる技術によってはじめてなされる科学の一分野であることを、ことさら強調していた。

法科学は証拠物件についての法廷弁論科学であるに違いないが、その中味は証拠物件から分析対象物質を純粋に取出す、物質抽出科学だといっても言い過ぎではないであろう。

DNA型鑑定法はさらに進歩し、変化していくかもしれない。しかし、いつのときにあってもデータベースに組入れられるDNA型は科学的なあらゆる合理的疑問を越えるものでなければならない。容疑者を有罪にするか無罪にするかの審理で、"*In dubio pro reo*"（疑いあるときは被告人に有利に）の原則は証拠物件のもつ犯罪立証の合理性に深くかかわっている。それだけに証拠物件とじかに対決する法科学者の責任はたいへん重いものになっている。裁判員制度が近々に実施されるときにあって、「証拠のもつ科学的合理性は、有罪と無罪のどちらの裁決に対しても、あらゆる合理的疑問を越えるべきものである」ということの重みが大きくなるはずである。DNA型データベースの犯罪の捜査と裁判審理における有効性は、現在も未来も法科学者の資質に強くかかわっていくであろう。

# あとがき

もう四年も前になるが、犯罪の現場に残されたさまざまの証拠物件のDNA型鑑定について一般の人にも理解できるようなわかりやすい本の執筆を思い立った。二〇〇一年の六月十二日、政府の司法制度改革審議会が当時の小泉首相に提出した意見書がきっかけである。一般市民の知識と経験を裁判に反映させるために、選挙人名簿から無作為に選ばれた市民が裁判員として重大な刑事事件の裁判審理に参加し、プロの裁判官と対等な立場から証拠に基づく事実の認定、有罪・無罪の決定から量刑の重さまでも判断するという「裁判員制度」を導入しようとするものであった。ここ数年、この制度の導入・実施について盛んに議論がなされ、二〇〇九年をめどに導入が始まるとのことである。

裁判員が取扱う罪種は殺人・強盗・身代金目的の誘拐事件のような、犯罪動機のわかりやすい重大刑事事件に限られるという。これらの刑事事件では、血液やその他の体液、皮膚・筋肉・毛髪・骨などのような人体組織が証拠資料として登場する機会が多い。それらはいきおいDNA型鑑定証拠として裁判審理に提出され、犯罪事実の認定に合理的理由をもつかどうかが吟味されることになる。人の有罪・無罪を決めるのであるから選ばれた裁判員の責任はたいへん重いものといえる。

そのような意味合から、証拠物件のDNA型鑑定証拠の内容とその意味の一端に多くの人が触れられる機会を提供したいと、原稿用紙に向かった。

まず、DNA型は人がたどる遺伝現象の産物であるとの考えから、メンデルの法則と、その法則を検証するように後を追った遺伝学者や細胞学者の足跡を足早に追ってみた（第一章）。その中で、自分のDNA型が、父と母のそれぞれから一つずつ受け継いだ対立遺伝子型（アレル型）が対をなした遺伝子型（ゲノタイプ型）であることをまず理解していただければ幸いである。

DNA指紋法（第一章）やそれに次ぐシングルローカスVNTRDNA型（第三章）を第一世代のDNA型鑑定法とすれば、PCR法の開発に伴って編み出されたHLADQA1DNA型やMCT118DNA型（第五章）などは第二世代のDNA型鑑定法といえる。これらの鑑定法による鑑定結果の事実認定における有効性をめぐって、検察側と弁護側との間にしばしば激しい論戦が繰り広げられた。米国では「DNA戦争」とよばれるほどの激しさであった（第四章）。論戦の的の一つはDNA型鑑定技術と鑑定結果の解釈と評価（第四章、第七章）であり、もう一つは証拠の採取と保存・管理という直接DNA型鑑定技術とは関係しないものである（第九章）。DNA型鑑定法がどんなに進歩しても、本書で示したDNA型鑑定証拠をめぐる論戦がほぼ同じような内容で繰り広げられるはずである。DNA型鑑定結果はDNA型鑑定証拠のほんの入口に過ぎないこと、あらゆる合理的疑いを差しはさむ余地のないほどに犯罪事実を認定していると評価されねばならないことを、本書の「DNA戦争」からくみとっていただければと思う。

現在の第三世代DNA型鑑定法は短鎖DNA型、ミトコンドリアDNA型（第十章）・Y染色体短鎖DNAハプロタイプ型（第十一章）の三種にまとめられる。ひと口にDNA型鑑定といっても三種もあるので、それらの違いを理解していただければ幸いである。

証拠物件DNA型鑑定法はなお進歩の道を歩む様相を呈している。ミニSTRs鑑定法（第十一章）はどんなに古い証拠物件にでも対応する目的で研究がなされている。これが実際の証拠物件鑑定に利用されるのはすぐ目の前のこととなっている。

昨今の大規模災害やテロリズム犯罪で発生する可能性の高い大量死体の身元確認には一塩基多型（SNP）（第十一章）を分析の対象とするDNA型鑑定のマイクロチップ方式も研究されている。大量死発生の現場で迅速・正確に身元を確認しようとする企てであるが、その実用化にはまだかなりの月日を要すると考えられる。

本書の執筆に際しては、「DNA型データベースについての知識を提供したい」という思いもあった（第十一章）。一九九五年、英国は世界に先駆けて国内DNA型データベースを構築した。現在、個人情報としての容疑者DNA情報が二百五十万件、事件現場に残された証拠物件からのDNA型情報が二十万件にも及んでいる。日本でも二〇〇五年九月一日に二千人ほどの容疑者データベースが構築され、犯罪の捜査に活用されることが発表された。英国に比べるとその規模はたいへん小さいが、年を重ねるごとに充実するはずである。ようやくDNA型データベースの犯罪捜査への活用が正式に始まったことについて、証拠物件のDNA型鑑定に優秀な技術をもつ日本の法執行機関の法科学研究所で研究する法科学者の皆様に敬意を表したい。

ところで、容疑者資料のように新鮮な血液や口腔粘膜上皮細胞とは違って、現場証拠物件のDNA型データベースの構築には細心の注意が払われるべきである。証拠物件の状況によっては、いつも完全なDNA型が検出されるとは限らないからである。証拠物件から誤りのないDNA型検出を全うしてこそ完全なＤＮＡ型データベースが構築されるのである。

書いては捨てるという悪癖の付けが回り、曲がりなりにも原稿を作り終えるのに三年の歳月を費やしてしまった。途中、何度か筆を折る気持になったのを救ってくれたのは周囲の激励の声であった。

この間、ご教示とご激励を賜りました元科学警察研究所法科学第三部長　井上堯子博士、ならびにたくさんの貴重な情報を賜りました科学警察研究所法生物第一研究室長　佐藤　元博士、同法生物第四研究室長　笠井賢太郎博士の皆様に心から深く感謝申し上げます。

最後に、原稿のすみずみにわたり適切なご指摘やご助言を賜りました東京化学同人の髙林ふじ子氏の惜しみないご尽力なくして本書の刊行はありえなかったことを思い、衷心より感謝申し上げます。

二〇〇五年九月

瀬　田　季　茂

# 科学のとびら

## 35 犯罪と科学捜査

瀬田季茂・井上堯子 編著

B6判 二八二ページ 定価一六八〇円

昨今の多様化・科学化する犯罪の捜査において、科学捜査の果たす役割はますます重要なものとなっている。本書では、科学警察研究所で実際に科学捜査にかかわっているベテランが、それぞれの専門とする技法と事例をくわしく述べる。

**主要目次**：**犯罪と科学　科学捜査**（白骨死体の身元を割り出す／血痕の血液型とＤＮＡ型鑑定／毛髪で犯人に迫る／指紋／音声鑑定／ポリグラフ検査／白い粉に挑む／毒物を追う／微細証拠物件／においと科学捜査／爆発物の科学／放火の鑑定／交通事故の鑑識）

## 43 乱用薬物の化学

井上堯子 著

B6判 一七六ページ 定価一二六〇円

本書には、現在乱用されているさまざまな薬物の化学的性状、薬理作用、中毒作用などが、科学的視点から解説されている。本書を読めば、薬物乱用の真の恐しさと、それが他人事でないことが理解できるであろう。

**主要目次**：薬物乱用の現状／覚せい剤／あへんアルカロイド系麻薬／コカイン／幻覚剤（ＬＳＤ、エクスタシーなど）／大麻／向精神薬（鎮静・催眠剤など）／シンナー／乱用薬物に挑む新しい科学的戦略／薬物乱用撲滅にむけて

価格は税込（2005 年 10 月現在）

科学のとびら46
続 犯罪と科学捜査
DNA型鑑定の歩み
二〇〇五年十月十八日 第一刷発行
著 者 瀬 田 季 茂
発行者 小 澤 美 奈 子
発行所 株式会社 東京化学同人
東京都文京区千石三－三六－七（〒一一二－〇〇一一）
電 話 〇三－三九四六－五三一一
FAX 〇三－三九四六－五三一六
印刷 ショウワドウ・イープレス(株)・製本 (株)松岳社


ISBN4-8079-1286-0

# 索　　引

## あ　行



## か　行

## さ　行



## た　行

## な，は行

## ま　行



## や〜わ行

# 参 考 文 献


## 第1章　DNA 型鑑定の源流をたどる

石川 統，"DNA から遺伝子へ——生命の鍵をにぎる巨大分子——（科学のとびら 1）"，東京化学同人（1988）.

J.D. Watson, F.H.C. Crick, 'Molecular structure of nucleic acids', *Nature* (London), **171**, 737～738 (1953).

M.H.F. Wilkins, A.R. Strokes, H.B. Wilson, 'Molecular structure of deoxypentose nucleic acids', *Nature* (London), **171**, 738～740 (1953).

R.E. Franklin, R.G. Gosling, 'Molecular configuration in sodium thymonucleate', *Nature* (London), **171**, 740～741 (1953).

J. Sambrook, 'Adenovirus amazes at Cold Spring Harbor', *Nature* (London), **268**, 101～104 (1977).

W. Gilbert, 'Why genes in pieces ?', *Nature* (London), **271**, 501 (1978).

A.R. Wyman, R. White, 'A highly polymorphic locus in human DNA', *Proc. Natl. Acad. Sci. U.S.A.*, **77**, 6754～6758 (1980).

P. Weller, A.J. Jeffreys, 'Organization of the human myoglobin gene', *EMBO J.*, **3**, 439～446 (1984).

A.J. Jeffreys, V. Wilson, S.L. Thein, 'Hypervariable "minisatellite" regions in human DNA', *Nature* (London), **314**, 67～73 (1985).

A.J. Jeffreys, V. Wilson, S.L. Thein, 'Individual-specific "fingerprints" of human DNA', *Nature* (London), **316**, 76～79 (1985).

A.J. Jeffreys, J.F.Y. Brookfield, R. Semenoff, 'Positive-identification of an immigration test-case using human DNA fingerprints', *Nature* (London), **317**, 818～819 (1985).

P. Gill, A.J. Jeffreys, 'Forensic application of DNA "fingerprints"', *Nature* (London), **318**, 577～579 (1985).

## 第2章　はじめての証拠物件 DNA 型鑑定

N. Spencer, D.A. Hopkinson, H. Harris, 'Phosphoglucomutase polymorphism in man', *Nature* (London), **204**, 742～745 (1964).

## 第3章 米国における DNA 型鑑定のはじまり


Y. Nakamura, M. Leppert, M. O' Connel, C. Martin, E. Fujimoto, M. Hoff, E. Kumlin, R. White, 'Variable number of tandem repeat (VNTR) markers for human gene mapping', *Science*, **235**, 1616～1622 (1987).

Y. Nakamura, J. Culver, P. Gill, M. O' Connel, G.M. Leppert, J.M. Lathrop, R. White, 'Isolation and mapping of a polymorphic DNA sequence pMLJ 14 on chromosome 14 (D14S13)', *Nucleic Acid Res.*, **16**, 381 (1988).

I. Balazs, M. Baird, M. Clyne, E. Meade, *Am. J. Hum. Genet.*, **4**, 182～190 (1989).


## 第4章 DNA 戦争


H. Coleman, E. Swenson, 'The DNA War', "DNA in the Courtroom — A Trial Watcher's Guide —", GeneLex Corp., Seattle, Washington (1994).

E.M. Kanter, R. Baird, I. Balzas, 'Analysis of restriction fragment length polymorphism (RFLP) in deoxyribonucleic acid (DNA) recovered from dried blood-stains', *J. For. Sci.*, **31**, 403～408 (1986).

E.S. Lander, 'Finger-printing on trial', *Nature* (London), **339**, 501～505 (1989).

B. Budowle, J. Stafford, 'Response to expert report by D.L. Hartle. Submitted in the case of United States v. Yee', *Crime Laboratory Digest*, **18**, 101～108 (1991).

R. Chakraborty, K.K. Kidd, 'The utility of DNA typing in forensic work', *Science*, **254**, 1735～1739 (1991).

R.C. Lewontin, D.L. Hartle, 'Population genetics in forensic DNA typing', *Science*, **254**, 1745～1750 (1991).

E.S. Lander, B. Budowle, 'DNA fingerprinting dispute laid to rest', *Nature* (London), **371**, 735～738 (1994).

H. Coleman, E. Swenson, 'Defense Bar Strategy — United States v. Yee —', "DNA in the Courtroom.— A Trial Watcher's Guide", GeneLex Corp., Seattle, Washington (1994).


## 第5章 新しい戦略 — PCR 法の応用


K.B. Mullis, F.A. Faloona, 'Specific synthesis of DNA in vitro via polymerase-catalyzed chain reaction', "Methods in Enzymology", Vol.155, p.335～350 (1987).

R. Higuchi, C.H. Beroldingen, G.F. Sensabaugh, H.A. Erlich, 'DNA typing from single hairs', *Nature* (London), **332**, 543～546 (1988).

K. Kasai, Y. Nakamura, R. White, 'Amplification of a variable number of tandem repeats (VNTR) locus (pMCT118) by the polymerase chain reaction (PCR) and its application to forensic science', *J. For. Sci.*, **35**, 1196～1200 (1990).

B. Budowle, A.W. Chakraborty, A.W. Giusti, A. J. Eisenberg, R.C. Allen, 'Analysis of the VNTR locus D1S80 by the PCR followed by high-resolution PAGE', *Am. J. Hum. Genet.*, **48**, 137～144 (1991).

## 第6章　短鎖 DNA 型鑑定法の確立

A.L. Edwards, A. Civitello, H.A. Hammond, T.C. Caskey, 'DNA typing and genetic mapping with trimeric and tetrameric tandem repeats', *Am. J. Human Genet.*, **49**, 746～756 (1991).

G. Tully, P. Gill, 'Analysis of 6 VNTR loci by "Multiplex" PCR and automated fluorescent detection', *Hum. Genet.*, **92**, 554～562 (1993).

C.P. Kimpton, P. Gill, A. Walton, Urquhart, E.S. Millican, M. Adams, 'Automated DNA profiling employing multiplex amplification of short tandem repeat loci', *PCR Method and Applications*, **3**, 13～22 (1993).

B. Budowle, J.A. Linsey, J.A. DeCou, B.A. Koons, A.M. Giusti, C.T. Comey, 'Validation and polulation studies on the loci LDLR, GYPA, HBGG, D7S8 and GC (PM loci), and HLA-DQ alpha using a multiplex amplification and typing procedure', *J. For. Sci.*, **40**, 38～44 (1995).

## 第7章　真説「逃亡者」── ドクター・シェパード妻殺害事件

C.L. Cooper, S.M. Sheppard, "Mockery of Justice ── True story of the Sheppard Murder Case ──", Penguin Books USA Inc., Hudson, New York (1997).

## 第8章　広がる PCR 法の活躍

B. Innes, 'Jack Unterwerger', "Body of Evidence. The Fascinating World of Forensic Science", Reader's Digest Association, Inc., Pleasantville, New York (2000).

## 第9章　DNA 型鑑定証拠は何も語らなかった ── O.J.シンプソン事件

H. Coleman, E. Swenson, 'DNA and O.J. Simpson: The Trial of the Century', "DNA in the Court Room ── A Trial Watcher's guide ──",

GeneLex Corp., Seattle, Washington (1994).

B. Budowle, 'Phosphoglucomutase 1 subtyping of human bloodstains on ultrathin layer polyacrylamide gels', *Electrophoersis*, **5**, 167～169 (1984).

## 第10章 ミトコンドリア DNA 型

S. Anderson, A.T. Bankier, B.G. Barrel, M.H.L. Bruijin, A.R. Coulson, J. Drouin, I.C. Eperon, D.P. Nierlich, B.A. Roe, F. Sanger, P.H. Schreier, A.J.H. Smith, R. Staden, I.G. Young, 'Sequence and organization of the human mitochondrial genome', *Nature* (London), **290**, 457～465 (1981).

B.D. Greenberg, J.E. Newbold, A. Sugino, 'Intraspesific nucleotide sequence variability surrounding the origin of replication in human mitochondrial DNA', *Gene*, **21**, 33～49 (1983).

K.H. Sullivan, R. Hopgood, P. Gill, 'Identification of human remains by amplification and automated sequencing of mitochondrial DNA', *Intl. J. Leg. Med.*, **105**, 83～86 (1992).

P. Gill, P.L. Ivanov, C. Kimpton, R. Piercy, N. Benson, G. Tully, I. Evet, E. Hagelberg, K. Sullivan, 'Identification of the remains of the Romanov family by DNA analysis', *Nature Genet.*, **6**, 130～135 (1994).

M.M. Holland, D.L. Fisher, L.G. Mitchell, W.C. Rodriquez, J.J. Canik, C.R. Merril, V.W. Weedn, 'Mitochondrial DNA sequence analysis of human skeletal remains: Identification of remains from the Vietnam War', *J. For. Sci.*, **38**, 542～543 (1993).

P.L. Ivanov, M.J. Wadhamas, R.K. Roby, M.M. Holland, V.W. Weedn, T.J. Parsons, 'Mitochondrial DNA sequence heteroplasmy in the Grand Duke of Russia Georgij Romanov establishes the authenticity of the remains of Tsar Nicholes II', *Nature Genet.*, **12**, 417～420 (1996).

R. Hopgood, K.H. Sullivan, P. Gill, 'Strategies for automated sequencing of human mitochondrial DNA directly from PCR products', *BioTechniques*, **13**, 82～92 (1992).

R.E. Giles, H. Blanc, H.M. Cann, D.C. Wallace, 'Maternal inheritance of human mitochondrial DNA', *Proc. Natl. Acad. Sci. U.S.A.*, **77**, 6715～6719 (1980).

F. Sanger, S. Nicklen, R. Coulson, 'DNA sequencing with chain-terminating inhibitors', *Proc. Natl. Acad. Sci., U.S.A.*, **74**, 5463～5467 (1977).

B. Budowle, M.M. Holland, 'Guidelines for the use of mitochondrial DNA sequencing in forensic science', *Crime Laboratory Digest*, **20**, 68～77 (1993).

M.M. Holland, D.L. Fisher, R.K. Roby, R.J. Ruderman, C. Bryson, V.W. Weedn, 'Mitochondrial DNA sequence analysis of human remains', *Crime Laboratory Digest*, **22**, 109～115 (1995).

M.M. Holland, T.J. Parsons, 'Mitochondrial DNA sequence analysis ― Validation and use for forensic case work ―', *For. Sci. Rev.*, **11**, 22～50 (1999).

R.M. Andrews, I. Kubacka, P.F. Chinnery, 'Reanalysis and revision of the Cambridge reference sequence for human mitochondrial DNA', *Nature Genet.*, **23**, 147 (1999).

瀬田季茂，'ニコライ二世とその家族の DNA 型鑑定'，"科学捜査の事件簿（中公新書）"（2001).

## 第 11 章　証拠物件 DNA 型鑑定の現状と未来

E.S. Mansfield, J.M. Robertson, P. Gill, B. Budowle, 'Analysis of multiplexed short tandem repeat (STR) systems using capillary aray electrophoresis', *Electrophoresis*, **19**, 101～107 (1998).

J.M. Butler, Y. Shen, B.R. McCord, 'The development of reduced size STR amplications as tool for analysis of degraded DNA', *J. For. Sci.*, **4**, 1054～1064 (2003).

L. Roewer, J. Arnemann, N.K. Spurr, K.H. Crzeschik, J.T. Epplen, 'Simple repeat sequences on the human Y-chromosome are equally polymorphic as their autosomal counterparts', *Hum. Genet.*, **89**, 389～394 (1992).

M. Kayser, L. Roewer, *et al.*, 'Evaluation of Y-chromosomal STRs: A multicenter study', *Int. J. Leg. Med.*, **110**, 125～133 (1997).

P. Gill, B. Budowle, L. Roewer, *et al.*, 'DNA commision of the international society of forensic genetics: Recommendations on forensic analysis using Y-chromosome STRs', *Int. J. Leg. Med.*, **114**, 305～309 (2001).

S.K. Sinha, B. Budowle, *et al.*, 'Development and validation of multiplexed Y-chromosome STR genotyping system, Y-PLEX™ 6, for forensic casework', *J. For. Sci.*, **48**, 93～108 (2003)

S.K. Sinha, B. Budowle, *et al.*, 'Development and validation of the Y-PLEX™ 5, a Y-chromosome STR genotyping system, for forensic case work', *J. For. Sci.*, **48**, 985～1000 (2003).

E.A. Foster, M.A. Jobling, 'Jefferson fathered slave's last child', *Nature* (London), **396**, 27～28 (1998).

'Review: Y-chromosome analysis and its application in forensic science', *For. Sci. Rev.*, **15**, 78～201 (2003).

P.M. Vallone, R.S. Just, M.D. Coble, J.M. Butler, T.J. Parsons, 'A multiplex allele-specific extension assay for forensically informative SNPs distributed throughout the mitochondrial genome', *Int. J. Leg. Med.*, **118**, 147～157 (2004).

渡辺剛太郎他, 'ミトコンドリア DNA の SNPs 分析によるハプロタイプ型判定', 日本法医学会誌, **58**, 141～148 (2004).

T.M. Clayton, P. Gill, *et al.*, 'Further validation of a quadruplex STR DNA typing system: A collaborative effort to identify victims of a mass disaster', *For. Sci. Int.*, **76**, 17～25 (1995).

T. Bille, R. Wingrove, M.M. Holland, *et al.*, 'Novel method of DNA extraction from bones assisted DNA identification of World Trade Center victims', *International Congress Series*, **1261**, 535～555 (2004).

N. Goedecke, B. McKenna, *et al.*, 'A high-performance multilane microdevice system designed for the DNA forensic laboratory', *Electrophoresis*, **25**, 1678～1686 (2004).

M.A. Jobling, P. Gill, 'Encoded evidence: DNA in forensic analysis', *Nature Review Genet.*, **5**, 739～751 (2004).

佐藤 元, 笠井賢太郎, 瀬田季茂他, 'MCT118 型検出におけるバンドシフトと閾値についてのブラインドテストによる評価', 科警研報告, **48**, 38～42 (1995).

B. Budowle, T.R. Moretti, A.L. Baumstark, D.A. Defenbaugh, K.A. Keys, 'Population data on the thirteen CODIS core short tandem repeat loci in Afriran Americans, U.S. Caucasians, Hispanics, Bahamians, Jamaicans and Trinidadians', *J. For. Sci.*, **44**, 1277～1286 (1999).

J.R. Brown, 'Analysis of comments on the "DNA proficiency Testing Act of 1991"', *Crime Laboratory Digest*, **18**, 83～85 (1991).